中国历史地理研究

历史政区地理与社会地理新探

·主　编·

吴宏岐

郭声波

·副主编·

罗　诚

广州新华出版发行集团

广州出版社

GUANGZHOU PRESS

中国·广州

图书在版编目（CIP）数据

中国历史地理研究：历史政区地理与社会地理新探 / 吴宏岐，郭声波主编. -- 广州 ：广州出版社，2025. 6.
ISBN 978-7-5462-3693-3

Ⅰ.①中… Ⅱ.①吴… ②郭… Ⅲ.①历史地理—研究—中国 Ⅳ.①K928.6

中国国家版本馆CIP数据核字（2024）第024569号

书　　名　中国历史地理研究：历史政区地理与社会地理新探
ZHONGGUO LISHI DILI YANJIU：LISHI ZHENGQU DILI YU SHEHUI DILI XINTAN
主　　编　吴宏岐　郭声波
副 主 编　罗　诚
出 版 人　柳宗慧
出版发行　广州出版社
（地址：广州市天河区天润路87号9—11楼　邮政编码：510635
网址：www.gzcbs.com.cn）
策划编辑　曹洪刚
责任编辑　蒋　明
责任校对　李少芳
印　　刷　广州小明数码印刷有限公司
（地址：广州市天河区高普路83号B栋C5号　邮政编码：510000
电话：020-37276672）
规　　格　787mm×1092mm
开　　本　1/16
印　　张　16.75
字　　数　225千
版　　次　2025年6月第1版
印　　次　2025年6月第1次
书　　号　ISBN 978-7-5462-3693-3
定　　价　98.00元
发行专线　（020）38903520　38903521
审 图 号　GS（2025）2326号

本书出版得到暨南大学高水平建设经费、国家社科基金冷门绝学研究专项学术团队项目“明清广东海防地理史料的整理与研究”（20VJXT004）资助

目录

唐代大渡河南部族分布与黎属羁縻州的关系*

郭声波

（暨南大学历史地理研究中心）

摘要：唐代控制大渡河下游及其附近地区的黎州都督府，统属50多个羁縻州，担负着维持川滇走廊交通大道——清溪道安全的使命。由于境内羁縻部族的分布比较复杂，以前学界对黎州都督府统属的境域范围不太清楚。史籍记载，黎州东南分布着“粟蛮”，正南分布着“邛部六姓蛮”，西南分布着“五部落蛮”，但其具体地望仍不太明确。本文在之前对黎属羁縻州分布初步研究基础上，从有关部族与羁縻州的对应关系入手，结合文献、地名、语言资料，基本复原了这些部族的具体分布，揭示了该地羌族、蛮族、獠族混杂而居的特点，进一步明确了黎属羁縻州的境域范围。

关键词：黎属羁縻州；大渡河诸羌；邛部川诸蛮；婆笼川獠蛮

唐代控制大渡河下游及其附近地区的黎州都督府（治今四川汉源县清溪镇），统属50多个羁縻州，担负着维持川滇交通大道——清溪道安全的使命。由于境内羁縻部族的分布比较复杂，以前学界对黎州都督府统属的境域范围不太清楚。史籍记载，黎州东南分布着“粟蛮”，正南分布着“邛部六姓蛮”，西南分

* 本文系国家社科基金重点项目“唐宋羁縻府州制度史料辑证注释”（编号20AZS006）阶段性成果。

布着“五部落蛮”和“弥羌”[1]。对这些黎属主要部族的民族构成，胡庆钧、蒙默等学者有比较详细、系统的研究，他们论证了邛部六姓蛮中的乌蛮都是么些蛮，白蛮是近代尔苏西番的先民，粟蛮即宋代虚恨蛮，是乌蛮别种，么些蛮在南宋以后为彝族先民所逼而向西退缩[2]。笔者大体赞同这些观点，所欲补充的，主要是这些部族具体的地理分布和三王蛮、笮都夷、姐羌、夌蛮、婆笼川生獠等其他黎属羁縻部落的情况，以验证黎属羁縻州的境域范围。

《元和郡县图志》黎州条云：“管羁縻州五十（七）〔四〕，并蛮夷部落大首领主之。”《旧唐书·地理志》谓：“黎州，统制五十四州，皆徼外生獠。”此所谓“黎州”，实指黎州都督府。《新唐书·地理志》则将黎州都督府所属羁縻州归入“诸羌羁縻州”。综合《元和郡县图志》及两《唐书》所记，黎属羁縻州部族实由羌、蛮、獠三族构成，成分较为复杂。多种民族在一个都督府内交错分布，这在唐代边疆民族地区是不多见的，比较有典型意义。拙著《彝族地区历史地理研究》虽论述了黎属羁縻州的建置沿革，但因篇幅所限，对部族分布的研究未及展开，在此做一后续探讨。

一、西部羌、蛮部落

（一）大渡河诸羌部落

嘉梁（姐）羌 据《元和郡县图志》卷七七黎州条云：“后周破羌、夷，得此土，因立黎州。”说明唐初黎州境内已有羌、

---

① 杜佑：《通典》卷一七六，北京：中华书局，1988年，第4637页：“洪源郡，东南到粟蛮部落二百里。”李心传：《建炎以来朝野杂记》乙集卷一九，北京：中华书局，2000年，第867页：“黎州三面被边，西南有五部落，正南有弥羌，东南邛部川。”

② 胡庆钧：《东蛮考释》，《思想战线》，1981年，第5期；蒙默：《唐宋时期“东蛮”族属的探讨》，《南方民族史论集》，成都：四川民族出版社，1993年，第221—225页。

夷二族。《新唐书·南蛮传》载："黎、邛二州之东，又有凌蛮；西有三王蛮，盖筰都夷、白马氐之遗种。""亦有姐羌，古白马氐之裔。"这段文字反映的是安史之乱以前大渡河北的黎州至河南的羁縻邛川州一线交通大道（清溪道）东西两侧的部族分布情形。汉唐白马氐主要分布在今四川、甘肃交界地区，三王蛮中的白马氐应是流散在大渡河中下游地区的支系后裔，隋唐名称应是"嘉良夷""嘉梁羌"，约音即"姐羌"。

三王的起始，是先前陷没吐蕃的黎属羁縻州郝、刘、杨三姓酋长于贞元年间（785—805年）重新归附唐朝，唐朝赐封郝全信为和义郡王，刘志辽为恭化郡王，杨清远为遂宁郡王，"废汉源县东有唐三王墓"①，谓此。《新唐书·南蛮传》曰："杨、刘、郝三姓世为长，袭封王，谓之'三王'部落。"马长寿曾提及，他早年至清溪县（即唐代黎州）调查，见县城附近的庙中供奉杨、刘、邓三姓大鬼主，"始知所谓三姓蛮王即其地"，又说："既言其王为大鬼主，其族为彝族而非白马氐又可知。"②"郝""邓"字形相近，民间往往有所混淆，不足为怪，但马长寿根据"大鬼主"的称呼遽认唐代三王蛮为彝族，却可商榷。首先，《新唐书》两处明确说姐羌系白马氐，自有其依据；其次，"大鬼主"一名固然来自彝语"kizw"，但它只是"官主"（在唐代羁縻地区即指羁縻州刺史）的汉语音译③，么些、白蛮等非彝语部族的酋长也可能被称"鬼主"，那么同样作为彝语部族邻族，宋代以来又为彝族所同化的三王蛮，其酋长又何尝不能称为"鬼主"呢？因此，笔者认为至少唐代三王蛮中的姐羌确是羌语支部族，而非彝语支部族。

姐羌主要分布在今泸定县境，杨姓居其南境之蛮宿川（磨西

---

① 曹学佺：《蜀中广记》卷三五，北京：商务印书馆，2005年《文津阁四库全书》影印本，第196册，第171页。刘志辽，《旧唐书·南诏蛮传》作刘志宁。

② 马长寿：《氐与羌》，上海：上海人民出版社，1984年，第25页。

③ 郭声波：《彝族地区历史地理研究》，成都：四川大学出版社，2009年，第21页。

河川），故知杨王所部姐羌是三王蛮中最靠西者。唐朝永徽年间（650—655年）曾为剑山羌所侵，曹继叔平剑山羌，乃以其地置羁縻木属州，后分置野川州。野川即今石棉县西境的田湾河，与蛮宿川比邻。宋代以后，居住在今石棉县境的黎属杨姓（即杨王部落）逐渐彝化，而居住在今泸定县境内的雅属杨姓则逐渐藏化。

笮都夷 “笮（筰）”又作“苲（莋）”，为古岷江、大渡河、雅砻江下游土著民族之一。《史记·大宛列传》索隐云：“南越破后，杀笮侯，作笮都，为沈黎郡。”《元和郡县图志》雅州荣经县条云：“邛来山，在县西五十里，本名邛笮山，故笮人之界也。”笮人以善治笮桥（索桥）为名，产马、牦牛，为牦牛羌之一支。唐置羁縻诺笮州于黎州西境，后割属雅州都督府。诺（ɳɪX），为羌语“黑色”之意，可能为别于岷江中游之笮人（白狗羌），故有“诺笮”之称，可见笮人乃羌语支民族，但此州笮人被雅属姐羌杨姓统治，不属三王蛮。

《宋史·蛮夷传》曰：“笮都在黎州南，今两林及野川蛮所居地是也。”野川，与雅属羁縻州接界处，即今石棉县田湾河川，在黎州西南。此黎属杨姓已知在田湾河川，属姐羌；刘姓被称为廓清城（今石棉县新棉镇安靖村）道蛮，应是羁縻河东、橛查二州主；余下的郝姓，更在其东的肃宁城（今石棉县东境）。可知刘、郝二姓当属笮都夷，也是羌语支部落。

剑山诸羌部落 《新唐书·南蛮传》：“剑山当吐蕃大路，属石门、柳强二镇，置戍守捉，以招讨使领五部落：一曰弥羌，二曰铄羌，三曰胡丛，其余东钦、磨些也。”唐初曾置羁縻米羌州，永徽三年（652年）这些部落曾发动叛乱，侵占笮都夷、姐羌等部。“六年正月，巂州道行军总管曹继叔破胡丛、显养、东鲁等蛮于斜山，克一十余城，斩首七百余级，获马四百余匹，牦牛一万五千头”[①]。“斜山”必是“剑山”之误，剑山即今石

① 王钦若等：《册府元龟》卷九八六，南京：凤凰出版社，2006年，第11409页。

棉、冕宁、九龙间的牦牛山脉。羁縻博卢、合钦、丛夏、附树、米川、大渡、木属、归化、河东、甫岚、昌明十一州盖即永徽六年（655年）平剑山羌后所置。但有一点应当注意，此剑山五部落，只有弥羌、铄羌、胡丛三部落是羌族，即古牦牛羌后裔，显然不是大渡河中游古白马氐后裔的特浪羌（嘉良羌、姐羌）“五部落”。

《四川通史》曾指出：“剑山即今冕宁县境内的牦牛山。剑山以北，为铄羌、弥羌之地。”[①]笔者曾进一步考证，铄羌在今石棉县南境，本归化州之地[②]。《宋史·蛮夷传》曰：“阿宗蛮，在（黎）州西南二日程。”即此。另外，今石棉、九龙、康定一带有15000自称“mənæ”的土著居民木雅人，即藏文史书上的“minyag”，汉文史籍中的“弥药”[③]，当即弥羌后裔。是则弥羌又叫米羌，原住区在剑山西北一带[④]，即今石棉县西部、九龙县东部。具体说来，今石棉县之松林河谷，盖即唐之米川，本米羌州之地。《宋史·蛮夷传》曰：“西箐蛮，有弥羌部落，在（黎）州西三百里。”前引《建炎以来朝野杂记》却说弥羌在黎州正南，实际上应是在黎州西南。

胡丛部落，可能与置于今九龙县境的丛夏州有关[⑤]。

（二）剑山白蛮

东钦蛮 剑山“五部落”之一的东钦，前引《册府元龟》作“东鲁”，唐樊绰所著《云南志》卷一则作“束钦”：“束钦两姓在北谷，皆白蛮。”疑皆为“东钦”之误。《云南志》又载：“台登直北去保塞城八十里，吐蕃谓之北谷，天宝以前巂州柳强

① 李敬洵等：《四川通史》第三册，成都：四川大学出版社，1993年，第135页。
② 郭声波：《彝族地区历史地理研究》，成都：四川大学出版社，2009年，第416页。
③ 戴庆厦等：《藏缅语十五种》，北京：北京燕山出版社，1991年，第98页。
④ 冯汉镛：《唐代西蜀经吐蕃通天竺路线考》，《西藏研究》，1985年，第4期。
⑤ 郭声波：《彝族地区历史地理研究》，成都：四川大学出版社，2009年，第406页。

镇也。”“北谷”盖今冕宁县北部地区。黎属羁縻州有上钦、合钦二州，当以东钦两姓白蛮部落置。至宋犹存，《宋史·蛮夷传》载：“保塞蛮，在（黎）州西南三百里。”冯汉镛谓其在今冕宁县安宁河上游的河坝堡子[①]，即今大桥镇大堡子一带，可从，然又谓其辖境北至今石棉县安顺场，则失之过远。

关于白蛮的族属，笔者曾有论述：白蛮是唐代与乌蛮杂居的主要族群，一般认为他们是以汉、晋僰人为基础，吸收汉人成分，长期融合而成，大体分为东、西、北三部分。北部白蛮称为“剑山白蛮”“婆盐白蛮”等部，不仅有汉人、僰人成分，而且还有么些蛮和羌人成分。宋元以后有的被汉化，有的被称为尔苏西番、普米西番。[②]

（三）剑山乌蛮

显养蛮 剑山“五部落”之一。笔者在《彝族地区历史地理研究》一书中推测唐初巂属之羁縻丘卢州，应以曲罗、显养等部落置。永徽末年，显养蛮为巂州道行军总管曹继叔讨平，别置为附树州，开元中又分曩贡川置郎郭州。贞元年间，韦皋累破吐蕃于黎、巂二州，吐蕃曩贡节度婴婴等率其部落来降，其中有的部落就是来自嵬龙城的么些蛮，安置他们的地方称为蛮宿川。可见显养蛮应是么些蛮之一部，唐代亦称其为乌蛮。

二、东部蛮、獠部落

（一）邛部川乌蛮

《新唐书·南蛮传》载：“勿邓地方千里，有邛部六姓：一姓白蛮也，五姓乌蛮也。”后又详记邛部六姓名称：“新安城傍

① 冯汉镛：《古代四川在科学上的贡献》，《巴蜀科技史研究》，成都：四川大学出版社，1995年，第96页。
② 郭声波：《彝族地区历史地理研究》，成都：四川大学出版社，2009年，第29—30页。

有六姓蛮：一曰蒙蛮，二曰夷蛮，三曰讹蛮，四曰狼蛮，余勿邓及白蛮也。”以下先述五姓乌蛮。

勿邓蛮 本是邛部六姓蛮中的一个小部落，然如《云南志》《新唐书》所示，“勿邓”一名在安史之乱以后指称的部族范围已经扩大，一是指包括邛部六姓蛮在内的大部落；一是指包括邛部六姓、初里五姓（今喜德县境内）、东钦二姓、雷蛮三姓（今冕宁县境内）、粟栗二姓（今峨边县境内）、梦蛮二姓（今甘洛县境内）诸蛮部落在内的大部落联盟。之所以如此，是因为勿邓部落在其中起了核心作用，其酋长常担任部落联盟首长——大鬼主的缘故。

由于《新唐书》将唐后期的勿邓列入两爨蛮，有人误认为勿邓乃至虚恨也是彝族先民，如谓“斯兹土司祖先为唐代勿邓蛮”[①]，方国瑜力辩其非[②]，可参。邛部乌蛮部落后来有部分人西迁，受吐蕃统治而逐渐吐蕃化，成为近代西番人的先民之一。有学者研究认为，西番人的语言都应该属于羌语支[③]。又因今云南宁蒗纳西族自称摩梭人，即古么些之裔，不承认与操彝语支语言的丽江纳西族同种。说明邛部川么些蛮在唐代为操古羌语支语言的“乌蛮”，宋代以后乃有分化，西迁者仍保留古羌语支语言，留居者受彝族同化，改用彝语。又据旧时彝族传闻，越西、普雄、甘洛县境古时都是西番人的居住地，后来才被彝族新基家（或译斯兹、森则、申吉、省者、省兹列）——岭氏的祖先赶到石棉、泸定一带去的[④]。这种传说佐证了勿邓原为么些人的观点。

邛部六姓蛮原本住在邛部县城新安城（今越西县新民镇）旁，即知“邛部六姓”之“邛部”实指“邛部川”——今牛日

① 龚荫：《中国土司制度》，昆明：云南民族出版社，1992年，第360页。
② 方国瑜：《彝族史稿》，成都：四川民族出版社，1984年，第383、407页。
③ 孙宏开：《川西民族走廊地区的语言》，《西南民族研究》，成都：四川民族出版社，1983年。
④ 四川省编辑组：《四川彝族历史调查资料、档案资料选编》，成都：四川省社会科学院出版社，1987年，第89页；马长寿：《彝族古代史》，上海：上海人民出版社，1987年，第21页。

河—尔觉河—越西河一带，又称长川，故贞元中勿邓部落联盟大鬼主苴嵩复附唐时，兼任邛部团练使，封长川郡公。

方国瑜谓勿邓城在邛部川[1]，即邛部县城东北不远处之尔觉河畔。《大元混一方舆胜览》载："邛部州：古邛部川也，蛮名普古笼。""笼"音"lur"，是彝语"城"的意思，普古笼即"普古城"，今新民镇东北20千米处有白果乡（旧顺河乡），其名与"普古"音近，疑即其地，亦即黎属羁縻州中的邛川州，部落范围约当旧越西县顺河区。

蒙默则谓：越西县城东北二十里王家屯（今新民镇）古城彝族称之为"乌托尔苦"，意即"乌托城"，当即《元史》之"乌弄城"，"乌弄"当即"勿邓"之异译，亦即《宋史》邛部川蛮之"笼瓮城"。"尔苦"，音"lurkur"，也是彝语"城市"之意[2]。此乌弄城唐化邛部县城新安城，蒙氏将嶲州属县与黎属羁縻州共置一城，殊悖唐代行政制度，恐非。至于马长寿所谓"最大的一个部落联盟叫作'勿邓'，它的首邑在邛部的奴诺城，就是现在的西昌县治。"[3]误置奴诺城于西昌，不敢苟同。而李敬洵《四川通史》第三册所谓"勿邓部落在邛部东南三百五十里（《蛮书》卷一），即今美姑县牛牛坝一带"的说法，方国瑜早已论证《云南志》此处"邛部"二字为"黎州"之误[4]，故李敬询的说法亦不可取。不过，既然勿邓部落在黎州东南三百五十里，则足以否定《宋史·蛮夷传》关于"邛部州在（黎）州东南十二程"的说法。据笔者考证，黎州至邛部县才六日程[5]，一般情况下，黎州至勿邓日程不应超过此数。

蒙蛮、梦蛮 胡庆钧、蒙默谓"蒙蛮显即梦蛮之异写，即

① 方国瑜：《中国西南历史地理考释》，北京：中华书局，1987年，第503—505页。
② 蒙默：《唐宋时期"东蛮"族属的探讨》，《南方民族史论集》，第203页。
③ 马长寿：《彝族古代史》，上海：上海人民出版社，1987年，第100页。
④ 方国瑜：《中国西南历史地理考释》，北京：中华书局，1987年，第503页。
⑤ 郭声波：《彝族地区历史地理研究》，成都：四川大学出版社，2009年，第389页。

么些族”，可从。但蒙蛮只是邛部六姓蛮中的一姓，而梦蛮却有三姓，即使《新唐书·南蛮传》可能对东蛮部落有重复的记载，也不至于将一姓的蒙蛮重复成三姓的梦蛮。所以笔者认为，蒙蛮与梦蛮既有联系又有区别。谓其有联系，即两者同族，居地相接；谓其有区别，即蒙蛮一姓居邛部川新安城附近，为勿邓部落联盟核心——邛部六姓之一，梦蛮三姓居琵琶川，为勿邓部落联盟之别部。《云南志》卷四载粟蛮、雷蛮、梦蛮皆在邛部、台登东西散居；《新唐书·南蛮传》则谓其“散处黎、巂、戎数州之鄙”。邛部指邛部川，台登指巂州台登城（在今冕宁县泸沽镇），综合其意，是说三种蛮散布于今泸沽镇到牛日河一带地区。此区正处于黎州都督府、巂州都督府和戎州都督府辖地的交界地带，也可以说是它们的“边鄙”。那么梦蛮应居于黎州都督府东南鄙、邛部川之东，今甘洛县牛日河以南的甘洛河流域；蒙蛮，则在甘洛河口一带。据《云南志》卷四及《资治通鉴》卷二三五，梦蛮酋长苴梦冲也做过勿邓部落联盟首领，因潜通吐蕃，扇诱群蛮隔绝云南使者，贞元七年（791年），西川节度使韦皋遂遣巂州刺史苏隗就杀苴梦冲。“就”字，结合《新唐书·南蛮传》作“召梦冲至琵琶川”，可见琵琶川在今甘洛河口新市坝一带[①]，即蒙蛮东川州。黎州羁縻州又有比川、比地二州，疑在琵琶川，属梦蛮。《宋史·蛮夷传》提到黎州诸蛮有“乌蒙蛮，在州东南千里”，则是将今昭通地区的乌蒙部落与黎州的蒙蛮混淆了，不足取。

夷蛮 唐末五代时有平夷城，当云南通黎州大道，明曰平夷

① 《资治通鉴》卷二三三，北京：中华书局，1963年，第7525页：“琵琶川在巂州西南徼外。”方位有误，不取。马忠良等：《越巂厅全志》卷二之四，《西南稀见方志文献》，第四八卷，兰州：兰州大学出版社，2003年影印本，第739页：“琵琶川，古《志》‘治南十里有琵琶川。’”即今越西县丁山乡，然苴梦冲本梦蛮部落首领，非勿邓本部首领，能否越境而至，尚俟详考。

堡[1]，蓝勇考在清溪关北侧之平等村（今属汉源县河南乡）[2]。“平夷”一名当与“夷蛮”有关，夷蛮部落可能在清溪关南侧的大定城（今甘洛县海棠镇）附近。大定城以前叫和集镇，唐初曾置和集县[3]，而黎属羁縻州有和良、和都二州，州名与“和集”有关，和都州似以夷蛮部落置，在甘洛县中部（旧玉田区）。宋代黎州城南一百五十里有净浪蛮[4]，盖即此部后裔。《读史方舆纪要》卷七四载，明万历年间（1576—1620年）于邛部长官司东接峨眉县界处亦曾置有平彝堡，与唐末五代平夷城当非一地。

讹蛮 蒙默认为即“凹夷”，为纳木依西番先民，可备一说。方国瑜则推测其为罗哥谷蛮。按《新唐书·南蛮传》所述，安史之乱以前嶲州之北有罗公蛮，“公”，当系“谷”之误，今冕宁县泸沽镇东泸沽峡唐代时名曰罗谷[5]，显见罗哥谷蛮即泸沽附近的罗谷蛮，而非邛部川之讹蛮，方说未当。邛部川六姓蛮地望已有三姓考如上，今越西县东南部（旧申果庄区）及昭觉县北部（旧比尔区）尚是空白，故可推测为唐代讹蛮分布地，置为羁縻久护、护川二州。越西县南部旧有“俄作八呷”“俄作东呷”等地名，即彝语“西番堡前”“西番堡后”的意思[6]。彝族称此地原住西番为“俄作”，或许与讹蛮有关，即可论证宋代以后讹蛮有过西迁。

狼蛮 《新唐书·南蛮传》：“贞元中，狼蛮亦请内附，

① 王溥：《五代会要》卷三〇，上海：上海古籍出版社，1978年，第478页；曹学佺：《蜀中广记》卷三四，北京：商务印书馆，2005年，《文津阁四库全书》影印本，第196册，第167页；谭希思，《四川土夷考》，济南：齐鲁书社，1997年，第167页。

② 蓝勇：《四川古代交通路线史》，重庆：西南师范大学出版社，1989年，第83页。

③ 郭声波：《彝族地区历史地理研究》，成都：四川大学出版社，2009年，第388页。

④ 《宋史》卷四九六，北京：中华书局，1977年，第14231页：“净浪蛮，在（黎）州南一百五十里。”

⑤ 郭声波：《唐代嶲属羁縻州及其部族研究》，《历史地理》第20辑，上海：上海人民出版社，2004年，第28—29页。

⑥ 四川省编辑组：《四川彝族历史调查资料、档案资料选编》，成都：四川省社会科学院出版社，1987年，第89页。

补首领浪沙为刺史，然卒不出。剑南西川节度使韦皋檄嘉庆兼押狼蛮。”蒙默以为狼蛮即《宋史·蛮夷传》提到的黎州南一百五十里之处的“净浪蛮”。按宋时黎州在今汉源县九襄镇，其南一百五十里乃今甘洛县北界，而据《新唐书·南蛮传》，贞元中，剑南节度使韦皋命戎州管内驯、骋、浪川三州大鬼主董嘉庆兼押狼蛮。驯、骋、浪川三州地约在今雷波、金阳、宁南县，与甘洛北部不相接，而与美姑县相邻，则可知狼蛮实处邛部川东南，今美姑县西、南部，与甘洛北部的净浪蛮无关。方国瑜以嶲州北之浪稽蛮在邛部以北的清溪关附近，故以字音对之，推测“浪稽即狼蛮”[①]，但是《资治通鉴》卷二五〇载，浪稽部曾助南诏攻嶲州，显然见浪稽在嶲州附近，距清溪关或越西县东南部皆尚远，此说亦不得成立。

（二）邛部川白蛮

邛部六姓之一为白蛮，可能分布在靠近黎州的甘洛县北部（旧田坝区），唐前期置为羁縻和良州。族属与剑山白蛮相似。

（三）粟栗乌蛮

粟蛮　樊绰所著《云南志》（《蛮书》）卷四云：“粟栗两姓蛮、雷蛮、梦蛮，皆在邛部、台登城东西散居。”[②]粟栗两姓蛮在《新唐书·南蛮传》中作“粟蛮”。马长寿、赵吕甫则以为“粟栗”必为“栗粟”倒误，今即“傈僳族”[③]，向达、蒙默已辩其非。蒙默以为，“粟蛮应当就是虚米西番（或称虚恨），‘粟’‘虚’音近，‘米’‘恨’都是‘人’‘族’之意，当是唐时把虚米西番译写为‘粟蛮’，宋时译写为‘虚恨’。……粟

① 方国瑜：《中国西南历史地理考释》，北京：中华书局，1987年，第507页。
② 向达：《蛮书校注》，北京：中华书局，1962年，第105页：“粟栗，《内聚珍本》《四库本》诸本俱作粟栗，只《备征志》《渐西本》误作栗粟。”
③ 马长寿：《彝族古代史》，上海：上海人民出版社，1987年，第78页；赵吕甫：《云南志校释》，北京：中国社会科学出版社，1985年，第173页。

蛮是虚恨，是乌蛮别种”。然而关于“虚恨”一词的含义，宋人已有与蒙默迥然不同的诠注：“虚恨乃乌蛮之别种，所居高山之后，夷人以‘高’为‘虚’，以‘后’为‘恨’，故名焉。”[①]所以尽管蒙默释“粟蛮”为“虚恨”胜于释“粟蛮”为“傈傈”，但他将“虚恨”比为“虚米”却未为得。在包括被称为语言活化石的史兴语（即虚米西番所操语言，主要分布于川西民族走廊）等7种语言在内的50种藏缅语族语言词汇中，由古么些语发展而来的纳西语表示“高”的单词发音“ʂua”和表示“深”的单词发音“xo”分别与“虚”“恨”相近[②]，除此而外，没有哪个语种的词汇能够享此“殊荣”。由此可见，唐代粟蛮也是么些人，樊绰可能误衍一“粟”字，“粟粟”不太可能是“栗粟”的误倒。“粟”来源于该蛮自称“ʂua”——其意即“高处（人）”，宋人翻译为“虚恨”，则是“高山深处（人）”的意思，语源与前者同出一辙，“后边”与“深处”在这里含义是一样的，宋人的诠注准确无误。

关于唐代粟蛮的分布，《通典·州郡典》有云：“洪源郡（按即黎州），……东南到粟蛮部落二百里。”前揭《云南志》《新唐书·南蛮传》皆载粟蛮、雷蛮、梦蛮分布于黎、巂、戎三州都督府辖地交界地带，梦蛮居今甘洛县南部，属黎府；雷蛮即罗落蛮，居今冕宁县泸沽镇一带，属巂府；则粟蛮居地更邛部川乌蛮的东南，今峨边县一带，属黎州都督府之东鄙而近于戎府。

《新唐书·南蛮传》又载：黎州“南路有廓清道部落主三人，婆盐鬼主十人”。李敬洵以为“婆盐即《隋书》之薄缘夷”[③]。按薄缘夷在附国南，今甘孜州南部或凉山州西部近滇一带，非黎府管辖所及，李敬询的说法并不正确。笔者以为“婆盐

① 李心传：《建炎以来系年要录》卷一二四“绍兴八年十二月”条，北京：中华书局，2013年。

② 黄布凡等：《藏缅语族语言词汇》，北京：中央民族学院出版社，1992年，第323、328页。

③ 李敬洵：《四川通史》第三册，成都：四川大学出版社，1993年，第128页。

鬼主十人”当以“婆盐等官主（刺史）十人”解之，“婆盐”（puər）即黎属羁縻州“甫萼”之异译，治罗护镇，在今乐山市金口河区和平乡，余九刺史，即辄荣、苍荣、秦上、剧川、贵林、上贵、施攰、滑川、牒琮各州酋首，分处大渡河南北。其河南地区相当于今金口河区和峨边县，正是粟蛮的居地。

凌（栗）蛮 《新唐书·南蛮传》云，在“黎、邛二州之东”，邛州治今邛崃市，故后人往往以为凌蛮分布地在今洪雅、丹棱一带。按元和年间（806—820年）白居易替宪宗起草了一篇给当时剑南节度使武元衡的诏令：“省所奏，当管南界外生蛮东凌六部落大鬼主直春等，以所管子弟百姓等二千余户请内属黎州，并奏南路蕃界消息者具悉。”[①]东凌蛮既然是剑南节度“南界外生蛮”，足证其位置必在大渡河以南，《新唐书》之“黎、邛二州之东”，当是“黎州、邛部川之东”或“黎、邛川二州之东”的误记。前引《云南志》提到有“粟栗两姓蛮”，与“雷蛮、梦蛮，皆在邛部、台登城东西散居”，且考粟蛮居于邛部川乌蛮之东（今峨边县境），则“粟栗两姓”当断作“粟、栗两姓”，“栗蛮”即居于邛部川以东的“凌蛮”。大概安史之乱后一度归附南诏，后来东凌蛮统一了整个凌蛮，做了“六部落大鬼主”，元和年间复请内属。

《新唐书·南蛮传》又载，德宗年间（780—805年），由于嘉州绥山县婆笼川生獠诱东凌生蛮为乱，有人请在“东凌界”置栅防守。李敬洵分析说：

> 婆笼川即婆笼江，今名马边河，其地为生僚所居。东凌为凌蛮的一支，……东凌界当在婆笼川。如此，凌蛮当在今马边河以西的峨边县西溪河流域。[②]

---

① 李纯：《与元衡诏》，《全唐文》卷六六四，北京：中华书局，1982年影印本，第2992页。

② 李敬洵：《四川通史》第三册，成都：四川大学出版社，1993年，第138页。

东凌与婆笼川生獠的分界，固然在马边河上游，但峨边县境的居民是粟蛮，不是凌蛮，则唐人欲置栅处应在今马边县南部山岭，与今美姑、雷波接界处。凌蛮当在今美姑、雷波县境，唐前期曾置于明昌、明川、剥重等州。

有学者认为凌蛮是明代邛部州土司岭真伯的祖先，明清时期称为“岭夷”，以岭（凌）为姓，渊源于此[①]。岭真伯的后裔代为邛部土司，传至中华人民共和国成立之前为岭邦正承袭，系彝族无疑[②]。不过至迟元代凌蛮仍被称为“么些种”，如《读史方舆纪要》载：“摸索关，府南三百里，当蛮夷溪口。蛮有摩些种，洪武初，禁私茶不得入蛮境，俗呼为摩些关，语讹为摸索也。”[③]蛮夷溪口在今屏山县新市镇，蛮夷溪即今西宁河，所谓“摩些种”者，应是对分布于雷波县北境西宁河中上游凌蛮后裔的称呼。所以笔者推测，凌蛮可能在宋元时期已经彝化，但不解详情的内地汉人仍以“么些种”视之。

（四）大渡河白蛮

《宋史·蛮夷传》云，黎州东南一百里有白蛮。似即邛部六姓之白蛮部落。然据考证，最近于黎州的和良州为邛部白蛮居地，至黎州已有一百四十里，里数相差较大。并且《宋史》所举黎州十二种蛮还将邛部川蛮与白蛮并列，说明此白蛮不在邛部六姓之中。因此不妨作另一解释：从方位道里看，此白蛮当在今金口河区大渡河北，即羁縻辄荣、秦上二州之地。所谓“婆盐（甫萼）等鬼主十人”之中，即包含了此二州白蛮酋首，姑称其为“婆盐白蛮”，族属已如“剑山白蛮”所论，我们可称其为“大渡河白蛮”。其地当嘉州通黎州的定蕃路，相对于嘉州通大定城

① 马长寿：《氐与羌》，上海：上海人民出版社，1984年，第25页；马长寿：《彝族古代史》，上海：上海人民出版社，1987年版，第102页；李敬洵：《四川通史》第三册，成都：四川大学出版社，1993年，第138页。
② 龚荫：《中国土司制度》，昆明：云南民族出版社，1992年，第360页。
③ 顾祖禹：《中国古代地理总志丛刊：读史方舆纪要》卷七十《叙州府》，北京：中华书局，2005年，第3318页。

的铜山道（虚恨大路）而言更加偏僻，也可能被称为“小路”或“小道”，以区别川滇大陆（清溪道）[①]，宋时称其为“小道虚恨姓”或“小路蛮”，以区别于“虚恨蛮”（大路虚恨）。宋熙宁八年（1075年）以后，户不满千的小道虚恨为虚恨蛮所并，虚恨蛮始与黎州接壤[②]。

（五）婆笼川獠蛮

《新唐书·南蛮传》载：

> 贞元中，嘉州绥山县婆笼川生獠首领甫枳兄弟诱生蛮为乱，剽居人，西川节度使韦皋斩之，招其首领勇于等出降。或请增栅东凌界以守，皋不从。

李敬洵认为“婆笼川即婆笼江，今名马边河，其地为生獠所居”[③]，其说可从。黎属羁縻州有时蓬、上蓬、比蓬等州，反映了它们分布在与“蓬”这一地理或部族名词有关的地区。“蓬”可能指婆笼川，“婆笼”急读即为“蓬”。婆笼川獠蛮贞元中复为“生獠”，显见羁縻州已废，故地改属嘉州属绥山县。本文前言已据《旧唐书》说明，黎属羁縻州有獠，而马边河流域正是距黎州最近的獠人分布地。其首领为甫氏，属壮侗族仡佬语支民族，古僰人遗裔。

三、结语

从以上复原的黎属羁縻部族分布的情况来看，总范围大致在今四川大渡河下游的汉源、石棉、甘洛、越西、峨边五县及附

① 郭声波：《彝族地区历史地理研究》，成都：四川大学出版社，2009年，第389—39■页；蓝勇：《四川古代交通路线史》，第146页。
② 李焘：《续资治通鉴长编》卷二六七，第19册，第6539页，注引《云南买马记》，北京：中华书局，1986年，第6539页；李心传：《建炎以来朝杂记》乙集卷一九，第867页。
③ 李敬洵：《四川通史》第三册，成都：四川大学出版社，1993年，第138页。

近的马边、美姑、冕宁、九龙等县部分地区，并未到达以前有人以为的泸定、康定一带。大抵西部以藏缅语族羌语支民族为主，如大渡河诸羌部落、剑山诸羌部落，又有剑山白蛮部落和剑山乌蛮（么些种）部落混居其间，这些族落与黎州都督府初领羁縻罗岩、索古、柏坡、诺祚、木属、大渡、河东、归化、甫岚、昌明、博卢、合钦、米川、丛夏、附树等州有对应关系；东部仍以羌语支民族为主，如邛部川乌蛮部落、粟栗乌蛮部落，均属么些种，亦称东蛮，又有大渡河白蛮部落和壮侗语族仡佬语支的婆笼川生獠部落等混居其间，这些族落与黎州都督府初领羁縻秦上、辄荣、剧川、下蓬、蓬矢、明川、象川、东川、和都、和良等州有对应关系，如下图。黎州都督府统属的地区正处诸羌部落分布区的南缘，诸蛮部落分布区的北缘，诸獠部落分布区的西缘，故

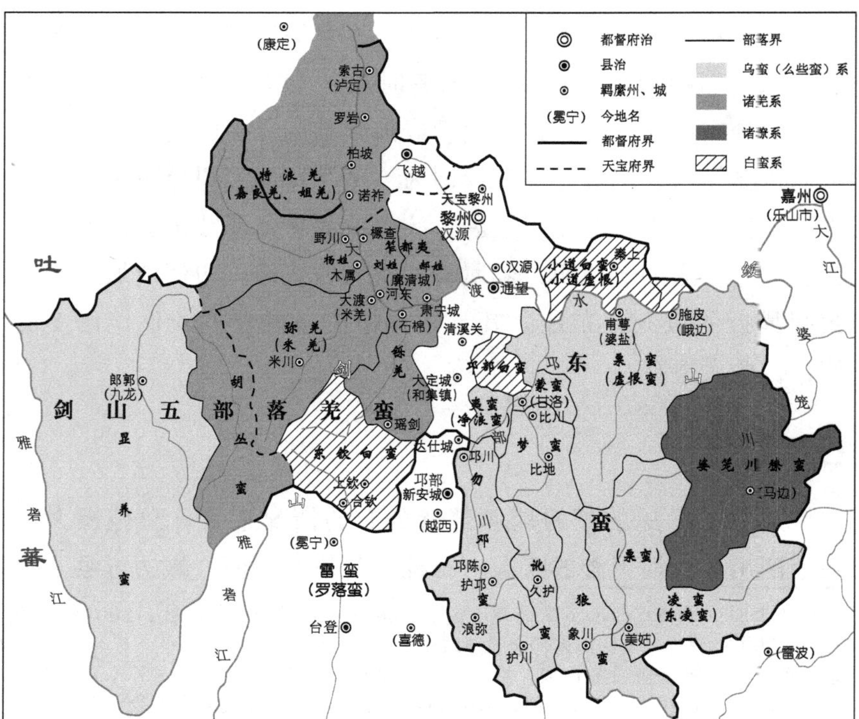

图1 开元末大渡河下游黎属羁縻州部族分布图

呈现羌、蛮、獠混杂的格局。羁縻州数多而地小的原因，正在于部族成分之复杂，其复杂程度在整个唐代沿边都督府地区都是比较罕见的。尽管黎州都督府担负的部族管理任务较为艰巨，但因其地处川滇走廊咽喉地带，虽历经吐蕃、南诏反复争夺但汉地王朝终不放弃，一直坚持到宋元，仍用黎州安抚司这一建制替代黎州都督府。

周分环据：北宋茂属十七羁縻州复原研究*

郭声波
（暨南大学历史地理研究中心）

摘要： 本文首先论证北宋庆历年间曾公亮等编撰的《武经总要》前集卷一九《益利路》所载羁縻静、恭、当、直、时、宕、涂、达、松、飞、柘、乾、悉、可、翼、向、居十七州名单及其距离岷江上游茂州的道里数据，反映了唐末以来羁縻州移治情况，价值甚高。其次讨论了唐宋时期岷江上游交通格局及通用里距折率公式，并在此基础上利用《武经总要》道里数据结合《元丰九域志》和熙宁之役战场形势，逐一复原了各州地望。本文认为北宋茂属羁縻州基本上由唐代吐蕃东进时内徙茂州的羁縻州或行州转变而来，五代后进一步内徙，大致沿岷江、黑水河交通路线分布，形成对茂州城的包围态势，这种态势有利于羌汉交流融合。

关键词： 宋代茂属羁縻州；《武经总要》；道里数据；熙宁之役

一、《武经总要》所载茂属羁縻州道里数据的价值与利用

唐代吐蕃入侵剑南道后，岷江上游成为唐、蕃之间反复争夺的战略要地之一。经长庆二年（822年）定界之后，松州（今四川省松潘县）为吐蕃所得，翼、茂、乾、维四州为唐所守，

* 本文系国家社科基金重点项目《唐宋羁縻府州制度史料辑证注释》（编号20AZS006）阶段性成果。

迄至宋代，这样的格局除翼州外大致未变，但其间尚夹杂分布着近二十个隶属茂、维（威）二州的诸羌羁縻州。到北宋熙宁年间（1068—1077年），一度围绕茂州筑城与反筑城爆发过一场局部战争；政和年间（1111—1118年）也出现过纳土置军事件；宣和年间（1119—1125年）又有一些羁縻州部落反叛寇乱，在相对平静的西南地区激起过一波波涟漪。

北宋茂属羁縻州的名称和治地，谭其骧主编的《中国历史地图集》（以下省称谭图）只画出时、直、宕、涂、恭、静等六七个州。刘复生先生做过迄今为止最为详细的考证，辨析了《武经总要》《元丰九域志》（以下省称《元丰志》）与《宋史》关于宋代茂属羁縻州名单的矛盾现象，质疑了《武经总要》的名单和道里数据，解剖了宋代威、茂所属羁縻州的两种模式[①]。李昌宪先生继之更改了谭图关于直、宕、恭等州的定点[②]，但侧重点主要放在讨论羁縻州的政策方面，在羁縻州定点工作上几乎没有进展。而宋代茂属羁縻州的建置沿革研究和定点工作能否取得突破，关键就在于能否对《武经总要》的羁縻州名单和道里数据加以充分利用。

唐代以后茂州所属诸羌羁縻州的名单，新旧《五代史》不载。北宋庆历年间（1041—1048年）曾公亮等编撰的《武经总要》前集卷一九载有羁縻静、恭、当、直、时、岩（宕）、涂、达、松、飞、柘、乾、悉、可、翼、向、居十七州，这应当是五代至庆历初年的情况。司马光《涑水记闻》卷一四载："茂州旧领羁縻九州。"（《宋朝事实类苑》卷七六、《续资治通鉴长编》卷二七三同）《宋史·蛮夷传》以为"盖涂、静、当、直、时、飞、宕、恭等九州"，实列羁縻八州，故茂州管下仍缺一个

① 刘复生：《岷江上游宋代的羌族"羁縻州"》，《中国边疆史地研究》，1997年，第1期。后收入其著作《西南史地与民族——以宋代为重心的考察》，成都：巴蜀书社，2011年。

② 李昌宪：《中国行政区划通史·宋西夏卷》，上海：复旦大学出版社，2017年，第658页。

羁縻州名称。中华书局点校本将副词“盖”字点作一个州名，以足九州之数，完全罔顾唐宋岷江上游没有盖州的事实[①]，疏误之甚，不必多辩。

《元丰志》载有茂州属下羁縻瑺（宕）、直、时、涂、达、飞、乾、可、向、居十州，《宋史·地理志》（以下简称《宋志》）所载略同，唯瑺州误作当州[②]，达州误作远州[③]。这个名单若说是庆历以前的，则比《武经总要》少了静、恭、当、松、柘、悉、翼七州，若说是庆历以后的，则比《续资治通鉴长编》（以下省称《长编》）《宋史·蛮夷传》多了达、乾、可、向、居五州，少了静、当、恭三州。

刘复生先生早已注意到这个矛盾现象，他的解决办法是各打五十大板，一方面大体赞成四库馆臣对《武经总要》的差评：“诸蕃形势，皆出传闻。所言道里山川，以今考之，亦多刺谬。”并举了一些“刺谬”的例子，指出：“虽然不能说《武经总要》全然无据，但其所记，确有不少‘刺谬’之处。……故我们认为，四库馆臣所说不无道理，今日论唐宋茂州羁縻州，对《武经总要》的记载不能盲从。”另一方面，也批评了《宋史》，认为“其实出于传闻者，不止《武经总要》，《宋史》亦难逃此责”。其基本理由是，无论“九州”还是“十州”，都是唐代旧领，宋代在茂州并未“设置”过任何羁縻州，“《宋史》编纂者不察，沿此而有‘九’‘十’之谓”。李昌宪先生则回避上述矛盾，仅就宋代史籍明确记载有过活动的涂、静、直、时、飞、宕、恭等七州进行讨论。

① 《新唐书·地理志》卷四三（北京：中华书局，1975年版）第1134页载，松州都督府所领羁縻盖州肃宗时已内徙。据郭声波《中国行政区划通史·唐代卷》（上海：复旦大学出版社，2017年版）第1119、1327、1353页考证，松州都督府只在唐初短暂管辖过羁縻盖州，在今青海省境内，并且早在高宗时已内徙关内道，与岷江上游及茂州没有丝毫关系。

② 《元丰九域志》化外州中有当州，羁縻州中有瑺州而无宕州，显见瑺州应为宕州之讹误。

③ 《武经总要》前集卷一九、《元丰九域志》卷一〇作“达州”是《宋史·地理志》误。

首先来看刘复生先生所举的例子究竟是怎样“刺谬”的。

其一，“比如翼、松、柘、悉诸州两《唐书》均记为正州，宋代已不复存，《武经总要》却记为茂州所属的羁縻州，他书也无可证”。

按翼、松、柘、悉诸州作为正州于宋代确实不复存在，但在《武经总要》里记为茂州所属的羁縻州，未必“他书也无可证”。如《元丰志》卷七茂州条就记载：“北至羁縻翼州七十五里。”威州条载：“西至羁縻悉州二百三十里，北至羁縻翼州一百三十里。”卷八文州条载：“西南至羁縻松州二百二十里。”龙州条载：“西至羁縻松州二百二十五里。”从这些道里数据看，多半不在《通典》《元和郡县图志》记载唐代正州位置。但自从唐广德年间（763—764年）吐蕃侵入岷江上游地区后，《贞元十道录》说当、悉、柘、静、真、恭、翼等正州“并废”[①]，《新唐书·地理志》却记为“为行州”（见松州序），意即离开原址寄治到别的更靠近内地的州境，这应该才是实情。长庆二年（822年）唐、蕃定界后，盟文规定“蕃、汉二国所守见管本界，以东悉为大唐国疆，已西尽是大蕃境土”[②]，上述行州不可能再迁回旧址，也没有记载说它们被罢废。因此《武经总要》把它们记为羁縻州，正说明在长庆二年后它们的处境是从行州就地转变为羁縻州。唐代的正州转为羁縻州或羁縻州转为正州，都是很常见的事情[③]。由此推知，《武经总要》把翼、松、柘、悉诸州记为羁縻州，并不“刺谬”，其道里数据，正好反映了它们迁离正州原址后的位置。

其二，“岩州也仅见于《新唐书》载松州所属羁縻州”，意思是岩州也属于除《武经总要》外，无宋代他书可证之例。

按唐代松州都督府属下的羁縻岩州，在广德年间吐蕃占领

---

① 贾耽：《贞元十道录》，王仲荦《敦煌石室地志残卷考释》，上海：上海古籍出版社，1993年，第87页。

② 王尧：《唐蕃会盟碑疏释》，《历史研究》，1980年，第4期。

③ 左之寿：《试论唐代羁縻州与正州的转换》，烟台：鲁东大学硕士论文，2006年。

松州后确实不再见于记载，当属陷没之列。“岩”字异体字作“巖”，古体虽亦作“岩”，但以古体字作地名的情况还是比较少见。上引《宋史·蛮夷传》说，茂州旧领羁縻九州有“宕州”。《涑水记闻》卷一四记载：熙宁九年（1076年）五月宋将王中正将兵数千镇压茂属羁縻州骚乱，“经恭州、荡州境，乘其无备，掩击之”；“荡州”史籍无征，《宋史·蛮夷传》记作“宕州”，直到北宋宣和年间（1119—1125年），犹有“宕州”诸部入寇茂州，而且就连刘复生先生自己也承认，宕州为宋代史籍明确记载有过活动的茂羁縻州之一。凡此诸事可证，《武经总要》所载茂属羁縻岩州实为羁縻宕州之字误，或许为传抄者所为亦未可知，要之并非唐代松属羁縻岩（巖）州，不能算“刺谬”。

其三，《武经总要》既已说茂州北行一百五十里至翼州，再行二百里至松州，西南三百七十里至涂州，但在各羁縻州下却记至茂州里数为：翼州三百里，松州七十里，涂州五里。前后里数自相矛盾，所以“对《武经总要》的记载不能盲从”。

前列数据其实与《通典》《元和郡县图志》《旧唐书》的数据很接近，显然应当是追记唐代情况。唐代的翼、松二州北宋时已属“化外”，即吐蕃属地，之所以《武经总要》仍将这些旧数据传抄下来，可能是吐蕃仍然保留了翼、松二州的称呼，与茂州的边防有一定关系。后列宋代数据确实与前列唐代数据相差较大，如果从唐代数据看，《武经总要》的记载不仅是“刺谬”，而且错得离谱。但笔者前面已经说过，唐代广德以后，翼、松等正州皆迁移为“行州”，长庆后就地转变为羁縻州。《武经总要》把这些离开正州原地的羁縻州距茂州里数也记录下来，所以导致前、后两列数据的不同。由此类推，《武经总要》所载十七个羁縻州距茂州的里数不仅不是其“刺谬”之处，而且应该都是极其珍贵的史料，因为除前述翼、悉、松等少数几个羁縻州里数尚见于《元丰志》外，其他各羁縻州的里数均不见于其他史籍。

由上辨析可知，刘复生先生所举《武经总要》几处“刺谬”之处，并不成立。那么，四库馆臣对《武经总要》的差评是否得当就可想而知了。

《武经总要》是在“庆历新政”的政治背景下编纂的，前后经历五年反复修订始成，仁宗亲自作序称赞云：“昨藩臣阻命，王师出伐，深惟帅领之重，恐鲜古今之学，命天章阁待制曾公亮等同加编定。虑泛览之难究，欲宏纲毕举。俾夫善将出抗强敌，每画筹策，悉见规摹。公亮等编削之效，寖逾再闰。……本朝勘乱边防，御侮计谋方略，咸用概举。”评价是很高的。四库馆臣仅凭“仁宗守成令主，武事非其所长，公亮等亦但襄赞太平，未娴将略”的主观印象，或者发觉其描述与清代情况不符，便认为《武经总要》“所言山川道里，以今日考之，亦多刺谬”。看来他们并不知道唐、宋两朝羁縻州及其与清朝茂属土司之间道里数据的差异 乃是治地、辖境经过多次迁移的结果。

固然，《武经总要》关于黎、雅、茂州地区的文字多取自《太平寰宇记》（以下省称《寰宇记》），但《寰宇记》也是宋初做过史官的乐史所修，它的价值有目共睹，不能说这些数据靠不住吧？何况唐末以来至北宋庆历年间，岷江上游茂、维（威）地区一直在前后蜀、北宋的有效管辖之下，并无战乱，官府要收集到当地羁縻州及相关山川道里的数据，并非难事。《武经总要》主纂者曾公亮、丁度等都是庆历新政名臣，才学俱佳，正是他们提出要加强武备，岂敢用“得自传闻”的、错得离谱的东西来敷衍朝廷，败坏边防大计。有人对《武经总要》相关资料来源进行过专门研究，客观指出：

> 《武经总要·边防》部分的编撰，是借鉴了《太平寰宇记》等地理志的体例，以行政区划为框架，依照一地（路/州/县等）的历史沿革、四至八道、军事战略位置，所管州县、镇砦、羁縻州等信息来编排文字。……

> 《边防》部分，由于所述地区多为边陲，信息闭塞，变故时有发生，故资料准确性差。但是《武经总要》毕竟是官方编纂，其搜罗资料、信息的能力是无须怀疑的，书中大量记载的军事区划、军事镇砦内容，可信度应是较高的。①

太宗淳化年间（990—994年），朝廷曾与茂属羁縻州签订誓书，划定界至，直到熙宁年间（1068—1077年），这份誓书尚保存于部分羁縻州中②，《武经总要》关于茂属羁縻州的名单和道里数据，有可能就是签订誓书时统计的。

反观元人所撰《宋史·地理志》《宋史·蛮夷传》中有关茂属羁縻州的记载，除取自《涑水记闻》《元丰志》和《长编》（包括阙佚的徽宗部分）外，并无新的资料来源。所以笔者怀疑，《宋史》作者并不知道“茂州旧领羁縻九州”的确切名单，在《宋史·蛮夷传》中只是用“盖涂、静、当、直、时、飞、宕、恭等九州”的文字进行了推测。其实这个推测是很有问题的，因为据《元丰志》卷一〇，熙、丰之际的茂属羁縻州有十个而不是九个，较之《蛮夷传》的推测多了达、乾、可、向、居五州，少了静、宕、恭三州。而且《宋志》茂州条又采用了《元丰志》“十州”的说法，与同书《宋史·蛮夷传》的“九州”说是自相矛盾的。不过，《元丰志》缺载的静、宕、恭三州在徽宗时犹存，前揭其卷七、卷八还有羁縻悉、翼、松三州的记载，可见《元丰志》的“十州”说也有问题，熙、丰之际茂属羁縻州实际上仍然是十七个。笔者认为，《涑水记闻》所谓“茂州旧领羁縻九州”，应是指庆历以后、熙宁以前位于茂州近旁（即附郭汶山县境）的羁縻涂、静、直、向、居、时、宕、恭、松九州。

① 吴成洋：《〈武经总要〉研究》，上海：华东师范大学硕士论文，2012年，第61页。

② 李焘：《续资治通鉴长编》卷二七七，熙宁九年八月，北京：中华书局，1986年，第6778页。

《武经总要》记载它们距茂州皆在六十五里以近（其中静州距茂州七十五里，庆历后已迁至茂州城北二里），由于境土接近的关系，它们是反对茂州筑城的主要力量。所以司马光鉴于“茂州居群蛮之中，地不过数十里”，要把距茂州最近的九州特别提出来；距茂州七十里以远的羁縻达、乾、翼、可、当、柘、悉、飞八州与此事件无关，被司马光忽略不计。

那么为何《元丰志》茂属羁縻州仅列瑺（宕）、直、时、涂、达、飞、乾、可、向、居十州，又将羁縻松、翼、悉、恭、柘、静、当七州忽略了呢？原来，松、翼等七州及真州在唐代曾是正州，后被吐蕃占领，《元丰志》卷一〇将它们另列为利（当作益）州路化外州，为避免重复，就把同名的羁縻州省略了[①]，只有真州因宋代更名为直州而保留下来。这样处理固然不妥，但也不算大错，毕竟撰修者有自己的体例。理解了这一点，就知道为什么在《元丰志》茂、文、龙州序中还有羁縻翼、松、悉等州的存在；为什么直到宋徽宗时，羁縻静、恭等州部落仍然在活动，因为它们只是被《元丰志》省略，而不是在熙宁、元丰年间被罢废了。

固然，唐《茂州都督府厅壁记》有言：“贞观初，置羁縻州九。”[②]《旧唐志》亦言：“茂州都督府，羁縻州十。”但细审《旧唐志》上下文，“羁縻州十”实为“羁縻州九”之误。因此若以为宋代的“九州”“十州”说沿自唐代，那就大错特错了，很明显，宋代的“九州”“十州”与唐代的“九州”“十州”名单根本不对应。

熙宁九年（1076年）茂州之乱平定后，宋军进入羁縻恭、

① 受此影响，徽宗时李新《茂州到任谢宰执启》（《跨鳌集》卷二四）犹云：“羁縻仅十州之獠。”

② 曹学佺：《蜀中名胜记》卷七《茂州》（重庆：重庆出版社，1984年）第102页引。据《旧唐书·地理志》及郭声波《中国行政区划通史·唐代卷》第1311页所考，此九羁縻州即贞观三至七年间先后所置的维、翼、西博、西封、彻、西冉、涂、向、西恭州。

宕二州，“斩首数百级，掳掠畜产，焚其庐舍皆尽”[①]，还有记载说：“茂州管下恭、静二等蕃部作过，已翦灭。”[②]然《宋史·蛮夷传》云，宣和年间犹有羁縻宕、恭、直、涂、静州诸部落蛮寇犯茂州。则所谓熙宁年间之“翦灭”不过是惩罚行为的夸张之词，羁縻州可能改迁新址，而建制并未罢废，政和年间羁縻直州纳土所建寿宁军，也只是占用其南部一块小飞地，并非整个州境。此外，五代时茂属新增羁縻乾州，羁縻向、时等州略有迁移；北宋大中祥符年间（1008—1016年）真州更名直州；庆历后，羁縻翼、静、飞等州的位置也有较大变动。

可惜的是，现存史籍中关于南宋茂属羁縻州的记载几乎是空白，不过可从蒙元占领该地区后的施治情况作一窥测。

茂州于理宗宝祐六年（1258年）为蒙古所占，当时是以安抚使代知州，兼管军民。元中统二年（1261年），世祖以不花为中书右丞相，耶律铸为中书左丞相，张元启为中书右丞，授管领崇庆府、黎、雅、威、茂、邛、灌七处军民小太尉虎符[③]。估计在此前后成都路及总管府已经设立[④]，包括茂州在内的上述诸州当隶其管辖，直到至元十三年（1276年）犹未改变[⑤]。至元二十年（1283年）减省茂州安抚司[⑥]，茂州始得划归吐蕃等处宣慰司下所属的“松潘叠宕威茂等州安抚司”（以下简称松潘安抚司）。

松潘安抚司虽然境土广阔，但在原茂州安抚司境内只设有“静州茶上必里溪安乡等二十六族”“龙木头都留等一十二族”“岳希蓬萝卜村等处二十二族”三处军民千户所[⑦]，明、清沿旧改为三个土长官司，静州土司治今茂县凤仪镇静州村，管

① 司马光：《涑水记闻》卷一三，北京：中华书局，1989年，第254页。

② 李焘：《续资治通鉴长编》卷二七五，熙宁九年五月，北京：中华书局，1986年，第6720页。

③ 《元史》卷四《世祖纪》，北京：中华书局，1976年，第71页。

④ 李治安等：《中国行政区划通史·元代卷》，上海：复旦大学出版社，2017年，第167页。

⑤ 《元史》卷六〇《地理志》成都路序，北京：中华书局，1976年，第1434页。

⑥ 《元史》卷一二《世祖纪》，北京：中华书局，1976年，第251页。

⑦ 《元史》卷八九《百官志》，北京：中华书局，1976年，第2197页。

辖岷江以东茂州城周边及以北熟蕃；陇木头土司治今茂县光明乡陇木头，管辖茂州土地岭以东熟蕃；岳希蓬土司治今茂县凤仪镇水西村，管辖茂州岷江以西熟蕃，三处土司基本上囊括了北宋茂州城周及其以北的十几个羁縻州旧地。这与宋代黔南地区的羁縻州经过自相兼并后，形成几个大姓部落联盟（即所谓“五姓番”“八姓番”）的情况很相似。

宋朝对羁縻州的管理已逐渐流于形式，到南宋甚至连形式都顾不上了。由于蕃政松弛，羁縻州之间强弱自并，久不朝贡，往往失去州号，成为羁縻部落①。除上述黔南地区外，南宋时南广地区的羁縻献、照、盈、南、洛、钳州之并为芒布部；羁縻播陵、德州之并为易娘部；羁縻总、协、曲、靖州之并为阿晟部等，俱由羁縻州演变为羁縻部落形式。南宋淳熙五年（1178年），四川制置使兼知成都府胡元质奏曰：“大率沿边诸州城资堡寨以为蔽，堡寨赖州城以为援，唯此（威、茂）两州不然，堡寨参错于中，州域孤立于外，而熟蕃部落周分环据。”②原本茂州城北百十里内尚有羁縻直、松、当、柘、翼、悉等州作为捍蔽，此时形势已是茂州州城“孤立于外”。环据者但曰“熟蕃部落”，不提羁縻州，可见茂属羁縻州已演变为羁縻部落。《舆地纪胜》茂州条虽引《图经》序云：“羁縻州将各佩唐印。”但据张国淦《中国古方志考》，此《茂州图经》乃北宋史宪所纂③，并不能说明南宋情况。

南宋黔南地区“八姓番”下属单位多为羁縻部落，但亦沿旧或自置有州、军之号，茂属羁縻部落中的“静州”一名，看来也不过是仅存的历史痕迹而已。

---

① 郭声波：《圈层结构视阈下的中国古代羁縻政区与部族》，北京：中国社会科学出版社，2018年，第212页。

② 王象之：《舆地纪胜》卷一四九茂州条引，扬州：江苏广陵古籍刻印社，1991年，第1058页。

③ 张国淦：《中国古方志考》，北京：中华书局，1962年，第705页；魏了翁：《故迪功郎致仕史君孟传墓志铭》，《重校鹤山先生大全文集》卷八二。

总之，《武经总要》的羁縻州名单和道里数据之所以与《通典》、两《唐志》、《元丰志》、《宋史》等唐宋史籍有较大差异，并非如清四库馆臣所言《武经总要》有“刺谬”之处，而是因为唐高宗以后，吐蕃侵逼导致剑南道西部许多羁縻州和正州内徙到茂州境内，唐末、五代复有变动。《武经总要》的记载正好反映了庆历初年它们在茂州境内的名单和新址，是极其珍贵的史料，是破译北宋茂属羁縻州地望的密码本，应该结合《元丰志》等宋代史籍充分加以利用。

但要利用《武经总要》所载道里数据来复原北宋茂属羁縻州的具体地望，还需要考察交通格局，确定宋代和里数与今公里制的折率。

严耕望和蓝勇已初步揭示出唐代广德之前岷江西山地区的基本交通格局[①]，广德之后，除北方翼、松二州及黑水河上游诸州为吐蕃所占，导致西山道（松茂大道）通往松州的北段和蓬婆路（西山北路）经恭州通往平戎城的西段中断外，黑水河下游以南基本未变，即从茂州向西北溯岷江—黑水河西南岸通往栖鸡川（今赤不苏河）的老翁城（今茂县雅都镇赤不苏村），向东北越陇东山（今土地岭）沿土门河北岸有陇东路（威蕃栅路）可经石泉通绵州[②]，向南沿岷江经鸡宗关、汶川县有西山道、端源路、三奇路等通往灌口及鱼子溪、郪江流域，向西南经汶川县有石门路（西山南路）可通维（威）州。

今叠溪镇较场坝村（旧较场区）东小学内“点将台”发现有许多唐贞观四年（630年）佛龛、造像及题记。题记中提到的施主多为翼州官吏、民众[③]，可证叠溪镇的确是唐武德初及贞

① 严耕望：《唐代交通图考》第四册，台北：“中央研究院”历史语言研究所，1986年，第929—942页，第966—968页，第973—997页；蓝勇：《四川古代交通路线史》，重庆：西南师范大学出版社，1989年，第239—247页。

② 李焘：《续资治通鉴长编》卷二七四，熙宁九年四月辛亥，北京：中华书局，1986年，第6714页。

③ 《茂汶羌族自治县志》，成都：四川辞书出版社，1997年，第627页；国家文物局主编：《中国文物地图集·四川分册》下册，北京：文物出版社，2009年，第1070页。

观十七年（643年）前翼州城之所在。而据《旧唐书·地理志》载，唐初（实为武德年间）茂州至长安二千七百九十四里（《通典》作二千七百一十四里，《元和郡县图志》作二千一百四十里，皆有误），翼州至长安二千九百三十里（《通典》及《元和郡县图志》中华书局本误作“二千四百二十里”，《元和郡县图志》它本作“二千九百四十里”），照此计算，茂州至翼州精确里数为一百三十六里，而今茂县城凤仪镇至叠溪镇的旧公路距离是58公里，可知唐代茂州都督府境内里距折率公式是：

一唐里＝58÷136＝0.4265（公里）

宋代岷江上游地区几个正州军如成都经永康军至茂、维（威）等州之间道里数据与唐代差别不大，茂州地区地形地貌较之唐代亦无多大改变，因此唐、宋茂州地区的里距折率可以通用，如《太平寰宇记》就直接抄录唐代里数，《武经总要》茂州序说：“东至绵州四百里，西至威州二百二十里，州北陆行百五十里至翼州，又二百里至松州，又三百里至茅（芳）州，西南陆行三百七十里至涂州。”这里提到的翼、松、芳、涂州，都是唐代故址，而非宋代羁縻州，显然也是袭用的唐代数据。

以上关于《武经总要》北宋茂属羁縻州道里数据价值、唐宋通用里距折率公式及交通格局的讨论，为笔者利用《武经总要》道里数据复原各州地望提供了依据（参见表1、图1）。

表1　五代、两宋茂属诸羌羁縻州概况

州名	建置沿革	族属	《武经总要》等数据			地望（约当今地）
			户数	宋里	千米	
恭州	唐长庆后—五代 北宋初—两宋之际	茂州羌	60	5	2	茂县洼底乡 茂县凤仪镇蓝店坡村

续表

州名	建置沿革	族属	《武经总要》等数据			地望（约当今地）
			户数	宋里	千米	
宕州	唐永淳后—两宋之际	茂州羌	275	20	9	茂县凤仪镇宗渠村
居州	唐永淳后—两宋之际	茂州羌	50	30	13	茂县凤仪镇吉鱼村
时州	唐永淳后—两宋之际	茂州羌	100	60	26	茂县光明乡明脚底村
达州	唐永淳后—两宋之际	茂州羌	100	150	64	汶川县绵虒镇和平村
翼州	前蜀初—宋庆历初 庆历后—两宋之际	茂州羌	200	300 75	128 32	汶川县水磨镇白石村 茂县叵龙乡
可州	唐永淳后—两宋之际	茂州羌	200	500?	213?	汶川县三江镇
乾州	前蜀初—两宋之际	茂州羌	400	300	128	汶川县耿达镇
涂州	唐广德后—两宋之际	茂州羌	200	5	2	茂县凤仪镇坪头村
松州	唐长庆后—南宋	茂州羌	100	70	30	茂县黑虎乡
真州（直州）	唐长庆后—宋祥符六年 祥符六年—两宋之际	茂州羌	200	30	13	茂县渭门乡椒园村
向州	前蜀初—两宋之际	茂州羌	50	30	13	茂县渭门乡渭门关村
柘州	唐长庆后—两宋之际	茂州羌	100	70	30	茂县飞虹乡深沟村沙坝
当州	唐长庆后—两宋之际	茂州羌	50	65	28	茂县飞虹乡水草坪村萝兜寨
静州	唐长庆后—宋庆历初 庆历后—南宋	茂州羌	400	75	32	茂县叵龙乡 茂县凤仪镇静州村
悉州	唐长庆后—两宋之际	茂州羌	315	200	85	茂县雅都镇九龙村
飞州	前蜀初—宋庆历初 庆历后—两宋之际	茂州羌	200	300	128	理县古尔沟镇 茂县克枯乡

二、茂属十七羁縻州地望考证

（一）羁縻恭州

本唐代正州，在茂州西，今黑水县西境，大历后东迁为行州，长庆后就地转为羁縻州。《武经总要》载羁縻恭州至茂州五里，合两公里，似反映了东迁后的位置，但相较于其他行州治所而言，距茂州城未免太近，恐非当时实情。今臆度唐代行恭州及羁縻恭州可能先居故真州昭远县（今茂县洼底乡，境域含曲谷乡），北宋时乃迁至茂州城附近。其迁徙原因，估计与茂州守臣招募垦种人员有关。茂州城周土地平衍，而汉民稀少，熙宁年间权知茂州李琪就兼带“屯田”一职。屯田之所，即在茂州城外。熙宁九年成都钤辖司言：“初，计展州外城并城东，实蕃部董振珠元佃种地。”①既是佃种，就要交纳租税，所以直到元祐初年，茂州申状犹云：“本州系处极边，番、汉并纳夏税斛斗数目不多，自来止是送正色。”②就很能说明问题。董振珠盖即羁縻恭州首领。

熙宁九年春因反对茂州筑城，周边羁縻州部落发动叛乱。宋廷派遣王庆率军自陇东路，孙清率军自西山道入援茂州，均兵败无功。同年五月，复遣王中正将兵数千经西山道入援。王中正抵达鸡宗关后，遣王光祖为前锋，先后攻克羁縻部落盘踞的箪篥溪（今南新镇别立村）、石鼓、茶山等村，即所谓“经恭州、荡（当作宕）州境，乘其无备，掩击之”③，然后“与中正会于茂州，乃归”④。显然，宋军并未北出茂州追击叛羌，如果那样，必须经过茂州北郊的静州乃可，而静州自始至终未被宋军占领。鸡宗关一作箕宗关，另一作结总关，在今茂县南新镇（七星关），故可据《武经总要》里数定恭州于今茂县城南凤仪镇蓝店坡村，州境约当今凤仪镇东部。谭图定于今茂县西北5公里的渭门乡十里沟村，则远超于《武经总要》的里数，且不合于熙宁之

① 李焘：《续资治通鉴长编》卷二七七，熙宁九年八月丙午，北京：中华书局，1986年，第6778页。

② 李焘：《续资治通鉴长编》卷三七三，元祐元年三月壬午，北京：中华书局，1990年，第9037页。

③ 司马光：《涑水记闻》卷一三，北京：中华书局，1989年，第254页。

④ 李焘：《续资治通鉴长编》卷二七九，熙宁九年十一月癸酉，北京：中华书局，1986年，第6822页。

役的战场形势，恐有误。

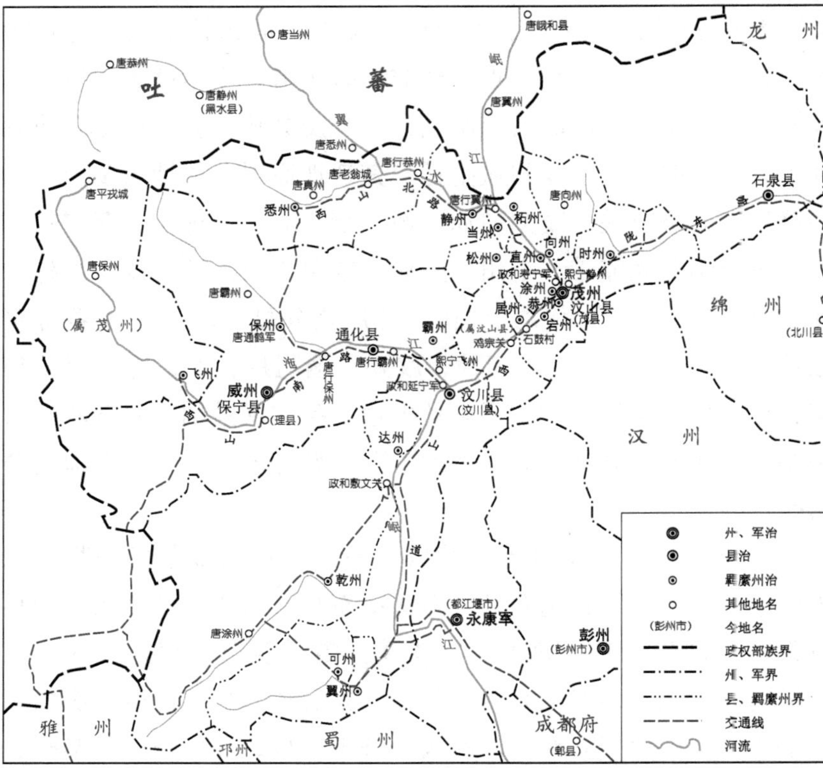

图1 北宋庆历年间茂州所属羁縻州分布（郭声波考绘）

注：底图依据《中华人民共和国国家普通地图集》四川省幅，中国地图出版社1995年。

（二）羁縻宕州

唐代永徽二年（651年）初置羁縻宕州时，属茂州都督府，在今四川宝兴县境①，后割隶雅州都督府，永淳二年（683年）畏吐蕃侵逼，北徙茂州境，复属茂州都督府。《武经总要》载羁縻宕（原误作“岩”）州至茂州二十里，合九公里，反映永淳北徙后的位置至宋未改。《元丰志》化外州中有当州，依其例在羁縻州中不再重列，羁縻州中则有瑺州而无宕州，故知“瑺”应

① 郭声波：《中国行政区划通史·唐代卷》，上海：复旦大学出版社，2017年，第1311页。

为“宕”之讹误，然自《宋志》改“瑠”为“当”，后人遂沿讹成习。

羁縻宕州来自茂州西南，北徙后的位置也应当在茂州城南。据上文“恭州”条考证，可定宕州于今茂县凤仪镇宗渠村（旧石鼓乡），州境约当今凤仪镇南部。谭图定于今茂县西北十一公里的渭门乡渭门关村，虽基本合于《武经总要》的里数，但不合于熙宁之役的战场形势。李昌宪先生认为宕州在茂县南①，应该更合于情理。

虽然恭、宕二州分布于茂州城南的西山道上，对茂州通往永康军的交通有所影响，甚至有时会造成阻碍，但考虑到永淳北徙茂州时属于临时安置性质，当时是出于不得已，后来可能夷汉长期相安无事，也就维持不动了，于是茂州基本形似孤岛，与当时的维（威）州有些类似。北宋人感慨“本州四面并是蕃部住坐处，别无城池限隔”②，“茂州居群蛮之中，地不过数十里”③；南宋人感慨威、茂二州“州城孤立于外，而熟蕃部落周分环据”④，应当属实。

（三）羁縻居州

诸家未释。按唐代永徽二年初置羁縻居州时，属茂州都督府，在今四川宝兴县境⑤，后割隶雅州都督府，永淳二年畏吐蕃侵逼，北徙茂州境，复属茂州都督府。《武经总要》载羁縻居州至茂州三十里，合十三公里，反映永淳北徙后的位置至宋未改。羁縻居州来自茂州西南，北徙后的位置也应当在茂州城南，今茂

① 李昌宪：《中国行政区划通史·宋西夏卷》，上海：复旦大学出版社，2017年，第658页。

② 李焘：《续资治通鉴长编》卷二六六，熙宁八年七月辛巳，北京：中华书局，1986年，第6531页。

③ 司马光：《涑水记闻》卷一三，北京：中华书局，1989年，第252页。

④ 王象之：《舆地纪胜》卷一四九《茂州》，扬州：江苏广陵古籍刻印社，1991年，第1058页。

⑤ 郭声波：《中国行政区划通史·唐代卷》，上海：复旦大学出版社，2017年，第1312页。

县凤仪镇吉鱼村（旧属石鼓乡）至迟在清代已有其名[①]，距县城正好十三公里，疑“吉鱼”即古之“居”音变而来，地望即由此敲定，州境约当今凤仪镇西南部。

（四）羁縻时州

唐代永徽二年初置羁縻时州时，属茂州都督府，在今四川宝兴县境[②]，后割隶雅州都督府，永淳二年畏吐蕃侵逼，北徙茂州境，复属茂州都督府。《武经总要》载羁縻时州至茂州六十里，合二十六公里，反映永淳北徙后的位置至宋未改。羁縻时州来自茂州西南，北徙后的位置似应在茂州城南。但上引《涑水记闻》载：“又有王供备（按即王庆）等将数千人自陇东道入，时州蛮请降，从者杀其二子，蛮怒，密告静州等蛮，使遮其前，而自后驱之，壅溪上流，官军既涉而决之，杀溺殆尽。”这说明时州实位于茂州至石泉、绵州间之陇东路上。宋军在渡过一条溪流后，受静、时二州羌蛮前后夹击而失利。这条溪流位于今北川县墩上乡至茂县光明乡之间，应即今土门河源头。谭图定时州于今北川县墩上乡（旧武安乡），其地似太过偏东，不太可能及时与茂州城旁的静州取得联系，故宜依李昌宪的观点将治地定在茂县东北[③]，即距今茂县城26公里的光明乡明脚底村，州境约当今光明、富顺二乡北部。考虑到唐代曾一度将龙州降为羁縻州[④]，有羌人居住，故时州置于茂州东北亦有其理由，这可能与陇东路人烟稀少有关。政和末年孙羲叟节制绵、茂军镇压羁縻涂、静、时等州蛮骚乱，遣石泉统制种友直沿途所破都禄（或作都浪、都留，今富顺乡都料口）、板舍原（可能因地多板屋为名，今

① 道光《茂州志》卷二《建置》。

② “宕州”附旧州羁縻宕州（应作羁縻时州）。郭声波：《中国行政区划通史·唐代卷》，上海：复旦大学出版社，2017年，第1311页。

③ 李昌宪：《中国行政区划通史·宋西夏卷》，上海：复旦大学出版社，2017年，第658页。

④ 欧阳修等：《新唐书》卷四二《地理志》，北京：中华书局，1975年，第1090页。

明脚底村）、马蹄溪（今光明乡治）诸村寨。这些村寨都属于陇东路上的时州[①]，由此亦得知时州应在今茂县境，而不在今北川县境。

（五）羁縻达州

诸家未释。《宋志》作“远州”。按“远州”当依《武经总要》《元丰志》作达州。唐永徽二年初置羁縻达州时，属茂州都督府，在今四川康定县境[②]，后割隶雅州都督府，永淳二年畏吐蕃侵逼，北徙茂州境，复属茂州都督府。《武经总要》载羁縻达州至茂州一百五十一里，合六十四公里，反映永淳北徙后的位置至宋未改。羁縻达州来自茂州西南，北徙后的位置也应当在茂州之南，即今汶川县绵虒镇和平村，州境约当绵虒镇西部。政和年间州将董承有以地来献[③]，依郅永寿、汤延俊例亦应建立军镇或设置关寨，而《史阙》载，颇疑《宋志》茂州的敷文关即以承有献地而置，在今汶川县绵虒镇硐头村平房，即羁縻达州南境，此地置关可以控扼汶川县西南境的蕃部。

（六）羁縻翼州

本唐代正州，在茂州北，今茂县叠溪镇一带，广德后北境陷没，遂移治翼水县（今茂县飞虹乡两河口）。《贞元十道录》言翼州已废[④]，《新唐志》言翼州曾为“行州”，反映的就是这段史实。贞元十年（794年）唐军收复翼州峨和县，标志翼州旧境基本恢复，翼州还治翼针县，故《元和郡县国志》及反映唐末政区建置的《新唐志》仍完整地记载了翼州及其三

① 李埴：《皇宋十朝纲要》卷一八《徽宗》；《宋史》卷四九六《蛮夷传》，北京：中华书局，1977年，第14240页。

② 郭声波：《中国行政区划通史·唐代卷》，上海：复旦大学出版社，2017年，第1314页。

③ 《宋史》卷四九六《蛮夷传》，北京：中华书局，1977年，第14239页。

④ 王仲荦：《敦煌石室地志残卷考释》，上海：上海古籍出版社，1993年，第87页。

县，显然贞元年间已从“行州”恢复为正州。而《武经总要》前集卷一九《益利路》又有三组涉及翼州的不同的道里数据，反映翼州在唐以后还有过降为羁縻州的变化及迁徙踪迹，分析如下：

其一，茂州汶山郡序载：“州北陆行百五十里至翼州。”里数与该卷下文羁縻州的翼州不同，较之《元丰志》茂州条“北至羁縻翼州七十五里”亦远出一倍。显然，前句指的是唐前期翼州（即今茂县叠溪镇东南）的旧里数，《通典》《元和郡县图志》《寰宇记》作“一百二十里”，其实都是“一百三十里”（即一百三十六里的整数）之误。《武经总要》更误为“一百五十里”。《元丰志》指的是元丰年间（1078—1085年）羁縻翼州的里数，度其方位，有两处可供选择：一是今茂县飞虹乡深沟村，但距羁縻柘州仅五里，空间太过促狭；二是今茂县回龙乡，羁縻静州曾治于此，然庆历后静州已南迁，其地空出，翼州正好从汶川县南部迁回填空，州境当包括今茂县回龙、白溪、三龙三乡，西界到达三龙沟上游。如此，乃可解释《元丰志》威州条的“北至羁縻翼州〔界〕一百三十里”一句所指。

其二，茂州汶山郡羁縻州载：“翼州，管部落二百户，去州三百里。”这个里数不见于唐代地理志，较之唐代的翼州和北宋元丰年间的羁縻翼州道里数都相差极大，它应该是五代至北宋庆历初年羁縻翼州新址里距。其时茂州北三百里为故松州，西北三百里为故恭州，西南三百里为故保州，俱为吐蕃境，不得为羁縻翼州新址，只有往南三百里靠近永康、邛、蜀诸州边境处，亦即今汶川县南都江流域水磨镇白石村一带，才有可能为羁縻翼州新址所在，州境约当今水磨镇南部。

翼州降为羁縻州并南徙的时间，史籍脱载。按岷江西山地区自五代至北宋初年一直比较平静，未闻有战事，然据《新五代史·职方考》，前蜀在岷江西山地区仅有茂、维二州，无翼州。后唐同光三年（925年），前蜀将王承休自秦州回援成都，“赂羌人买文、扶州路以归，……比至茂州，余众二千而已”[①]。从扶州至茂州，必经翼州，这里却绝口不提翼州，可知翼州已经弃守而重归吐蕃。由此判断，翼州之降为羁縻州并南迁，当在此前的前蜀初年。

其三，雅州卢山郡序载：“北陆行九十三里翼州界。”按雅州北九十余里尚在今邛崃市、芦山县界，与茂州相距甚远，且中隔莽莽邛崃大山，绝非翼州地界可知。结合本句前后文看，自“西北陆行五百里吐蕃栖鸡城”以下，包括本句在内，都是指以威州为中心的界至道里，其中至涂州、悉州、雪岭的道里，与该卷后文威州条几乎完全相同。威州北九十三里，可至今薛城镇北界的九龙池沟，沟北即羁縻悉州界而非羁縻翼州界。据后文考证，羁縻悉州治今茂县雅都镇九龙村，在今九龙池沟北三十里，故知本句之“翼州界”实为“悉州界”之误。真正从威州北至羁縻翼州界，只能是从今甘堡乡经薛城镇北的马厂沟至茂县三龙乡三龙沟上游，也就是《元丰志》的一百三十里。当然，这是庆历翼州迁回羁縻静州故址扩大州境后才可能出现的情况。

综上，《武经总要》雅州卢山郡序的“翼州界”是“悉州界”之误，茂州汶山郡序的“翼州”是唐贞元以前治于今茂县叠溪镇东南的旧翼州（正州）；茂州汶山郡羁縻州的“翼州”，是前蜀初年降级并移治今汶川县水磨镇白石村的羁縻翼州；《元丰志》茂州条的“羁縻翼州”，是庆历后迁回羁縻静州故址的羁縻翼州。

（七）羁縻可州

诸家未释。按唐永徽二年初置羁縻可州时，属茂州都督府，在今四川宝兴县境[②]，后割隶雅州都督府，永淳二年畏吐蕃侵

① 司马光：《资治通鉴》卷二七三，后唐同光三年十月，北京：中华书局，1956年，第3941页。

② 郭声波：《中国行政区划通史·唐代卷》，上海：复旦大学出版社，2017年，第1312页。

逼，北徙茂州境，复属茂州都督府。《武经总要》载羁縻可州至茂州五百里，合二百一十三公里，反映永淳后北徙于茂州境，但唐代茂州都督府四周边境距茂州均仅三四百里，《武经总要》此里数当有误，疑应作“三百余里”。综合判断，羁縻可州新治所应当较为偏僻，故未受吐蕃影响而存续至两宋之际，但人口很少，仅五十户，号为“世外桃源”的今汶川县南三江镇宜为其地，州境约当今三江镇。

（八）羁縻乾州

据《新唐书·地理志》和《方镇表》，乾州本是唐代正州，始置于大历三年（768年），隶西川节度使，唐末未见罢废。然《新五代史·职方考》中前蜀已无乾州，《武经总要》却列为茂属羁縻州，距茂州三百里，合一百二十八公里，可知前蜀时已降为羁縻州。治地在今汶川县耿达镇，因由正州降为羁縻州之故，户口数为各羁縻州之最，约四百户，州境约当今汶川县耿达、卧龙二镇。

谭图北宋幅将今和平村以南的地区置于“吐蕃诸部”范围，大约是根据《寰宇记》永康军青城县条“傍便山在县西南，下与青城山连接，当吐蕃之界，溪谷深邃，夏积冰雪，此山所以隔夷、夏也”及蜀州条“西至青〔城〕山八十里吐蕃界，无路通”而成论，也就是以青城山为宋、蕃之界，可能因为今汶川县南部诸羌尽管名义上仍是宋朝羁縻州地区，但实际上早已暗通吐蕃，人称“两面羌”的缘故。不过，笔者还是主张，政治地图应该反映名义上的归属，乾州作为羁縻州理应在宋朝版图内。

（九）羁縻涂州

唐初羁縻涂州距茂州三百七十一里，合一百五十八公里，在今汶川县卧龙镇卧龙关[①]，属茂州极边，广德后畏吐蕃，内迁

① 郭声波：《“岷江西山九州”考——唐贞观十三年政区考辨》，《中国历史地理论丛》，1998年，第2期。

茂州城附近。《武经总要》载羁縻涂州至茂州五里，合两公里，当反映了广德后的位置。笔者原考虑涂州来自茂州西南，内徙后的位置也应当在茂州城南，故定于今茂县凤仪镇南庄村[①]。今复细审熙宁年间宋军行军路线，南庄村应是距茂州同样里数的羁縻恭州治地（详前恭州条）。谭图北宋羁縻涂州定于今茂县城凤仪镇西的坪头村，也符合《武经总要》的记载，应当更加正确。如此，羁縻涂州境域约当今茂县凤仪镇西北部。

（十）羁縻松州

本唐代正州，在茂州北，今松潘县境，贞元后南迁茂州境，为行州，长庆后就地转为羁縻州。《武经总要》载羁縻松州至茂州七十里，合三十公里，反映了南迁后的位置。《元丰志》卷八又载，龙州"西至羁縻松州二百二十五里"，应经由陇东路而得，如此推定，羁縻松州在今茂县黑虎乡。黑虎乡旧名黑虎寨，明代曰松溪堡，今黑虎寨河的旧名为松溪[②]，应该得名于唐宋时代的羁縻松州。由此反推，羁縻松州之名，有可能存至南宋。

（十一）羁縻真州—羁縻直州

本唐代正州，在茂州西北，今黑水县东南境，广德后内迁茂州境，为行州，长庆后就地转为羁縻州。北宋大中祥符六年（1013年），升建安军（今江苏省仪征市）为真州，为免重名，羁縻真州理应更名规避，遂改为直州。改"真"为"直"，符合宋人习惯，如仁宗时避辽兴宗讳，改女真为女直，亦为一例。《武经总要》载羁縻直州至茂州三十里，合十三公里，不仅反映了真州新名，也反映了真州南迁后的位置，治地当在今茂县渭门

① 郭声波：《中国行政区划通史·唐代卷》，上海：复旦大学出版社，2017年，第1323页。

② 曹学佺：《蜀中广记》卷三二《边防》；道光《茂州志》卷一《舆地》、卷二《建置》。

乡椒园村，州境约当今茂县渭门乡南部和沟口乡南部。谭图定直州于今茂县黑虎乡南，略有偏差。

《宋志》又载："寿宁砦，本羁縻直州，政和六年建。寿宁军，在大皂江外，距茂州五里，八年废为砦。宣和三年，废砦为堡。"《宋史·蛮夷传》亦载：政和五年（1115年），"直州将郅永寿、汤延俊、董承有等各以地内属，诏以永寿地建寿宁军。……寿宁距茂才五里，在大皂江之外（即岷江西）"。《读史方舆纪要》卷七载："茂州：政和六年于羁縻直州置寿宁军，八年军废，今州西北（卷六七作西南）五里废寿宁砦是也。"综合以上三条记载，似乎在庆历以后，直州南迁了二十多里，然后于政和六年废州为军。但是《宋史·蛮夷传》又载，宣和五年（1123年），犹有直州部落入寇茂州。可见直州作为茂属羁縻州一直存在，并未罢废。政和中"诏以永寿地建寿宁军"的实际含义是，以直州州将郅永寿献纳的靠近茂州城西北五里的部分土地（可能是插入羁縻涂州的一小块飞地）建寿宁军，即今凤仪镇甘青村。《宋志》解读为"寿宁砦本羁縻直州"；《读史方舆纪要》转写成"政和六年于羁縻直州置寿宁军"。两者都与诏令原意有些出入，往往使人误以为是废州置军。

此外《宋志》还说："宣和四年，又废（延宁）砦及寿宁堡入汶川县。"延宁砦即故威戎军城，在今汶川县城附近（详见后飞州条），省入汶川县没有问题，可寿宁堡即故寿宁军城，距茂州城仅五里，要省也只能省入附郭的汶山县，不可能省入远在一百里外的汶川县，故此记载必定有误，不足为据。宣和四年（1122年）废寿宁堡后直州犹存，可见寿宁堡非如《宋志》所说为直州旧址，直州并未南迁。

（十二）羁縻向州

诸家未释。按唐代羁縻向州距茂州七十一里，合三十公里，在今茂县永和乡北[1]，境域含今北川县白什、青片二乡。至宋，《武经总要》载羁縻向州距茂州仅三十里，合十三公里，显然已南徙到更靠近茂州的位置，迁徙时间可能与羁縻翼州同时，也是在前蜀初年。向州的新址，当在今茂县渭门乡渭门关村，境域约当今渭门乡南部和永和乡全境，较之唐代已有大幅缩小。

（十三）羁縻柘州

本唐代正州，在茂州西北，今黑水县西北境，大历后东迁翼州境，为行州，长庆后就地转为羁縻州。《武经总要》载羁縻柘州至茂州七十里，合三十公里，反映了其东迁后的位置，治所当在今茂县飞虹乡深沟村沙坝，此地为茂县北境难得的一小块山间坝子，宜农宜牧，州境约当今茂县飞虹乡东部及沟口乡北部。

（十四）羁縻当州

本唐代正州，在茂州西北，今黑水县东北境，大历后南迁翼州境，为行州，长庆后就地转为羁縻州。《武经总要》载羁縻当州至茂州六十五里，合二十八公里，反映了其南迁后的位置。当州治地当在今茂县飞虹乡水草坪村萝兜寨，州境约当今茂县飞虹乡西部。谭图拟于今茂县沟口乡北部，虽合里数，但较偏僻，似非置州之所。

（十五）羁縻静州

本唐代正州，在茂州西北，今黑水县北境，大历后南迁翼州境，为行州，长庆后就地转为羁縻州。《武经总要》载羁縻当州至茂州七十五里，合三十二公里，反映了其南迁后的位置，治地当在今茂县回龙乡，境域约当今茂县回龙、白溪二乡南部和三龙乡。五代翼州降为羁縻州并南徙后，静州又并有其翼水县西境，

① 郭声波：《“岷江西山九州”考——唐贞观十三年政区考辨》，《中国历史地理论丛》，1998年，第2期。

即今回龙、白溪二乡北部。

静州在元、明、清三朝成为土长官司。清人云："静州长官司，州东一里。唐大历五年（770年）徙置（行）静州，此或其故址也。"[①]州东一里或作州东二里[②]，今茂县城东北二里有静州村，盖即其地。然唐大历时所置行静州，当依上考在州北七十五里之回龙乡，州东北二里之静州，是庆历后迁置的。据记载，熙宁九年三月，兴筑茂州城墙才丈余，静州等处羌蛮数百奄至其处进行阻止。王庆等率宋军数千人经陇东路入援，中途有时州蛮密告静州等蛮，使遮其前[③]。由此可知，庆历以后，至迟到熙宁年间，羁縻静州已从回龙乡南迁至茂州城东北，地当陇东路起点，州境约当今仪凤镇东北部。谭图置静州于今北川县墩上乡（旧武安乡），距茂州一百二十九里，合五十五公里，大大超过《武经总要》里数。且谭图年代取的是政和，这时静州的新治更不可能距茂州如此之远，之所以如此标绘，可能与误解时州与静州联合围歼宋军的形势有关。

静州迁徙的原因，估计与恭州相仿佛，即与茂州守臣招募垦种有关。如司马光言："陇西田肥美，静州等蛮时引生羌据其地。"[④]陇西，指陇东山（今茂县土地岭）以西、岷江以东地区；静州等蛮，即茂州近郊静、恭二州之蛮；生羌，盖指羁縻向州北部深山地区的羌民。

（十六）羁縻悉州

本唐代正州，在茂州西北，今黑水县南境，大历后南迁故真州境，为行州，长庆后就地转为羁縻州。《武经总要》载羁縻悉州至茂州二百里，合八十五公里，反映了其南迁后的位置。据地

---

① 顾祖禹：《读史方舆纪要》卷六七《茂州》，北京：中华书局，2005年，第3190页。

② 雍正《四川通志》卷二七《直隶茂州》。

③ 司马光：《涑水记闻》卷一三，北京：中华书局，1989年，第253页。

④ 司马光：《涑水记闻》卷一三，北京：中华书局，1989年，第254页。

方史工作者调查："唐悉州故城址，位于茂县维城乡九龙村东北1.5公里处，与维城乡中村隔河相对。"①文物考古工作者亦证实九龙村有唐代城址②。九龙村今属雅都镇，距茂县正好八十五公里，故可确定为行悉州故址，亦即长庆以后的羁縻悉州，境域约当今茂县雅都镇。唐末以后羁縻恭州南迁后，羁縻悉州又并有其地，即今茂县洼底、曲谷二乡。

《武经总要》又言：威州"西至悉州二百三十里"。《元丰志》抄此句，唯"悉州"前加"羁縻"二字。按威州治今理县甘堡乡，北至九龙村仅一百三十里，因疑此句为"北至羁縻悉州一百三十里"之误。如果文字确实无误，那就是走了其他较为迂远的路线（比如经由大海子），但也不妨碍对羁縻悉州的定位。《舆地纪胜》威州条言："有沱水，自羁縻悉州流出，东径保宁，……又东至汶川。"其"悉州"后当脱"西界"二字。

（十七）羁縻飞州

本是唐代弱水西山地区渠步羌羁縻州，在今壤塘县中部，仪凤中没于吐蕃，由其附庸悉董国统治③。然《武经总要》载羁縻飞州至茂州三百里，合一百二十八公里，可知其后来有过重新内附复置的过程。这个内附复置的契机，当是贞元九年（793年）与东女、哥邻、白狗、逋租、弱水、南水王六国长率种落款附同时，悉董国及清远王、咄霸王皆归化，翌年，西川节度使韦皋"处之于维、保、霸等州"④。从茂州到故维、保、霸州境，必循西山道南段经汶川县转西山南路而西，由此断定，贞元十年复置的羁縻飞州，应以悉董国王汤息赞部落置，在今理县古尔沟镇，由西山八国使管辖。前蜀罢西山八国使，羁縻飞州乃如《武

① 周锡银主编：《羌族词典》，成都：巴蜀书社，2004年，第460页。

② 国家文物局主编：《中国文物地图集·四川分册》下册，北京：文物出版社，2009年，第106页。

③ 郭声波：《唐代弱水西山羁縻州部族探考》，《中国藏学》，2002年，第3期；《中国行政区划通史·唐代卷》，上海：复旦大学出版社，2017年，第1337页。

④ 《旧唐书》卷一九七《东女国传》，北京：中华书局，1975年，第5279页。

经总要》所载，改由茂州管辖。从地理位置看，飞州与茂州中隔维州，成为一块飞地。然而据《宋史·蛮夷传》载，政和七年，“羁縻涂、静、时、飞等州蛮复反茂州，杀掠千余人”。其时涂、静、时三州皆在茂州数十里内，而飞州远在三百里外，且为飞地，似不可能杀掠茂州民众。唯一可行的解释是：庆历后飞州已迁入茂州境内。有一条线索可以辅证这个推测：

政和五年，茂属羁縻直州将郅永寿、汤延俊、董承有等，各以其地内属，翌年，“诏以永寿地建寿宁军，延俊、承有地建延宁军”[①]。寿宁军取郅永寿为名，延宁军取汤延俊为名，董承有所献地当非延宁军而另有所置，疑即《宋志》阙载始置年代之敷文关。宋朝除了以土豪任羁縻州刺史、知州外，往往以州将、军主、将军、巡检等牙职典州事[②]，是知郅、汤、董三人名曰州将，其实各为一州酋首，《宋史》记载失详。按唐末岷江西山地区汤姓羁縻州，只有以东女国部落所置之归化州和以悉董国部落所置之飞州，归化州前蜀时已废，推得汤延俊应是飞州州将。延宁军在今汶川县威州镇西岸桑坪，即唐代威戎军治，政和六年置军后飞州仍然存在，显见与直州郅永寿一样。汤延俊也只是献纳了部分土地。综合以上推理，庆历后飞州应迁治今汶川县克枯乡，疑即元丰五年（1082年）《威戎军安远城记》之安远城[③]。这样，飞州部落在政和末年仍得以寇乱茂州，就解释得通了。

三、结语

综观宋代茂属羁縻州的分布格局，特点之一，是除向州而外，基本上由唐代吐蕃东进时内徙茂州的雅属羁縻州或岷江上游的行州转变而来，在五代、北宋时，又有部分羁縻州再次内徙

① 综合《宋史》卷八九《地理志》、卷四九六《蛮夷传》。

② 郭声波：《试论宋朝的羁縻州管理》，《中国历史地理论丛》，2000年，第1期。

③ 王象之：《舆地纪胜》卷一四九茂州引，扬州：江苏广陵古籍刻印社，1991年，第1058页。

到距茂州城更近的地方，“周分环据”，形成对茂州城的包围态势；特点之二是，除羁縻当、松二州外，基本上沿岷江、黑水河交通路线分布。绝大多数羁縻部落居河谷及山间坝子，以种田为生这反映从唐代以畜牧经济为主转变为宋代以农业经济为主，但官府掌握的纳税户口仍然不多。

此种包裹边州的羁縻州态势与唐代雅属集群羁縻州有同工异曲之处[①]。同工者，均反映唐宋统治者对于缘边羁縻州因地制宜的处置方式，以便于安抚统治为目的；异曲者，茂属以内属诸羌部落渐次内徙形成，稍失之于宽，羌汉杂处，虽治乱不常，然长期交流融合，最终成为西南地区存续时间最长的羁縻州。雅属以投降吐蕃诸羌部落集中安置形成，稍失之于严，虽未生乱，却致羌汉隔离，妨碍融合。

① 郭声波：《唐宋集群羁縻州之典型——雅属羁縻州》，《中国史研究》，2001年，第3期。

明代香山县河泊所设置考*

吴宏岐　许意如

（暨南大学历史地理研究中心）

摘要：广东香山县河泊所是明代在珠江三角洲地区设置的重要河泊所之一。通过细致考证相关史料可知，明初香山县河泊所官署设置于香山县城西南城墙外的西关一带。便利的水运交通与疍民聚集区这两个条件耦合在一起，应当正是明政府选择此处设置河泊所官署来管理鱼课征收事宜的主要原因。嘉靖中期，河泊所官署北移到香山县城西北方向的石岐山下，这与香山县境疍民户口数量的减少及分布区域的变动有较大的关系。至于北移后的河泊所之所以并未修建独立的官署建筑，除了因疍民数量大规模减少、鱼课征收困难导致河泊所职能与地位的下降等原因以外，还可能与区域社会环境的剧变有关。

关键词：明代；香山县；河泊所；官署位置

河泊所最初是元代在建康、安庆、池州等处设置的用于掌收鱼税的官署。明代广为设置，洪武十五年（1382年），全国有河泊所252处。广东香山县河泊所是明代在珠江三角洲地区设置的重要河泊所之一，但其设置历史较为复杂，相关史料记载也多有抵牾之处。关于明代香山县河泊所，有关论著仅在论述明清广东

* 基金项目：国家社科基金冷门绝学研究专项学术团队项目“明清广东海防地理史料的整理与研究”（批准号：20VJXT004）、国家社科基金重大项目“宋元以来珠江三角洲海岸带环境史料的搜集、整理与研究”（批准号：19ZDA201）。

疍民分布时略有提及，并未对其设置情况做细致分析。[①]本文拟通过对诸种明清香山县志有关文字记载与舆图资料的综合考证，结合实地考察所得，对明代香山县河泊所的设置历史作较为系统的探讨。

一、明代“天妃废宫”与清代天后庙的位置所在

关于明初香山县河泊所的设置时间与地点，嘉靖《香山县志》有三条相关记载，其一云：“国朝洪武初置河泊所官一员，掌鱼课之事；攒典一名。”[②]其二云：“河泊所，在县城外石岐山下，洪武十四年设，本所官夏凯创。今废。来官者咸寓于民家。”[③]其三云：“天妃废宫在河泊所前（原注：洪武中千户陈豫建），田八十八亩有奇（原注：四字都民韩二妃户）。”[④]

从上引第一条史料可知，香山县河泊所官是在洪武初年设置的，具体年份不详。当时除了设置有河泊所官一员以外，还设置有攒典一名，协助所官处理香山县鱼课之事。从第二条史料可知，香山县河泊所的官署始设于洪武十四年（1381年），由时任所官夏凯所创设。到了嘉靖二十七年（1548年）时任香山知县邓迁修县志之时，原来的官署已经废弃，所官只能“寓于民家”，即租住民宅办公。这条史料还提到明初所设“河泊所在县城外石岐山下”，指出了河泊所大致位置。[⑤]不过，第三条史料的说明

① 尹玲玲、傅昱：《论明代广东地区的渔业分布》，倪根金主编：《生物史与农史新探》，台北：万人出版社有限公司，2005年，第493—505页；吴永章、夏远鸣：《疍民历史文化与资料》，广州：广东人民出版社，2019年，第74页。

② 嘉靖《香山县志》卷五《官司志·官制》，北京：书目文献出版社，1991年，第354页。

③ 嘉靖《香山县志》卷三《政事志·公署》，北京：书目文献出版社，1991年，第324页。

④ 嘉靖《香山县志》卷三《杂志·寺观》，北京：书目文献出版社，1991年，第412页。

⑤ 嘉靖《广东通志初稿》记载较为简略：“香山县河泊所，在县西石岐山下。”参见嘉靖《广东通志初稿》卷十《公署·广州府》，广州：岭南美术出版社，2007年，第203页。康熙《香山县志》则删除了“来官者咸寓于民家”之句：“河泊所，在县治西城外石岐山下，洪武十四年设，本所所官夏凯创建。今废。”参见康熙《香山县志》卷二《建置·公署》，广州：岭南美术出版社，2007年，第169页。

略有不同，说是“天妃废宫在河泊所前”，即河泊所的具体位置与“天妃废宫”较近。如此，如能搞清“天妃废宫”的所在方位，就能进一步考证明初所设河泊所官署的具体位置。

嘉靖《香山县志》卷首有一幅地图，无图名，从内容来看，大致可定名为“香山县全图”。图中标绘有石岐山，在县城西门西北方向。该志同时也记载说“石岐山在县西北一里，与莲峰对峙，高厚多石，直入于海”。[①]如果按照“河泊所在县城外石岐山下”的说法，则明初香山县河泊所官署大致应当位于香山县西门外石岐山（又名烟墩山或阜峰）南面不远处。不过，明嘉靖年间（1522—1566年）香山县的“天妃废宫”似并不在石岐山下，而是另有其址。

据嘉靖《香山县志》记载：“天妃像在官船厂备倭官船湾泊之所，正德中千户盛绍德立。后废。嘉靖二十四年指挥田锐重建。”[②]又据康熙《香山县志》记载：“天妃庙二，一在官船厂备倭官船湾泊之所，正德中千户盛绍德立。后废。嘉靖二十四年指挥田锐重建。一在石岐西山下，万历间知县但启元等建。”[③]康熙《香山县志》提到的在官船厂的“天妃庙”，在表述方面似为误，因为嘉靖《香山县志》说该处只有一座“天妃像”，显然是原来有天妃宫与天妃像，后来宫与像俱废。嘉靖二十四年（1545年）指挥田锐重建只是重建了天妃像，并未重建天妃宫，所以该志在别的条目中才说是“天妃废宫”。

据1988年的《中山文史》中有一篇文章称，香山县城西门外西厂有一座天后庙，并依据光绪《重修香山县志》的记载认为，此天后庙即位于官船厂备倭官船湾泊之所的“天妃庙”，明正德

① 嘉靖《香山县志》卷一《风土志·山川》，北京：书目文献出版社，1991年，第299页。

② 嘉靖《香山县志》卷三《官司志·坛庙》，北京：书目文献出版社，1991年，第326页。

③ 康熙《香山县志》卷二《建置·坛庙》，广州：岭南美术出版社，2007年，第176页。

中千户盛绍德建，后遭废弃。[①]此说史料证据不充分，不可轻易信从。实际上，正如康熙《香山县志》所说，位于石岐西山下的天后庙（原名称为“天妃庙”）并非原来位于官船厂的“天妃庙”（原名称为“天妃宫”），而是万历年间知县但启元等新修建的另一座天妃宫庙。

另据道光《新修香山县志》记载，明代中后期位于官船厂备倭官船湾泊之所的“天妃废宫”在清初确实得到了重新修建：“国朝乾隆五十年修，何翀有记；嘉庆九年修，李遐龄有记。（《采访册》）”[②]光绪《重修香山县志》记载清朝重修情况更为详细：“国朝康熙四十八年邱鈐重修；乾隆二十四年重修（阮《通志》）；五十年修，何翀有记；嘉庆九年修，李遐龄有记（祝《志》）；同治十三年修（《采访册》）。”[③]

据康熙《香山县志》记载：“新桥建于娘妈厂，西关之下，明末创建，桥基工至今未竣。”[④]这里的“娘妈厂”当即嘉靖《香山县志》所说立有天妃像的“官船厂”，是明代“备倭官船湾泊之所”，其具体位置在“西关之下”，这也正是“天妃废宫”的大致位置。而在道光《新修香山县志》卷一《舆地一上·县境全图》附《城郭图》和光绪《重修香山县志》卷一《舆地一上·县境全图》附《城郭图》中，在南关（即明代和清初的西关）河涌与护城河交汇处的西南侧，也清晰地标绘有一个“天后庙”。[⑤]这个“天后庙”，大概就是清初在明代“天妃废宫”原址上重修的宫庙。

① 郭浩如：《石岐神庙遗迹和祭祀风俗考》，《中山文史》第15辑，政协中山市委员会文史委员会，1988年，第70—83页。
② 道光《新修香山县志》卷二《建置·坛庙》，《中山文献》（三），台北：学生书局，1965年，第298页
③ 光绪《重修香山县志》卷六《建置·坛庙》，《中山文献》（五），台北：学生书局，1965年，第328页。
④ 康熙《香山县志》卷二《建置·关梁》，广州：岭南美术出版社，2007年，第182页。
⑤ 道光《新修香山县志》卷一《舆地一上·县境全图》附《城郭图》，《中山文献》（三），台北：学生书局，第17页；光绪《重修香山县志》卷一《舆地一上·县境全图》附《城郭图》，《中山文献》（五），台北：学生书局，第13页。

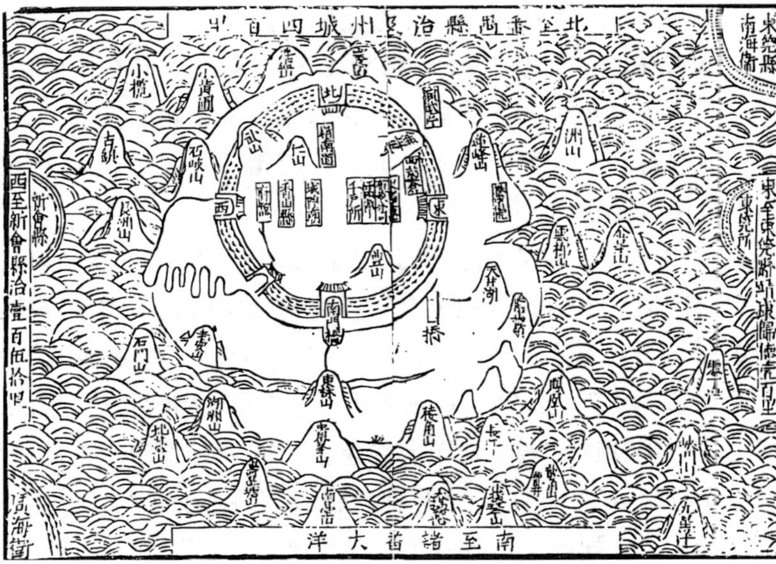

图1 嘉靖《香山县志》卷首“香山县全图”①

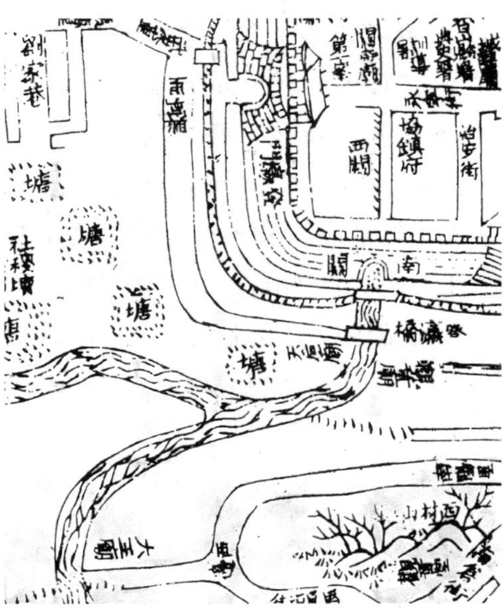

图2 光绪《新修香山县志》之《城郭图》中的南关与天后庙②

① 资料来源：嘉靖《香山县志》卷首，北京：书目文献出版社，1991年，第292页。

② 资料来源：光绪《重修香山县志》卷一《舆地一上·县境全图》附《城郭图》，《中山文献》（五），台北：学生书局，第13页。

二、明清香山县城西关与明初香山县河泊所的具体位置

既然明代位于官船厂备倭官船湾泊之所的“天妃废宫”与清代西关西南的“天后庙”存在渊源关系，而嘉靖《香山县志》又明确说“天妃废宫在河泊所前”，则可以进一步推测明初香山县河泊所的官署其实正在香山县城西关河涌与护城河交汇处的西南侧一带。

明代香山县城的西关，并不是县城的西城门，而是位于城墙西南侧的一个水门。据嘉靖《香山县志》记载，香山县城除了有东西南北四个城门之外，还有出入口“水关二”，一为明关，“覆以楼，介西南”；一为暗关，“介东南”。[①]其中西南方向的明关在嘉靖《香山县志》卷首的“香山县全图”上也有清晰标绘：关上建楼，关前（即南面）有一条较宽的河涌，自东向西流过，河涌的下游弯弯曲曲，最后汇于大海（当即石岐海）之中。另外，图中还显示，县署在县城中部偏西位置，县署之西则为府馆，府馆南面有一小河涌自北面向南流至明关，出明关后汇入关前的较大的河涌中。明代在西关上覆以楼，主要不是为了壮观，而是为了控制进出的船只与人流。在康熙《香山县志》卷一《舆地志》之《县治图》中，明关、暗关分别被明确称为西关、东关，其中西关位于南城墙西段的墙外，东关位于东城墙南段的墙外。值得注意的是，此图中的西关已无楼形建筑，可能是由明关变成了暗关。东、西二关，在乾隆《香山县志》卷首《县城图》上也有明确标绘。[②]不过，在道光《新修香山县志》卷一《舆地一上·县境全图》附《城郭图》和光绪《重修香山县志》卷一《舆地一上·县境全图》附《城郭图》中，原来的西关又被改名

① 嘉靖《香山县志》卷一《风土志·城池》，北京：书目文献出版社，1991年，第295页。

② 乾隆《香山县志》卷首《县城图》，《中山文献》（一），台北：学生书局，1965年，第18—19页。

为南关。

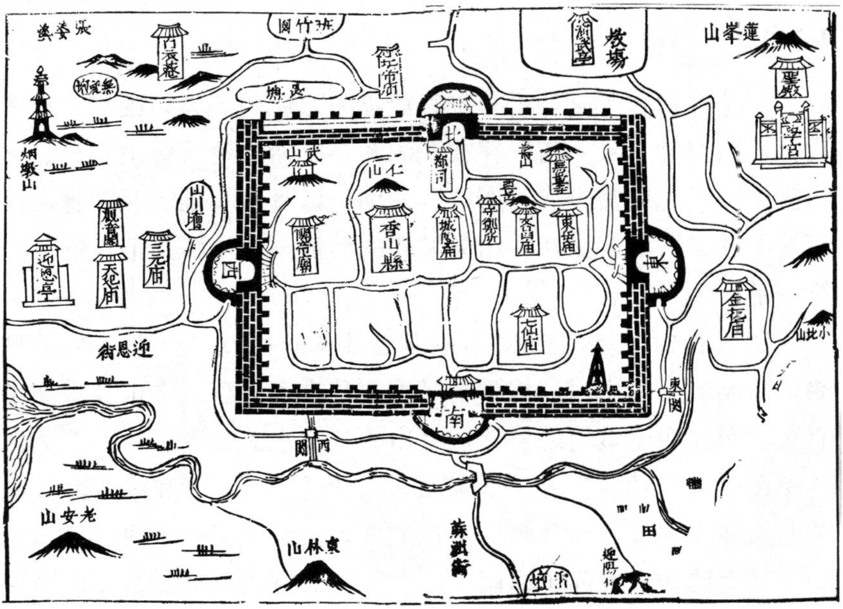

图3　康熙《香山县志》卷一《舆地志》之《县治图》①

关于明清时期香山县城西关的位置，可以从今天的相关地名作出推断。据《广东省中山市地名志》记载，水关街“在中区办事处西偏北0.84公里处”，“北起于孙文中路，南接民族路。长153.5米，宽5米。混凝土路面。始建于宋代。有河流经此进入县城，香山县府在此设一暗水关口，街因而得名。1967年改称向群街。1981年复称今名”。②其中“香山县府在此设一暗水关口”的说法不确，明代的西关是明水关，关上有楼，与东关是暗水关不同。另据有关研究，明清时期香山县城南的护城河，当地人习惯称其为石岐南门河，东起中区元兴街洪家基口（今中山华侨中学至中区办事处之间的原河流交叉口），西至岐江区梅基街

① 康熙《香山县志》卷一《舆地志》，广州：岭南美术出版社，2007年，第148页。

② 《广东省中山市地名志》编纂委员会：《广东省中山市地名志》，广州：广东科技出版社，1989年，第17页。

“庙仔”之原河流“三角水”流域。1983年或1984年间，当地因市政建设规划，将洪家基口至河边街之河流，全部用钢筋混凝土覆盖。原来之缸瓦巷到元兴街之“新路面”被命名为“民族东路”；仁和西里至河边街的“路面”新建起简易角钢锌片结构棚，命名为“九曲河小商品市场”。一时间，当地人们便将原来俗称的南门河称为九曲河。[①]这样，就可以断定，今水关街南端位于明清西水关（南水关）河涌的南口，而今民族路、民族东路都在明清香山县城南门外护城河的位置。今水关街与民族路交汇处的西南侧，大致就是明代香山河泊所的具体位置所在。当然，这里同时也是明代的官船厂、“天妃废宫”和清代南关外天后庙的位置所在。

三、明初香山县河泊所官署设于西关附近的水运交通条件

明初香山县河泊所官署之所以要设于西关附近，是有相对优越的水运交通条件作支持的。

在康熙《香山县志》卷一《舆地志》之《县治图》中，香山城内外的水系相当复杂，不仅城内河涌交错，而且城外四周也有护城河，护城河外围还有多条更为宽阔的河涌，其中城东南、正南和西南面护城河外的河涌，当即后世所说的九曲河。这条位于香山县城东门护城河与南门护城河外围的九曲河，在乾隆《香山县志》卷首《县城图》、道光《新修香山县志》卷一《舆地一上·县境全图》附《城郭图》和光绪《重修香山县志》卷一《舆地一上·县境全图》附《城郭图》中，皆有清晰标绘。

据有关中山文史专家考证，明清时期香山县城南的九曲河（又名九曲水）原来位于石岐东郊，源于环城库充河“减水缺”，河水流经原石岐华佗庙屠场至今京华酒店之间，直流入石

① 李国新：《石岐“九曲河”的变化》，《中山文史》总第31辑，政协中山市委员会文史委员会，1994年，第38—40页。

岐元兴街东头与柏山村连接之“清风桥”，下转入石岐古城南门护城河。因该河从“减水缺”至“清风桥”全程恰好是九道曲弯，故名九曲河。[①]

值得注意的是，在康熙《香山县志》之《县治图》中，西、东两关均有水道与城内诸河涌和城外的九曲河相接。其中西关一带的水系更为复杂，水运条件更优越，弯弯曲曲的九曲河河宽水深，有利于水军战船的停泊。而西关河涌与南门护城河和九曲河相互连通，更使来往的船只不仅可以通过明关驶入城内的河涌（东关无楼，是暗关，估计不通船只），而且可以通过九曲河的河道向西驶入石岐海，同时还可以利用南门外的护城河绕城西南角北行，再接着通过县城西门外的东西向河涌，同样可以西达石岐海。由此可知，明代的香山县城西关一带河涌密集分布，水面宽阔，不仅是船只停泊的良港所在，而且还具有四通八达的水运交通条件，而西关正是这一水运网络的枢纽所在。另外，从西关一度建有天妃宫也可推知，这一带在明初时也是香山城外最主要的疍民聚集区。便利的水运交通与疍民聚集区这两个条件耦合在一起，使香山县城的西关较之香山县的东关、香山县城西门外等，更具有地理环境上的条件优势。这应当正是明政府选择西关附近设置备倭官船厂的同时，还在此处设置河泊所官署来管理鱼课征收事宜的主要原因。

四、嘉靖年间香山县河泊所官署移于石岐山下的原因

明初香山县河泊所官署的位置既然是在香山县城西南的西关一带，则据前引嘉靖《香山县志》“河泊所，在县城外石岐山下，洪武十四年设，本所官夏凯创。今废，来官者咸寓于民家”之记载可知，说明至少在嘉靖二十七年（1548年）邓迁修县志之

---

① 李国新：《石岐“九曲河”的变化》，《中山文史》总第31辑，1994年，第38—40页。

时，原设于西关之下的香山县河泊所官署已经废弃，北移到了香山县城西北方向的石岐山下，只不过北移后的河泊所并未建设自己的官署，而是借用了民家临时办公。

原来设置于香山县城西关一带的河泊所官署何以要被废弃？笔者初步推测，可能与香山县境疍民户口数量的减少及分布区域的变动有较大的关系。

关于中山市境内过去疍民的分布情况，以往有研究者作过初步探讨，指出“在中山市地段，曾有过大量的地点以疍家两字来命名”，“这些现象，无可置疑地表明，今天的中山市，在历史上曾有过相当多的水上先民汇聚在那里”。①可惜作者所列举的多为清代史料，难以反映明代的情况。

据嘉靖《香山县志》记载：“河泊所，洪武二十四年（1391年）额。蛋户六图，里甲如县制，有大罾、小罾、手罾、竹箔、篓箔、大箔、小箔、大河箔、小河箔、背风箔、方网、辏网、旋网、布□、竹□、鱼蓝、蟹蓝、大罟、竹箦等户一十九色，二千六百二十户，每岁县差甲首一户，□同。自黄寇作耗，及后逃亡并为一图。今实在一百二十户，业户三十四图，实在二千五百三十四户。今额征鱼课米一千二百四十二石五斗四升三合。”②由此可知，明初的香山县境，疍民的数量是相当多的，共有2620户，政府编为六图以便管理。

“蛋户六图”都是哪些图？上引史料未作说明，但从其他相关史料可以对明初香山县境疍民的主要聚居地略作推测。

鉴于天妃信仰主要是在以疍民为主的水上人群分布区中流行的民间信仰，所以，明初凡是有天妃信仰的地方，大致上均可能推定为疍民的聚居地。

如前文所考证，香山县城西南城墙外的西关一带在明初有

① 张寿祺：《张寿祺集》，广州：广东人民出版社，2017年，第9页。
② 嘉靖《香山县志》卷三《政事志·鱼盐》，北京：书目文献出版社，1991年，第332页。

天妃宫，当是一处疍民聚居区。另外，前引嘉靖《香山县志》记载说在河泊所前的“天妃废宫”，有“田八十八亩有奇”并注明“四字都民韩二妃户”，而当时的长乐乡四字都即“故延福里四字围，在县东五十里”，有2图，全境方圆80里内有神涌、濠涌、南边塘等14村，[①]显然是河涌、水塘密布的疍民聚居区。该志还记载说“天妃桥在恭常都濠潭村天妃庙前，元民周元建石梁”，[②]可见恭常都濠潭村一带至少从元代以来就形成了疍民聚居区。恭常都亦属长乐乡，即“故延福里恭字围、常字围，在县东南一百里”，有3图，全境方圆120里内有上栅、南大涌、界涌等22村，[③]显然是范围更大的疍民聚居区。

值得注意的是，从现今中山城区现存在一些地名，也约略可以推知，旧城区四周的护城河尤其是东南城外的护城河一带，与西南城外西关地区一样，在明初也是一个重要的疍民聚居区。有研究者认为，“古代有城必有池，池就是护城河。石岐至今还有九曲河、水关街、上下河泊和后岗涌这几个地方，从名字上看，这些地名都同水有关，其实就是当年的护城河，后来拆城筑路，河面逐渐填平或覆盖而成为路面，建有民房，有的则变成下水道了”[④]。这个解释虽然没有大的错误，但未揭示出相关地名与香山县境早期疍民的关系。关于上下河泊，《广东省中山市地名志》解释说，上河泊“在中区办事处北偏西0.6公里处”，“北起于孙文中路，南接猪起围。长171米，宽4.2米。混凝土路面。宋代建城时城墙脚筑有护城河，后因沿护城河上段河岸建街，故名”；下河泊“在中区办事处西北0.43公里处。民族东路

---

① 嘉靖《香山县志》卷一《风土志·建置》，北京：书目文献出版社，1991年，第295页。

② 嘉靖《香山县志》卷一《风土志·关梁》，北京：书目文献出版社，1991年，第306页。

③ 嘉靖《香山县志》卷一《风土志·建置》，北京：书目文献出版社，1991年，第296页。

④ 高民川：《石岐（铁城）的古城门》，《中山文史》第15辑，政协中山市委员会文史委员会，1988年，第63—67页。

北侧”，“北起于河泰路，南接民族东路。长270米，宽4米。混凝土路面。宋代建城时，城墙脚筑有护城河；后因沿护城河岸建街，因地处上河泊之南，故名”。[①]这个解释也没有讲清楚河泊一词的真正含义，同样不太可信。

据相关实地调查资料，香山石岐古城东门（启秀门）约在如今孙文东路邮所附近。孙文东路邮所与城建办公室之间，有一条巷叫月山里，沿巷直上月山公园转扒沙街道那一段路，现仍有一段古城墙。月山里斜对面的上河泊公厕连接的围墙中，也有一段古城墙。可见东门城墙，就是由扒沙街道起，直下上河泊，再转方塔街。月山公园对面的围墙，就是当年东门古城墙的遗迹。[②]总体来看，上、下河泊位于古城东门城墙的东南侧。在道光《新修香山县志》之《城郭图》、光绪《重修香山县志》之《城郭图》两图中，清晰地标注出了上河泊与下河泊两个地名。它们分别位于东门南面的东关附近之护城河的东西两岸，上河泊在西岸，下河泊在东岸. 其地理位置正与今天上下河泊地名所在地大致吻合。上下河泊是东西关系，并非南北关系，下河泊位于上河泊之东，而不是如《广东省中山市地名志》所说是位于上河泊之南。

前引嘉靖《香山县志》记载香山县的疍民“有大罾、小罾、手罾、竹箔、篓箔、大箔、小箔、大河箔、小河箔、背风箔、方网、辏网、旋网、布□、竹□、鱼蓝、蟹蓝、大罟、竹箕等户一十九色”。“箔”字义是竹帘子，被称为大河箔、小河箔的疍民，应当是活动在香山城外河涌一带、习惯采用竹帘或竹篓等工具捕鱼为生的水上人家，而大罾、小罾、手罾等，则可能是活动于距离县城较远的海边或宽阔水塘的疍民。光绪《重修香山县志》之《城郭图》中所标香山东关外的上下河泊的“河泊”二

① 《广东省中山市地名志》编纂委员会：《广东省中山市地名志》，广州：广东科技出版社，1989年，第19页。

② 高民川：《石岐（铁城）的古城门》，《中山文史》第15辑，1988年，第63—67页。

字，似与明代香山县原设置于香山城西关的河泊所无关，从字形上来看，极有可能是“河箔”二字的传写讹误。现今有些著述在节录上引嘉靖《香山县志》这段史料时，将其中的“篓箔、布□、竹□、鱼蓝”，分别被误录作“篓泊、布、竹、鱼监”，[①]就是一个典型的例证。如此，则不难推断，嘉靖《香山县志》提到的被称作大河箔、小河箔的疍民，大概正是活动在明代香山城东关外护城河两岸，即今天的上、下河泊街区一带。值得特别注意的是，清代地图上的上、下河泊所在地，正处于自香山城东关流出的河涌与东门外护城河的交汇之地，适宜渔船湾泊，也有水运交通上的便利，所以在明初也是香山城外另一处重要的疍民聚居区。

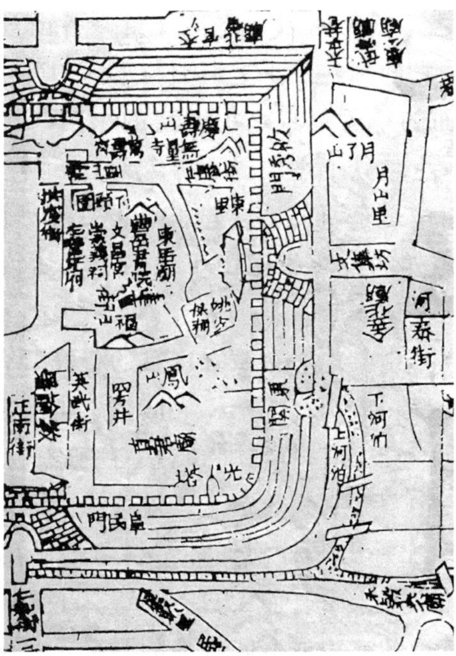

图4　光绪《新修香山县志》之《城郭图》东关外的上河泊与下河泊[②]

① 吴永章，夏远鸣：《疍民历史文化与资料》，广州：广东人民出版社，2019年，第296页。

② 道光《新修香山县志》卷一《舆地一上·县境全图》附《城郭图》，《中山文献》（五），台北：学生书局，第12页。

通过上面的考证可知，明初的香山县境内，至少香山县城西关、东关、城东50里的长乐乡四字都和城东南120里的长乐乡恭常等四个地区，应当都是重要的疍民聚居区。

不过，大致从正统年间（1436—1449年）开始，香山县疍民的户口数量与分布区域都发生了较大的变化。从前引嘉靖《香山县志》的相关记载可知，明初香山县疍民6图，19色，共2620户，后来由于正统十四年至景泰元年（1449—1450年）黄萧养之乱以及户口逃亡，至嘉靖中期已减少为120户，只能并为1图。时任香山知县邓迁曾议论说：

> “自洪武至正统初，法度大行，海隅不耸。每岁泊场与农谷互易，两得其利。故香山鱼盐，为一郡冠。成化以后，盐课犹夫旧也。额设河泊所六图，里甲日渐消亡。前此并作一图，见今惟存九甲耳。岁办鱼油、翎鳔料，取前项课额，历年无征。提督粮储道查驳情弊，知县邓迁奉此为照。本县沿海一带腴田各系别县寄庄，田归豪势，则田畔之水埠，海面之罾门，亦将并而有之矣。又西北连新、顺参错之交，东南亘大洋绝远之际，蛋民多无户籍，课米不系收，除固官府之追征莫究，亦天地之形势使然。今清查课额，在勘复罾门合候久日遵照本道前驳明文，乞委官周行本县西北沿海一带，东南谷字黄梁等都图海面，逐一查勘各蛋户，各承豪势罾门，尽数查出，分派前课中。”①

可见自成化年间（1465—1487年）以来，香山县河泊所所管6图就出现了“里甲日渐消亡”的情况，后来只能将6图疍民并为1图，但疍民的户口数量情况仍继续减少，至嘉靖中期“惟存

① 嘉靖《香山县志》卷三《政事志·鱼盐》，北京：书目文献出版社，1991年，第332—333页。

九甲”，给鱼课征收带来了很大的困难。明初之时，香山县境田畔水埠之河疍，海面罾门之海疍，分布当相当广泛。不过据邓迁“乞委官周行本县西北沿海一带，东南谷字黄梁等都图海面，逐一查勘各蛋户，各承豪势罾门，尽数查出，分派前课中”之语可知，全县的疍民已主要集中分布在香山县西北沿海一带以及东南沿海的谷字黄梁等都图海面，至于县境内陆田畔水埠，如前文所考香山县城西关、东关、城东50里的长乐乡四字都和城东南120里的长乐乡恭常等四个地区的疍民，实际上已大多消亡。万历年间（1573—1620年）知县但启元等另建天妃庙，也透露出当时香山县境便于官府控制的疍民已主要集中于县城西北一带的资讯。如果继续在香山县城西南的西关外设置河泊所，自然不方便完成征收鱼课的任务。这恐怕是嘉靖中期要将设置于香山县城西关外的河泊所废弃，而将河泊所官署北移于香山县城西北的石岐山下的真正原因。

至于嘉靖中期将河泊所官署北移到香山县城西北方向的石岐山下之后并未修建独立的官署建筑，而是“来官者咸寓于民家”的原因，则可能是多方面的，除了因疍民大规模减少、鱼课征收困难导致河泊所职能与地位的下降以外，还可能与区域社会环境的剧变有关。嘉靖《香山县志》的主纂者黄佐评论道：“吾邑海滨，可以设罾门者，豪右侵轶之日久矣。舰舸连云，金鼓镗锴，官军近之，辄毒以强弩。曰：吾受乡缙绅之命者也。杀人夺货，莫敢谁何。所官褫魄，自窜民间，惴惴不自安，况敢征鱼课乎？”[①]兹事体大，非本论文议题所可完全涵盖，容日后另撰文研究之。

① 嘉靖《香山县志》卷三《政事志·鱼盐》，北京：书目文献出版社，1991年，第333页。

明清番禺县河泊所署位置变迁考*

吴宏岐 黄碧蓝
（暨南大学历史地理研究中心）

摘要：明清时期广州府之附郭县番禺县的河泊所设置于明洪武十六年（1383年），裁缺于清光绪三十三年（1907年），历经525年，是历史上存在时间最长的河泊所。通过细致分析明清地方志和地图等相关资料可知，明初番禺县河泊所署设置于广州城东南东濠口，大致位置在今永安东路和仁秀里交汇处附近。有研究者将明代番禺县河泊所定名为"碰湖"，南海县河泊所定名为"官窯"，当是受《大清会典·康熙朝》《大清会典事例》的错误记载影响所致，不可信从。清代番禺县河泊所署的位置曾发生过三次迁移，第一次是在清康熙十二年（1673年）至康熙二十五年（1686年）之间迁至南门大巷口即今太平通津北段一带借居民房办公；第二次是在康熙二十五年至康熙三十年（1691年）之间迁至新城的天马巷即今天马新街一带；第三次是最迟在清乾隆十年（1745年）从天马巷迁移到内城东北隅的仓边街钱局东侧即今仓边路一带。清代番禺县河泊所署的多次迁移，与广州城下疍民聚居区的变迁以及河泊所职掌的变化有着密切的关系。

关键词：番禺县；河泊所署；位置变迁；职掌变化

明清广州府之附郭县番禺县的河泊所作为历史上存在时间

* 基金项目：国家社科基金冷门绝学研究专项学术团队项目"明清广东海防地理史料的整理与研究"（批准号：20VJXT004）、国家社科基金重大项目《宋元以来珠江三角洲海岸带环境史料的搜集、整理与研究》（批准号：19ZDA201）。

最长的河泊所，始设于洪武十六年（1383年），[①]裁缺于光绪三十三年（1907年），[②]历经525年，在中国渔业史尤其是鱼课制度史上占有非常重要的地位。明清时期，番禺县河泊所署曾多次迁徙，其职掌也有变化。关于明清番禺县河泊所的设置情况，一些有关广东渔业史和疍民历史的研究成果曾有所涉及，但多语焉不详，对其官署具体位置的变迁情况更鲜有论及。[③]本文拟在前人研究的基础上，利用地方志书和地图等相关资料，并结合实地考察所得，着重探讨明代番禺县河泊所署之具体位置、明代番禺县河泊所即碰湖河泊所说之误、清代番禺河泊所署的迁移与职掌变化等相关问题，以期能对相关问题的研究有所推进。

一、明代番禺县河泊所署之具体位置

关于明代番禺县河泊所署的位置所在，目前学界主要有以下三种说法：

其一是广州城东城外水滨说。尹玲玲、傅昱在《论明代广东地区的渔业分布》一文中制作有“明代两广地区的河泊所分布及其设置沿革”一表，表中广州府番禺县河泊所的设置年代与裁革年代失考，但据万历《大明会典》和嘉靖《广东通志初稿》确定其公署位置在“东城外水滨”。[④]2021年尹玲玲在其《滨海历史地理：唐宋以来滨海地区的经济、环境与社会研究举例》一书中

① 孔兴琏：康熙《番禺县志》卷四《建置》，广州：岭南美术出版社，2007年，第391页。

② 梁鼎芬等：民国《番禺县续志》卷四《建置志二》，广州：岭南美术出版社，2007年，第142页。

③ 尹玲玲、傅昱：《论明代广东地区的渔业分布》，倪根金主编：《生物史与农史新探》，台北：万人出版社有限公司，2005年，第493—505页；尹玲玲：《滨海历史地理：唐宋以来滨海地区的经济、环境与社会研究举例》，上海：复旦大学出版社，2021年，第17页；吴永章、夏远鸣：《疍民历史文化与资料》，广州：广东人民出版社，2019年，第71页。

④ 尹玲玲、傅昱：《论明代广东地区的渔业分布》，倪根金主编：《生物史与农史新探》，台北：万人出版社有限公司，2005年，第493—505页。

引用了这个说法。[①]此说提到的“东城外水滨”未明确所指，但揣度其原意当是指番禺县东城外水滨。不过，由于番禺县为广州府之附郭县，所以此说实际上是认为明代番禺县河泊所署是在广州城东城外水滨。

其二是广州城东南东濠口说。最早持此观点的是曾昭璇，他在《广州历史地理》一书中论述明中叶广州城建置时，据黄佐《广东通志・图经》认为明中后期广州城东城外有河泊所之衙门，并考证说：“河泊所：在城东南岸上，在东濠口处。旧有水师街街名，东关汛街名、稍南又有水汛巷地名。疑即此地。”[②]曾新在《明清广州城及方志城图研究》一书中也引用此说法。[③]此说在新近出版的《越秀史稿》一书中得到进一步的论证：“明洪武十六年，番禺县河泊所大使署设于城东郭外，即东关地（清同治《番禺县志》），位置约在今东华西路西段三角市一带东濠涌侧，即东濠口，南面不远为珠江江岸(见明嘉靖四十年《广东通志・广州府舆地图》)。明后期迁到南门大巷口（当时的太平沙西岸，今约太平通津与太平沙街垂直相交处一带。可知当年此地临江岸）。清雍正《广东通志》载:‘河泊所旧署，在南门大巷口。’”[④]同书在论述明代番禺河泊所选址原因时，也论及了明代番禺县河泊所的位置：河泊所是明清两代掌征收鱼税的机构，设于河湖堰地。番禺县河泊所大使署于明初洪武十六年设于城东郭外，确切位置不详。但河泊所既是设于河湖堰地的掌征收鱼税的机构，那就应当设在当时的东濠涌侧，并应南临珠江江岸，这才方便征收鱼税。以此推断，当在东高桥东南侧一带（当时的东

---

① 尹玲玲：《滨海历史地理：唐宋以来滨海地区的经济、环境与社会研究举例》，上海：复旦大学出版社，2021年，第17页。

② 曾昭璇：《广州历史地理》，广州：广东人民出版社，1991年，第377页。

③ 曾新:《明清广州城及方志城图研究》，广州：广东人民出版社，2013年，第71页。

④ 广州市越秀区人民政府地方志办公室，广州市越秀区政协学习和文史委员会主编：《越秀史稿》第2卷《宋元明》，广州：广东经济出版社，2015年，第406—407页。

濠涌比现在要宽得多，是开阔的出海口。海：珠江）。[①]

其三是省城郭外说。有个别研究者持这类笼统的说法。如2013年出版的《沙湾镇志》一书就说："明洪武十六年建河泊所于省城郭外，后迁内城仓边街。"[②]这里提到的"省城"，显然是指广东省城广州城。

上述三种说法，虽然稍有不同，但并不矛盾，广州城东城外水滨说、广州城东南东濠口说均粗略推定了明代番禺县河泊所署的相对位置。至于省城郭外说，由于只简单地说是"省城郭外"，方位不明，显得过于笼统，颇不可取。

其实，关于明代番禺县河泊所署的大致方位，明清地方志书也有较为明确的记载。如嘉靖《广东通志初稿》记载：番禺县"河泊所，在东城外水滨"。[③]万历《广东通志》记载："河泊所，在城东南外。"[④]康熙《番禺县志》记载："河泊所，明洪武十六年，原建在城东郭外，倾圮，无存，借居民房。"[⑤]乾隆《番禺县志》记载："河泊所，明洪武十六年，原建在城东郭外，倾圮，无存，借居民房，今署在内城仓边街。"[⑥]上述志书中所云"在东城外水滨""在城东南外"和"在城东郭外"，大致说的是一个地方，即番禺县河泊所是在广州城东南郭外水滨处。此外，一些地方志舆图关于广州城图部分也标绘了河泊所的大概位置，如嘉靖《广东通志初稿》卷首《图经·广州府》[⑦]、

① 广州市越秀区人民政府地方志办公室、广州市越秀区政协学习和文史委员会主编：《越秀史稿》第2卷《宋元明》，广州：广东经济出版社，2015年，第439页。

② 中共广州市番禺区沙湾镇委员会、广州市番禺区沙湾镇人民政府编：《沙湾镇志》，广州：广东人民出版社，2013年，第267页。

③ 戴璟修，张岳纂：嘉靖《广东通志初稿》卷一〇《公署·番禺县》，广州：岭南美术出版社，2006年，第203页。

④ 郭棐纂：万历《广东通志》卷一五《郡县志·公署》，广州：岭南美术出版社，2006年，第381页。

⑤ 孔兴琏纂：康熙《番禺县志》卷四《建置》，广州：岭南美术出版社，2007年，第391页。

⑥ 任果、檀萃等纂修：乾隆《番禺县志》卷六《建置·廨署》，广州：岭南美术出版社，2007年，第77页。

⑦ 戴璟修，张岳纂：嘉靖《广东通志初稿》卷首《图经·广州府》，广州：岭南美术出版社，2006年，第13页。

嘉靖《广东通志》卷一《图经上·广州府舆地图》[①]、嘉靖年间姚虞所撰的《岭海舆图》[②]、万历《广东通志》卷一四《郡县志一·广州府图》[③]、雍正《广东通志》卷三《舆图·广州府疆域图》[④]等。结合这些地图中所标绘的位置来看，曾昭璇提出的明代番禺县河泊所署在今广州城东南东濠口说大致是不误的。

然而值得注意的是，由于明代以来，广州城南的珠江河道有南移的情况，所以广州城东东濠涌汇入珠江的位置（即东濠口的位置）也就相应有南移的情况，所以，明代番禺县河泊所署的具体位置是否如《越秀史稿》一书所考证是"约在今东华西路西段三角市一带东濠涌侧"或"当在东高桥东南侧一带"，就还需要再作探讨。

据曾昭璇考证，所谓东高桥，是宋元时期广州城东南东濠涌上的一座桥，明代改称永安桥。此桥南面不远处当即明代东濠涌汇入珠江处。1369年以前珠江江岸一线为糙米栏—元远街—前鉴街（参见图1）。[⑤]《越秀史稿》也认为："明初三城合一扩筑东城之前，东濠约北起今东濠与法政路相交处，水源主要来自文溪与淘金坑水道，沿今越秀北路、越秀中路南流，南至今糙米栏附近注入珠江。"[⑥]由此可知，明代广州城东南的东濠口的位置大致即在糙米栏一带。

---

① 黄佐纂：嘉靖《广东通志》卷一《图经上·广州府》，广州：岭南美术出版社，2006年，第31页。

② 姚虞：《岭海舆图·广州府》，北京：中华书局，1985年，第8页。

③ 郭棐纂：万历《广东通志》卷一四《郡县志一》，广州：岭南美术出版社，2006年，第344页。

④ 郝玉麟：雍正《广东通志》卷三《公署》，广州：岭南美术出版社，2006年，第446页。

⑤ 曾昭璇：《广州历史地理》附图《广州市历史地理简图》，广州：广东人民出版社，1991年。

⑥ 广州市越秀区人民政府地方志办公室、广州市越秀区政协学习和文史委员会主编：《越秀史稿》第2卷《宋元明》，广州：广东经济出版社，2015年，第278页。

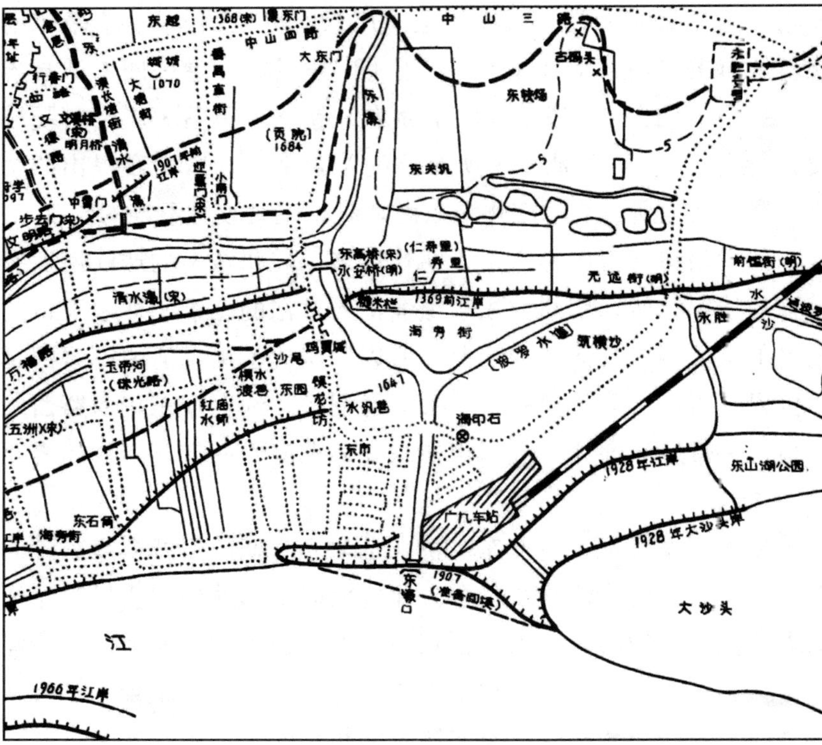

图1　明代东濠口及永安桥之位置[①]

又据嘉靖《广东通志初稿》之《广州府地理图》所绘，广州城东南的东濠口一带标注有“桥”之名称，当即明时的永安桥（即宋元时期的东高桥）在东濠涌上，而河泊所在桥之东北（参见图2）。[②]曾昭璇在判断番禺河泊所署所位置时，忽略了此桥，大概是因为所使用的地图出自嘉靖《广东通志》，而该志并没有标绘永安桥。嘉庆《羊城古钞》云：“永安桥，在东濠口。”[③]明代番禺县河泊所在永安桥东北，亦即东濠口偏东北，其具体位置大致即在糙米栏之北面。

① 曾昭璇：《广州历史地理》附图《广州市历史地理简图》，广州：广东人民出版社，1991年。

② 戴璟：嘉靖《广东通志初稿》卷首《图经·广州府》，广州：岭南美术出版社，2006年，第13页。

③ 仇巨川纂，陈宪猷校注：《羊城古钞》，广州：广东人民出版社，1993年，第248页。

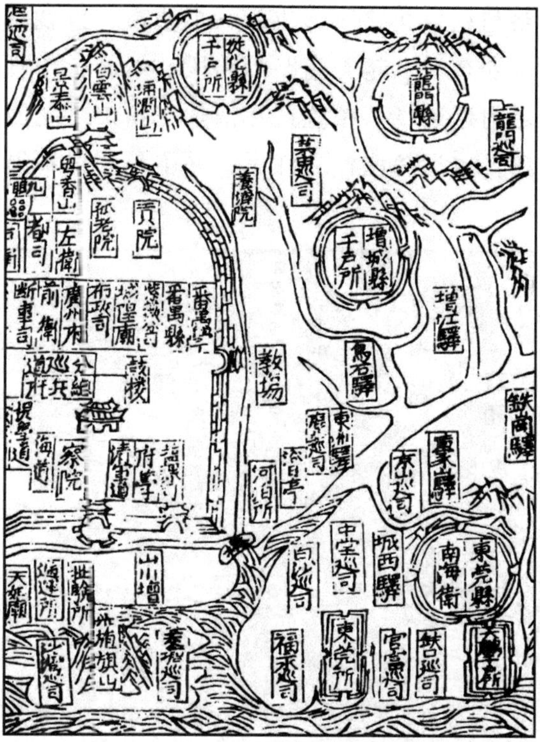

图2 《广州府地理图》所示河泊所与永安桥的位置关系[①]

永安桥外在清代形成三角墟市，也就是《越秀史稿》所提到的三角市。值得注意的是，清代三角市并不是一条街道，而是一个类似于三角形的集市，故名。据同治《番禺县志·县境全图》所示，三角市是永安门东北方向的街道。[②]图2并未显示出三角市的性质。查阅广州市规划和自然资源局、广州市城市建设档案馆编的《图说城市文脉：广州古今地图集》中所收民国时期由香港光荣社总发行的《再新大广州市马路图》（参见图3），三角市中三角的形态非常明显。由图3所示，三角市应该指的是由永安

① 戴璟修，张岳纂：嘉靖《广东通志初稿》卷首《图经·广州府》，广州：岭南美术出版社，2006年，第13页。

② 李福泰：同治《番禺县志》卷二《舆图》，广州：岭南美术出版社，2007年，第10页。

街、越秀南路与东华西路所形成的一个墟市，也就是现在的东华西路西段、永安东街、越秀南路等路段。然而，今日之三角市指的是永胜街之附近市场，位置约在清代三角市之北面，与永安桥有一定的距离，也远离明代之江岸，并不是明代番禺县河泊所署的位置。

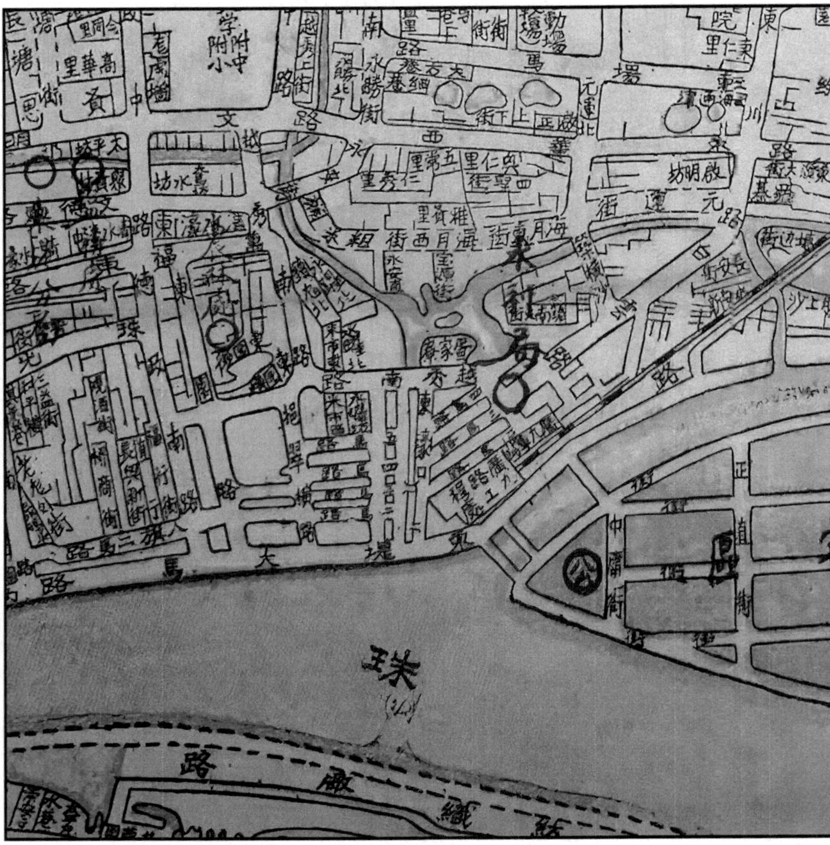

图3　民国《再新大广州市马路图》（局部）①

总的来说，明代番禺河泊所署在东濠口也就是在永安桥东北侧，再结合前引嘉靖《广东通志初稿》说番禺县河泊厅“在东城外水滨”这个说法，其具体位置可以推定在今永安东街与仁秀里

① 广州市规划局、广州市城市建设档案馆编：《图说城市文脉：广州古今地图集》第一部分《广州古今地图集》，广州：广东省地图出版社，2010年，第114—115页。

交汇处附近。

据康熙《番禺县志》记载，清初番禺县河泊所管辖的水域与鱼课征收时间如下："东城水（十图），南城水（十七图），西江水（二十五图），大山水（二十五图、二十八图），新村水（二十七图），猎德水（二十八图），乌涌水（二十九图），大塘水（二十九图），沥滘水（四十一图、四十四图），檀香水（四十七图），沙湾水（六十八图、七十一图），已上河泊所中旬。"[①]明代的情况当大致相同。番禺县河泊所署设于广州东城外东濠口一带水滨，正处于番禺县境河涌网络交通的要冲位置，可以通过永安桥与城内进行联系，水陆交通俱属便利，在选址上显然是经过慎重考虑的。

又从民国《再新大广州市马路图》上反映的信息来看，粗米栏（糙米栏）南面有一个"疍家寮"，应为旧时疍民集中生活之区域。[②]又据曾昭璇考证："明清两代江岸大道边，只有安怀社、堑边街、元运新街、三拱直巷（三巩门通津）、牛乳基四条南北向街沟通。街宅东西街有东里、启正坊、永安东街、五福里、百岁坊（今百明坊）、仁秀里、兴仁里、四圣街、德珠里、蛋家里（今邓家里）、相公里（今相得里）、见龙里、元龙里、南围一巷、南围二巷、启明坊（今启沃坊）等。街名不多，因其间仍有菜田、水塘，不尽为民居也。如罗基、牛乳基内，半为池塘，仁秀里与海旁街间也是如此。"[③]所谓"蛋家里"，当即民国《再新大广州市马路图》中的"疍家寮"，其地在明清时就已形成疍民聚居区。明代番禺河泊所署设置于今永安东街与仁秀里交汇处，临近当时珠江两岸重要的疍民聚居区，也便于向疍民征收鱼课。

---

① 孔兴琏纂：康熙《番禺县志》卷一《舆地》，广州：岭南美术出版社，2007年，第371—372页。

② 广州市规划局、广州市城市建设档案馆编：《图说城市文脉：广州古今地图集》第一部分《广州古今地图集》，广州：广东省地图出版社，2010年，第114—115页。

③ 曾昭璇：《广州历史地理》，广州：广东人民出版社，1991年，第422页。

二、明代番禺县河泊所即碰湖河泊所说之误

在前引尹玲玲、傅昱《论明代广东地区的渔业分布》一文的“明代两广地区的河泊所分布及其设置沿革”一表中，明代番禺县河泊所公署的位置定在“东城外水滨”，而其具体名称则被定为“碰湖”。另外，南海县河泊所相应的名称被定为“官窯”，位置在“县西南沙角尾”。两个河泊所的相关内容俱注明出处是万历《大明会典》和嘉靖《广东通志初稿》。[①]尹玲玲在《滨海历史地理》一书中引用了这样的说法。[②]其实，不仅嘉靖《广东通志初稿》未见碰湖河泊所与官窯河泊所之名，万历《大明会典》同样在两县的河泊所名目下也仅记其名称为“河泊所”（参见表1）。明代番禺县河泊所即碰湖河泊所说似有误。

表1　万历《大明会典》所记广东布政司各府州县河泊所名称[③]

府属	县属	河泊所名称	备注
广州府	南海县	河泊所	—
	顺德县	—	万历九年革，十二年复
	番禺县	河泊所	—
潮州府	潮阳县	河泊所	—
	澄海县	鮀浦河泊所	系万历四年揭阳县割属
		东垄河泊所	系饶平县割属
琼州府	琼山县	河泊所	—
	澄迈县	河泊所	—
	文昌县	河泊所	—
	临高县	河泊所	—
	儋州	河泊所	—
	高州	河泊所	—

① 尹玲玲、傅昱：《论明代广东地区的渔业分布》，倪根金主编：《生物史与农史新探》，台北：万人出版社有限公司，2005年，第493—505页

② 尹玲玲：《滨海历史地理：唐宋以来滨海地区的经济、环境与社会研究举例》，上海：复旦大学出版社，2021年，第17页。

③ 申时行等：《明会典（万历朝重修本）》卷三六《户部三·课程五·鱼课》，北京：中华书局，1989年，第264页。

另据《大清会典·康熙朝》卷三五《鱼课》云："各省河泊所有专设所官者，有归并有司监理者，其税课或征之渔户，或编入地丁，例载于后。见设河泊衙门……广东：官窑河泊所、溢湖河泊所、新安河泊所、吉安河泊所、东垄河泊所、鮀浦河泊所。"[①]可见，官窑河泊所、溢湖河泊所是清代的说法，并不是明代南海县河泊所与番禺县河泊所的名称。尹玲玲等失考，据清代史书言明代事，又将"官窑""溢湖"分别误录为"官窯"和"碰湖"。

不过，《大清会典·康熙朝》的说法也不尽可信。一是明代吉安河泊所隶属于江西，并不属广东；二是明代广东并没有设置过新安县河泊所。新安县乃是今深圳、香港之地，由明万历元年（1573年）割东莞县地设县，隶属广州府。考之康熙《新安县志》、嘉庆《新安县志》，皆不见明代新安县河泊所的相关记载。据康熙《新安县志》记载："邑四社，原属东莞县河泊所，明万历元年拆分县治，以四社隶焉。西乡社、碧头社、伏涌社、归德社。"[②]从这条史料来看，新安设县之后，朝廷只是将原本隶属于东莞县河泊所的西乡社等四个社改隶新安县。明代的东莞县河泊所设置于东莞县西门外一里处，革除于万历九年（1581年）。[③]明中期以后，全国各地由于河泊所课额无继，大量的河泊所被裁，而将疍民直接隶属于县政府管治之下。当明万历元年东莞县河泊所的西乡社等四个社改隶新安县之际，原位于东莞县西门外一里处的东莞县河泊所也很快面临被革除的境况，自然不会再另设一个新的河泊所。

至于《大清会典·康熙朝》提到的官窑河泊所与溢湖河泊所各属何县，光绪《大清会典事例》有这样的说法："广东南

① 伊桑阿等纂：《大清会典·康熙朝》卷三五《课程四·鱼课》，南京：凤凰出版社，2016年，第432页。

② 靳文谟：康熙《新安县志》卷六《田赋志·鱼课》，广州：岭南美术出版社，2007年，第85页。

③ 戴璟：嘉靖《广东通志初稿》卷十《公署》，广州：岭南美术出版社，2006年，第197页。

海县设官窑河泊所（今裁），番禺县设溢湖河泊所，额征鱼课银七千七百四十两一钱四分有奇。旧有东埜河泊所，今裁。”[①] 此条史料在《大清会典·康熙朝》的基础上将官窑河泊所定为南海县的河泊所，将溢湖河泊所定为番禺县的河泊所。官窑、溢湖二地，明清时期确实是在南海、番禺，其中官窑在明清隶属于广州府南海县，位于今佛山市南海区官窑镇；溢湖隶属于番禺县，位于今广州市北郊流溪河畔。按照尹玲玲、傅昱《论明代广东地区的渔业分布》一文的“明代两广地区的河泊所分布及其设置沿革”一表中所考，明代南海县河泊所位置在“县西南沙角尾”，大致是在广州西关第十甫一带，显然是不能取名为官窑河泊所的；至于明代番禺县河泊所署的位置，既然是在广州“东城外水滨”，即城东南东濠口一带，也显然与广州城北郊流溪河畔的“碰湖”是没有关系的。

值得注意的是，由于明代南海县与番禺县河泊所并没有具体的名称，因此有些明代广东的方志，有时会将官窑水驿与南海县河泊所、溢湖马驿与番禺县河泊所并列在一起记载，这就极容易引起理解上的错误。如嘉靖《广州志》记载：南海县“驿二：官窑水驿在县西北里金利堡，洪武三年建；胥江水驿在县西北。河泊所在县西南沙角尾，成化四年重建”；番禺县“驿二：五羊驿，在郡南官渡头，天妃庙右，洪武二年建；溢湖马驿，在县北流溪都赤迳堡茅田村，洪武五年建。河泊所在郡东城外水滨，洪武十六年建。”[②]从这条史料来看，南海县的官窑水驿与位于县西南沙角尾的南海县河泊所距离较远，根本不是一个地方；而番禺县北流溪都赤迳堡茅田村的溢湖马驿不仅在方位上与位于东城外水滨的番禺县河泊所不同，并且地理环境条件也有较大差异，不是宜于设置河泊所的地方。《大清会典·康熙朝》和《大清会

① 昆冈，李鸿章等修：《钦定大清会典事例》卷二四五《户部·杂赋·鱼课》，清光绪二十五年（1899年）清会典馆刻本。
② 黄佐：嘉靖《广州志》卷二五《公署四》，第365页。

典则例》编纂者当是误读了前朝史料，将明代南海县与番禺县的河泊所误记为官窑河泊所与溢湖河泊所；尹玲玲、傅昱《论明代广东地区的渔业分布》一文的“明代两广地区的河泊所分布及其设置沿革”一表更是以讹传讹，并且文字校对不精，又衍生出新的错误说法，其明代番禺县河泊所（即碰湖河泊所）说并无任史料依据，南海县河泊所（即官窯河泊所）说同样也是如此，均是不可信从的。

三、清代番禺河泊所署的三次迁移

明代番禺县河泊所是少数在清代还保留的河泊所，但其官署却发生过三次迁移。据康熙《广东通志》记载：番禺县河泊所“旧在南门大巷口，今在天马巷”。[①]同治《番禺县志》也提到：番禺县“河泊所旧署，在南门大巷口，后迁天马巷”。[②]不过，另据乾隆《番禺县志》记载：“河泊所，明洪武十六年，原建在城东郭外，倾圮，无存，借居民房，今署在内城仓边街。”[③]同书还记载番禺县“河泊所，洪武十六年设，历任姓名无考，署在仓边街”。[④]从这些相关史料记载可知，番禺县河泊所署的位置在清代曾经发生过三次迁移，即起初是选址于广州城东南的东濠口一带，但康熙三十六年（1697年）之前还曾迁址于南门大巷口和天马巷，而在乾隆年间又移至仓边街。

南门大巷口位于明清广州新城的城外街区。同治《番禺县志》和《广州城坊志》均记载广州新城外街有“大巷口”，[⑤]即

① 金光祖：康熙《广东通志》卷六《公署》，广州：岭南美术出版社，2006年，第315页。

② 李福泰：同治《番禺县志》卷二三《古迹略一·署宅》，广州：岭南美术出版社，2007年，第281页.

③ 任果、檀萃等：乾隆《番禺县志》卷六《建置·廨署》，广州：岭南美术出版社，2007年，第77页。

④ 任果、檀萃等：乾隆《番禺县志》卷一一《职官·典史》，广州：岭南美术出版社，2007年，第155页。

⑤ 李福泰：同治《番禺县志》卷三《舆地略一·都堡》，广州：岭南美术出版社，2007年，第19页；黄佛颐撰，仇江等点校：《广州城坊志》卷《新城》，广州：广东人民出版社，1994年，第440页。

是南门大巷口。宋元明时代，是珠江河道淤积最快速的时代。“珠江北岸南移至西关冲沙面至今南关戏院太平沙一线，距今江岸300—500米间……在城南，五洲连成了一片成为太平沙，为明代新南城的建筑创造了条件”[①]。河沙淤积，促使大量的城外街区在此形成，大巷口便是其中之一。《越秀史稿》考证说，番禺县河泊所在“明后期迁到南门大巷口（当时太平沙西岸，今约太平通津与太平街垂直相交处一带）。可知当年此地临岸。清雍正《广东通志》载：‘河泊所旧署，在南门大巷口’”[②]。这个说法对番禺县河泊所的迁移时间未提供相应的史料证据，所引清雍正《广东通志》也非原文，不尽可信。康熙十二年（1673年）《广州府志》仍说番禺县“河泊所，在城东南外”，[③]可见，直至康熙十二年，番禺县河泊所依然是在城东南外水滨。另据康熙二十五年（1686年）《番禺县志》记载：番禺县“河泊所，明洪武十六年，原建在城东郭外，倾圮，无存，借居民房。”[④]也就是说，番禺县河泊所是在康熙十二年至康熙二十五年之间迁至南门大巷口的，但当时并未建筑官署，而是借居民房办公。

在道光《南海县志》之《县治附省全图》（参见图4）中，可以清晰看到大巷口位于大南门偏西南的位置，北为太平沙，南面是珠江，是一条短小的街道。据《广州市地名志》记载：“太平通津，在市政府东南，南堤二马路北侧，北皆太平沙。清代时为与太平沙街垂直相交的‘大巷口’，（20世纪）20年代扩建时取名太平通津。”[⑤]

---

① 陈代光：《广州城市发展史》，广州：暨南大学出版社，1997年，第28页。

② 广州市越秀区人民政府地方志办公室、广州市越秀区政协学习和文史委员会主编：《越秀史稿》第2卷《宋元明》，广州：广东经济出版社，2015年，第406—407页。

③ 汪永瑞：康熙《广州府志》卷一二《建置志》，广州：岭南美术出版社，2007年，第151页。

④ 孔兴琏：康熙《番禺县志》卷四《建置》，广州：岭南美术出版社，2007年，第391页。

⑤ 广州市地名委员会，《广州市地名志》编纂委员会编：《广州市地名志》，广州：广东科技出版社，1989年，第39页。

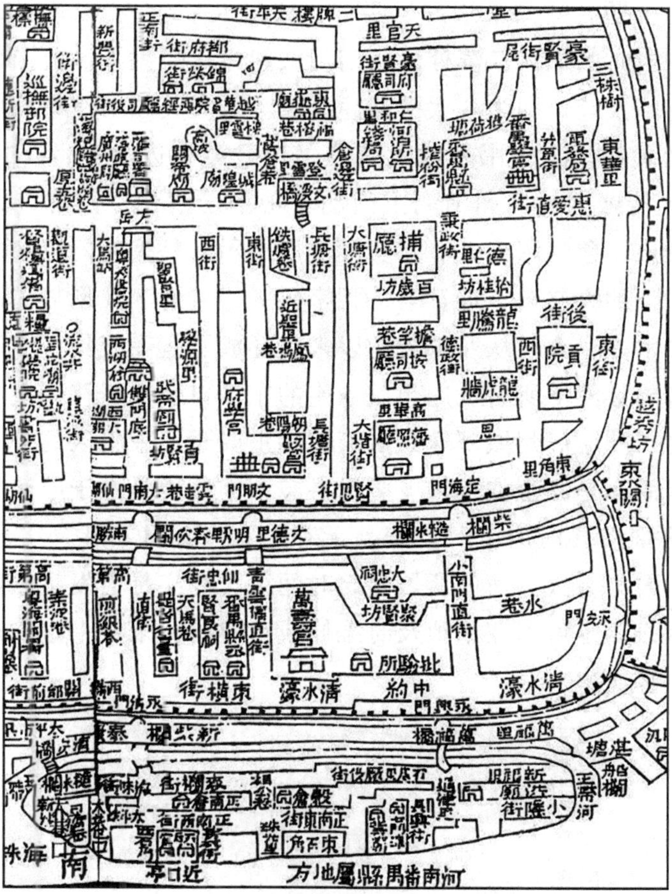

图4 道光《南海县志·县治附省全图》所见南门大巷口、天马巷、仓边街之位置①

随着珠江的南移，南门大巷口也不断扩大，范围直至今日之太平通津。然而，无论是巷口还是通津，都暗示了该地曾经是个港口码头区。因此，清康熙年间的番禺县河泊所必定是在太平沙不远之处。又据《广州市地名志》记载：“太平沙，在市政府东南，北京南路西侧，西连回龙上街。明代是珠江边的沙洲，诗人

① 潘尚楫等：道光《南海县志》卷三《图一·县治附省全图》，广州：岭南美术出版社，2007年，第67页；广州市规划局、广州市城市建设档案馆编：《图说城市文脉：广州古今地图集》第一部分《广州古今地图集》，广州：广东省地图出版社，2010年，第21页。

陈恭尹曾题有‘太平烟浒’四字，故名太平沙。”[①]可见，太平沙即在当时的珠江江滨处，而南门大巷口只是太平沙的出口。因此，南门大巷口即为今太平通津北段。《大英图书馆特藏中国清代外销画精华》一书所收大英图书馆藏英皇佐治三世（1738—1820）特藏之《广州清明上河图》曾描绘清代广州珠江北岸繁华的景象（参见图5）。图5实际上所展示的是大南门以南的新城永清门外的大巷口、近日亭、天字码头一带的滨江形势。该区域疍船非常多，大概从明末清初以来就形成了疍民聚集区。清康熙年间番禺县河泊所署从广州城东南的东濠口一带迁移到大巷口，应是为了顺应广州城郊珠江水滨地带重要疍民聚集区的分布变化情况，而不是完全如乾隆《番禺县志》中所说是由于原建在城东郭外的番禺县河泊所“倾圮，无存”，所以才不得不“借居民房”。因为番禺县河泊所署建筑时间久了确实是会发生倾圮，但是如有必要是可以在原地及时维修或重建的，未必一定要迁移河泊所的官署。

图5 《广州清明上河图》所见清中后期南门大巷口附近之珠江水滨景致[②]

《越秀史稿》认为“清代前期，河泊所迁到天马巷（今万福

① 广州市地名委员会、《广州市地名志》编纂委员会编：《广州市地名志》，广州：广东科技出版社，1989年，第39页。

② 王次澄等编：《大英图书馆特藏中国清代外销画精华》第一卷，广州：广东人民出版社，2011年，第76页。

中西段北侧内街，巷今存）”。[①]所说时间同样也较为笼统，出处也不明确。其实，在康熙三十年《南海县志》卷首《邑隶省城图》中，位于天马巷的河泊所清晰可见，[②]估计是改建或新建了一个官署。由此可知，大致在康熙二十五年至康熙三十年之间，番禺县河泊所署又从南门大巷口迁到天马巷。如果从康熙十二年算起，截止到康熙三十年，番禺县河泊所借居南门大巷口民房办公的时间大致有19年。

天马巷位于广州新城内街，较之南门大巷口位置略偏东北。在道光《南海县志》之《县治附省全图》图中，天马巷北面是仰忠街，南面是东横街，东面是青云桥直街，西面是南门直街。在这块狭小的地域，番禺县丞、贤良祠、提督行台都汇聚于此。据笔者实地调研考察，天马巷已更名为天马新街，只保留原街道的一部分，位于今万福路西段北侧内街，北至仰忠街，南至东横街。

乾隆年间，番禺县河泊所再次发生了迁移。乾隆《番禺县志》中提到番禺县河泊所“今署在内城仓边街”。[③]另据同治《番禺县志》记载，此次番禺县河泊署是迁移到了内城“仓边街钱局之左（东）”。[④]仓边街，其得名与宋代所设盐仓有关，《广州城坊志》引方信孺《番禺杂志》云：“在今城东二百步，小城也，始嚣所理，后呼东城，今为盐仓，即旧番禺县也。”[⑤]今越秀区仍存仓边街之地名。在一些清代方志城图如道光《南海县志·县治附省全图》中，对迁移到仓边街钱局东的番禺县河泊

① 广州市越秀区人民政府地方志办公室、广州市越秀区政协学习和文史委员会主编：《越秀史稿》第2卷《宋元明》，广州：广东经济出版社，2015年，第407页。

② 郭尔戺、胡云客：康熙《南海县志》卷首《图·邑隶省城图》，广州：岭南美术出版社，2007年，第25页。

③ 任果、檀萃等：乾隆《番禺县志》卷六《建置·廨署》，广州：岭南美术出版社，2007年，第77页。

④ 李福泰：同治《番禺县志》卷一五《建置略二·廨署》，广州：岭南美术出版社，2007年，第156页。

⑤ 黄佛颐撰，仇江等点校：《广州城坊志》卷一《内城》，广州：广东人民出版社，1994年，第65页。

所署有较为清明的标绘，钱局是在仓边街东侧，而河泊所又在钱局之东侧（参见图4）。

至于番禺县河泊所署迁移到仓边街钱局东侧的具体时间，也可做进一步的推定。乾隆《番禺县志》已清楚说当时番禺县河泊所“署在仓边街”，[①]则至少乾隆三十九年（1774年）署址已迁移到了仓边街。另据《广州城坊志》记载：“宝广钱局，在内城仓边街，旧系左翼镇府。雍正三年，移往顺德，其省署改为观风整俗使署。乾隆十年，以观风整俗使署改为宝广泉局。”[②]同书还记载：“乾隆九年，臬司张嗣昌请开铸，部议准将原设广南韶连道行署改为钱局，名曰宝广局。布政司为专理，粮道为协理，广粮通判为监铸，番禺县河泊所大使为巡查。”[③]乾隆一年以原观风整俗使署改设宝广钱局之后，由管理鱼课征收的番禺县河泊所大使负责巡查，而不是由位置稍南一些的“捕厅”衙门派人巡查，估计主要是由于番禺县河泊所署更临近钱局的缘故。换言之，最迟在乾隆十年，番禺县河泊所署已从新城的天马巷迁移到内城东北隅的仓边街钱局东侧。考虑到雍正九年（1731年）刊刻的《广东通志》依然提到番禺县河泊所“今在天马巷”，[④]则如果从雍正九年算起，截至乾隆十年，番禺县河泊所署在天马巷的时间约为15年，也不算很长。乾隆初年，番禺河泊所迁至内城仓边街钱局东侧后，大概再次改建或新建了官署。

四、清代番禺县河泊所职掌的变化

值得注意的是，据《广州城坊志》引《广东钱局图说》云：

---

① 任果、檀萃等：乾隆《番禺县志》卷一一《职官·典史》，广州：岭南美术出版社，2007年，第155页。

② 黄佛颐撰，仇江等点校：《广州城坊志》卷一《内城》，广州：广东人民出版社，1994年，第65页。

③ 黄佛颐撰，仇江等点校：《广州城坊志》卷一《内城》，广州：广东人民出版社，1994年，第65页。

④ 郝玉麟：雍正《广东通志》卷一七《公署》，广州：岭南美术出版社，2006年，第446页。

“局前新开河一道，接东濠，以达河口而资转运，长三拾丈，宽自五丈至拾二丈不等，深八尺。查自新开河口起，至省河东炮台止，原有东濠一道，量见五百三拾三丈有奇。自同治年间开浚后，渐形淤垫。光绪十三年八月间，经本局加深四尺三四寸，改宽自二丈二尺至四丈三尺不等。”[①]估计在乾隆初年，在仓边街钱局与番禺县河泊所署原来也有小河涌与广州城东关的东濠涌相接的。由番禺县河泊所大使负责钱局周边的巡查任务，主要是为了加强广州内城与东关一带河涌地带的治安管理工作。尽管乾隆《番禺县志》因袭康熙《番禺县志》记载，仍然记载了番禺县河泊所管辖的水域与鱼课征收时间点，[②]但实际上，大致从乾隆年间开始，番禺县河泊所的职掌已有较大的转变，已不再仅仅负责鱼课征收，还要负责相关地区河涌水面的治安管理工作。

有研究者撰文指出：“在清代中后期的南海、番禺两县，大致形成了巡检司和主簿分辖乡村，县丞、典史等分辖城厢的状况。”[③]其实，在清代中后期，南海、番禺两县的河泊所也参与了广州城乡和乡村的治安管理。据同治《番禺县志》记载：“沙湾司巡检，岁支俸银三十一两五钱二分，养廉银六十两……河泊所大使奉、廉与巡检同。”[④]南海、番禺两县的河泊所俸禄与巡检司同，职掌也略近，只是河泊重点负责相关区域水上的治安管理。这一点从光绪二年（1876年）七月十五日两广总督复英国领事的信函就可得到进一步的证明：“昨接来函，具聆壹是。白云火船碰坏粮艇船只一案，嘉副领事断令白云轮船酌赔银两，足见贵国官员办事平恕，体恤有加，自可照此完案。至轮船码头，

---

① 黄佛颐撰，仇江等点校：《广州城坊志》卷六《东关》，广州：广东人民出版社，1994年，第653页。

② 任果、檀萃等：乾隆《番禺县志》卷六《建置》，广州：岭南美术出版社，2007年，第81页。

③ 梁敏玲：《“捕属”与晚清广州的城市社会》，《中国历史地理论丛》，2020年，第4期。

④ 李福泰修：同治《番禺县志》卷一九《经政略》，广州：岭南美术出版社，2007年，第225页。

原有界址，各项船艇自不应湾泊码头界内，致碍轮船往来。本部堂现已机行南海县，转饬河泊所，晓谕船户人等，一体遵照矣。"[①]刘坤一在回复罗领事时，自云已转告河泊所，让其通知各船户，不要在码头界内停泊，可见此时的河泊所要负责管控广州城湾泊码头界内船户人等。由于道光十五年（1835年）南海县河泊所大使裁撤后，改并于番禺县河泊所，[②]所以这里提到的"河泊所"，显然是指番禺县河泊所。

值得注意的是，还有一些史料显示，清代番禺县河泊所还在其他方面发挥着功能：

其一，征收广州城外河下花艇的"花粉之税"。乾嘉时期小说《蜃楼志》里提到乌必元任番禺县河泊所官，"管着河下几十花艇，收他花粉之税"，故有次他的儿子乌岱云邀苏笑官一起去召妓时就说道："趁着酒兴下河走走，你爱顽就同我去。这扬帮、潮帮、银珠街、珠光里、沙面的大小花艇，都是我爹爹管的，老举们见了我，不敢不奉承，要几个就几个。"[③]光绪后期吴趼人（1866—1910年）的小说《二十年目睹之怪现状》也描述到："原来这河泊所是广东独有的官，虽是个从九、未入流，他那进款可了得！事情又风流得很。名是专管河面的事，就连珠江上妓船也管了。"[④]清末诗人白云樵子的《羊城竹枝词》也描绘说："五湖长漫笑渠侬，多少珠娘管领中。小小头衔河泊所，居然城主拟芙蓉。"[⑤]可见番禺县河泊所大使头衔虽然小，权力却是相当大的。

其二，护送外国贡物交督抚等官会验和护送外国贡使进京。

---

① 刘坤一著，陈代湘校：《刘坤一集》第5册《书牍》卷一五《复罗领事·光绪二年七月十五日》，长沙：岳麓书社，2018年，第289页。

② 黄佛颐撰，仇江等点校：《广州城坊志》卷一《内城》，广州：广东人民出版社，1994年，第66页。

③ 庾岭劳人：《蜃楼志》，北京：新世界出版社，2013年，第50页。

④ 吴趼人：《二十年目睹之怪现状》第71回《周太史出都逃妇难　焦侍郎入粤走官场》，哈尔滨：北方文艺出版社，2018年，第334—338页。

⑤ 龚伯洪编选：《广州古今竹枝词精选》，广州：广东人民出版社，2017年，第80页。

《粤海关志》所收《会验暹罗国贡物仪注》记载，暹罗国贡使到广州后，“南海、番禺两县委河泊所大使赴驿馆护送贡物，同贡使、通事由西门进城，至巡抚西辕门安放”，继之“俟两县禀请巡抚开中门，通事、行商护送贡物，先由中门至大堂檐下陈列”，待督抚、司道“各官即起坐验贡毕，将贡物仍先从中门送出西辕门。通事引贡使由西角门出，至头门外立候送各官回，将贡物点交通事、行商、贡使同送回驿馆贮放”。[①]其中多次提到了“行商”，显示相关功能应该是康熙二十五年之后广东洋行制度创设以来形成的。另据乾隆二十五年（1760年）《两广总督李侍尧为法国人方守义等由澳门到省即将进京事致军机处咨文》记载，广东布政司曾“委员番禺县河泊所大使裘兆瑞领赍伴送方守义、韩国英进京，前赴兵部投递，听候转送办理军机处，俟将在省起程日期详报到日，另文咨达外，相应咨达”。[②]这里只提到番禺县河泊所，而没有提到南海县河泊所，又显示前者在护送外国贡使进京方面的责任更大一些

其三，河泊所官还曾担任省城管狱官一职。据道光《清实录》载：道光四年（1824年）五月丙戌（24日），“添建广东省垣监狱，分禁军流遣犯，以河泊所大使为管狱官，从总督阮元等请也”。[③]另据同治《番禺县志》记载：“南、番二县监狱拥挤，另在牵粉街地方添建公监一所，匀禁各府州县解省命盗、遣军流罪等犯。死罪并女犯仍分别寄禁县监。以附近该处之南、番河泊所官为管狱官监，内设笼二十四间，分别东西各半，西监寄禁西路人犯，以南海知县为有狱官；东监寄禁东路人犯，以番禺县知县为有狱官。设禁卒二十四名，更夫三十七名，防守兵一十五名，监外建卡一所，防兵十名，提牢书办五名，医生一

① 梁廷楠总纂，袁钟仁校注：《粤海关志》卷二一《贡舶一·暹罗国》，广州：广东人民出版社，2002年，第423页。

② 中山市档案局（馆）、中国第一历史档案馆编：《香山明清档案汇编》，上海：上海古籍出版社，2006年，第428页。

③ 《清实录·宣宗成皇帝实录》卷六八，道光四年五月丙戌，北京：中华书局，1986年，第87页。

名，水火夫六名，均由南、番二县召募承充捐给工食。”[①]可见新设的广东省垣监狱是在榨粉街地方，结合道光《南海县志·县治附省全图》来看，此监狱正位于番禺县河泊所新署与番禺县署之间。不过，这个新设的广东省垣监狱规模较大，内设笼二十四间，并且分成东、西两个监区，分别以南海县河泊所官、南海县知县为西监的管狱官监和有狱官，收治西路人犯；以番禺县河泊所官、番禺县知县为东监的管狱官监和有狱官，收治东路人犯。由于在道光十五年南海县河泊所大使裁撤后，已改并入番禺县河泊所，所以在此年以后，广东省垣监狱的管狱官监一职，当主要是由番禺县河泊所大使来担任。

五、结语

作为明清时期负责征收鱼课的一个机构，番禺县河泊所建于洪武十六年，裁缺于光绪三十三年，历经525年，是历史上存在时间最长的河泊所。在这期间，番禺县河泊所的官署屡有迁移，其职掌也发生过较大的变化，值得系统研究与总结。

通过细致分析明清地方志和地图等相关资料可知，明初番禺县河泊所署设置于广州城东南东濠口，大致位置在今永安东路和仁秀里交汇处附近。番禺县河泊所署设于广州东城外东濠口一带水滨，正处于番禺县境河涌网络的要冲位置，可以通过永安桥与城内进行联系，水陆交通俱属便利，同时也临近当时珠江两岸重要的疍民聚居区，便于向疍民征收鱼课，其选址上显然是经过慎重考虑的。

有研究者将明代番禺县河泊所定名为“碰湖”，相应将南海县河泊所定名为“官窯”，并注明依据是万历《大明会典》和嘉靖《广东通志初稿》，实则当是受《大清会典·康熙朝》《大清会典事例》的错误记载影响所致，其说不可信从。

---

① 李福泰：同治《番禺县志》卷一五《建置略二·公监》，广州：岭南美术出版社，2007年，第160页。

清代番禺县河泊所署的位置曾发生过三次迁移，第一次是在康熙十二年至康熙二十五年之间迁至南门大巷口即今太平通津北段一带借居民房办公；第二次是在康熙二十五年至康熙三十年之间迁至新城的天马巷即今天马新街一带；第三次是最迟在乾隆十年从天马巷迁移到内城东北隅的仓边街即钱局东侧即今仓边路一带。清代番禺县河泊所署的多次迁移，与广州城外疍民聚居区的变迁以及河泊所职掌的变化有着密切的关系。入清以后，广州城下主要疍民聚居区有从东濠口一带向南门大巷口一带河滨港口码头区转移的态势，而清代番禺县河泊不仅要负责鱼课，还要负责相关地区河涌水面的治安管理工作，征收广州城外河下花艇的“花粉之税”，护送外国贡物交督抚等官会验外国贡使的贡物和护送外国贡使进京，以及看管省城管狱等，其职掌呈现出多样化的情况。

寄庄户的成立与长期延续*

——徽州富溪程氏家族宋元明文书考析

黄忠鑫

（暨南大学历史地理研究中心）

摘要： 徽州府休宁县的富溪程氏家族自南宋至明代开立并维持了多个坟茔寄庄户。他们保存了一批较完整的诉讼案卷，其中有不少宋元土地交易、纳税丈量、主仆关系等方面的文书，并在明代不同时期收集新的地籍文书、更新户名。这些文书是寄庄户长期延续的有力证据链条。代理人则是徽州家族维持寄庄产业的另一个重要机制。尽管坟仆利用各时期官府对土地税收整理的契机侵夺土地成为引发寄庄纷争的主要原因，但富溪程氏家族并未因此更换坟仆，而是在保持等级性身份的前提下，继续维持与坟仆人身依附关系以作为控制其的手段。

关键词： 寄庄户；徽州文书；户帖；土地清丈；赋役

一、问题与资料

寄庄户是指跨越政区边界占有土地的人户。他们没有在土地所属地定居，却在当地开立缴纳赋税之户籍。唐代敕文中就已明确出现了"寄庄户"一词，他们虽未纳入正式的户籍，但地方官

* 本文是国家社科基金重大项目"中国古代户籍制度研究及数据库建设"（批准号：17ZDA174）阶段性成果之一。

府已对这类浮寄客户进行登记管理，属于客户之上层。[①]明代寄庄现象遍布全国。明初洪武二十四年（1391年）奏准攒造黄册格式时，即已承认“外郡寄庄人户”之存在，并将这类人户编排为里甲奇零。[②]这也造成明中叶后地方社会赋役矛盾的扩大，相应的改革措施则逐渐汇入了摊丁入地的大趋势。[③]

现有研究中，对于寄庄户形成和影响，主要依据政书、法令等各类官方文献和士绅文集的描述，从赋税财政治理、地方社会秩序等角度展开讨论。[④]寄庄户之成立，本身就代表官府对民间交易行为的承认，以及赋役治理重心从人户转入土地的趋势；地方社会势力为了保障自身利益，也会在国家制度空间下谋求寄庄户的长期存在。观察角度的转换，可以为我们理解寄庄问题提供新的方向，为了寻求地方社会相关策略之线索，则有必要对民间文书进行挖掘。上海图书馆所藏《富溪程氏中书房祖规家训封坵渊源合编》（索书号：线普510197，以下简称为《合编》）是对徽州休宁县富溪（今为大阜瀛村）程氏宗族的文书汇编，收录了

① 唐长孺：《唐代的客户》，唐长孺：《山居存稿》，北京：中华书局，1989年，第129—165页；张泽咸：《唐代的寄庄户》，中华书局编辑部编：《文史》第5辑，北京：中华书局，1978年，第53—61页。

② 正德《大明会典》卷二一《户部六·户口二·攒造黄册》，东京：汲古书院，1989年，第1册，第255页。

③ 川勝守：「明代の寄莊戶について」（『東洋史研究』，第33巻第3号，1974年），收入氏著：『中国封建国家の支配構造——明清賦役制度史の研究』，東京：東京大学出版会，1980年，191、202—226頁；韩大成：《明代的寄庄》，中国明史学会编：《明史研究》第1辑，合肥：黄山书社，1991年，第24—34页。关于地方社会的寄庄问题，讨论较为集中的是江南嘉兴争田和珠江三角洲的“香田顺税”。主要参见川勝守：「浙江嘉興府的嵌田問題——明末郷紳支配の成立に関する一考察」（『史學雜誌』，第82編第4号，1973年），收入氏著：『中国封建国家の支配构造——明清賦役制度史の研究』，第503—513页；冯贤亮：《明清江南地区的环境变动与社会控制》，上海：上海人民出版社，2002年，第134页；侯鹏：《“正疆界”与“遵版籍”：对万历丈量背景下嘉兴争田的再考察》，《中国社会经济史研究》，2012年，第4期；刘志伟：《在国家与社会之间——明清广东地区里甲赋役制度与乡村社会》，北京：中国人民大学出版社，2010年，第188—189页；科大卫著，卜永坚译：《皇帝和祖宗：华南的国家与宗族》，南京：江苏人民出版社，2009年，第142—143页；等等。

④ 耿洪利在《明初小黄册中寄庄户初探》（《中国经济史研究》，2020年，第3期）一文中对纸背文献所载明洪武三年处州府小黄册中的寄庄户进行了研究，揭示了寄庄户籍的登载形式和实际承担赋役之情况。

多份宋元时期以及明代前中期的文书，有较强的连贯性，即对此问题颇有帮助[①]。

《合编》卷首载有“宣统辛亥夏录成”字样，可知该书抄录于1911年，但其后的记事又有民国三年、七年字样，说明后续仍有增补抄入。全书主要分为上篇与下篇两大部分，上篇为程氏族规家法，[②]下篇主要是数处程氏祖先坟茔的诉讼案卷。这批案卷都属于富溪程氏中书房，所以下篇卷首便追溯该房始祖（富溪十世祖）、生活于宋元之际的中书舍人程骧，[③]列有程敏政撰写的《宋中书舍人松轩程公墓碑》，以及万历十六年（1588年）的告状和状词，题为《节录祖墓渊源考》。之后是地方名宦吴尧臣、丁知县[④]、殷正茂对于程氏文书汇编的题词。还有程氏家族的两份维护祖墓的合同文约，一份是万历十二年（1584年）保全世墓合同，另一份是雍正二年（1724年）两房禁革坟山合同。在这些文件之后，便是三套明代坟茔渊源录。高岭葬程氏八世祖程汝砺（字用之）夫妻，严田东充葬吴孺人，两处坟茔皆为程思礼（汝砺之子）所置买。渊源录都是明代程超宗所汇编，既有对案情全过程的概述，也附上了许多不同时期的契约文书抄件和诉讼往来文书。最后是“附录”，即“附将祖墓经有起衅者便叙梗概”，将晚清民国时期的休宁、歙县多处发生纠纷的坟茔详图、梗概以及相关文书陆续抄入。基本情况和内容构成见表1。

---

① 下文引自《合编》者，均不另行注释。

② 《合编》的族规部分已标点整理出版，参见卞利编著《明清徽州族规家法选编》，合肥：黄山书社，2014年，第166—184页。

③ 程骧一支是富溪程氏的主要房派。参见戴廷明著，朱万曙等点校《新安名族志》前卷《程·富溪》，合肥：黄山书社，2007年，第48页。

④ 康熙《休宁县志》卷四《职官表》，明朝休宁知县仅一位丁姓，即万历十一年上任的丁应泰。

表1 《合编》下篇收录坟茔诉讼案卷情况

案卷名	诉讼时间	内容构成	地域分布
《高岭祖茔渊源录》（以下简称《高岭录》）	正德元年（1506年）	正德元年五月程超宗所撰序言；程汝砺（字用之）、汪孺人的墓志铭；宋元至明初各类文书14件及洪武丈量水旗；弘治十八年（1505年）《浙江清理田粮案验》；《守坟家人谋夺坟产等事文卷一宗》《守坟家人刘容复赁屋地约》及《送休邑程氏诸君讼明还乡序》	浙江衢州府开化县
《高岭祖茔渊源续录》（以下简称《高岭续录》）	正德七年（1512年）	序言及开化九都二图刘氏3张卖契节略；《治盗葬案卷》；隆庆四年（1570年）清丈执照与图形；天启四年（1624年）清理底册；崇祯四年（1631年）整理疆界图记（存目）	
《严田东充祖茔渊源录》（以下简称《严田录》）	嘉靖十四年至十七年（1535—1538年）	《思礼公指迷宝照》及南宋卖契3件；《大事记》及宋元文书3件；《明洪武二十四年踏勘清理田地山图》及看管文书2件；《明彦锦程公墓志铭》；《占田盗木改路告复案卷》及买契1件；《万历清丈清理田地山图》	休宁县廿九都
附录	晚清民国	紫薇园等坟茔梗概、地图、清代契约票据等	休宁县歙县

表1所列文书汇编涉及的祖茔中，高岭和严田均在南宋置产而设立寄庄户。三套祖茔渊源录显示，富溪程氏在几场诉讼中，出示的文书证据链时间跨度长，这不仅是宗族维护利益的书证材料，也是王朝赋役制度与基层社会演变之记录。其中尤以《高岭录》最为完整和详尽。

徽州民间文书也保存了一批南宋至明初文书的原件和抄件，推动了社会经济史、公私文书格式的研究。[①]在明清以降的家族

① 余庭光：《徽州发现宋元时代的契约》，《人民日报》，1957年10月17日，第8版。此后 徽州宋元土地契约文书也陆续得到整理出版。参见王钰欣、周绍泉主编：《徽州千年契约文书（宋·元·明编）》第1卷，石家庄：花山文艺出版社，1991年；张传玺主编：《中国历代契约会编考释》，北京：北京大学出版社，1995年；刘和惠、汪庆元：《徽州土地关系》，合肥：安徽人民出版社，2005年，第301—319页；张舰戈：《中国社会科学院历史研究所藏南宋徽州文书考释》，雷闻、张国旺主编：《隋唐辽宋金元史论丛》第9辑，上海：上海古籍出版社，2019年，第9—17页；李翼恒：《中国社会科学院历史研究所藏元代徽州文书考释》，雷闻、张国旺主编：《隋唐辽宋金元史论丛》第9辑，上海：上海古籍出版社，第18—44页。

簿册文献中，也时常发现早期珍稀文书的抄件。①传统中国实际上是一个“好讼社会”，契约文书作为重要的书证而受到广泛重视。对于普通民众而言，除了保存各种公私文书原件外，也会将文书抄录或刊印成册，作为家庭或宗族的财产而保存下来。②因此，《合编》中载有相当数量的宋元时代文书并不偶然。

已有学者对《高岭录》所收的南宋户帖文书进行了真伪鉴定，并由此引发对宋代户帖及相关赋役制度的再讨论。③在《合编》所录宋代文书基本真实可靠的基础上，本文拟在诉讼背景下，全面考证和分析以《高岭录》为中心的各类文书，从长时段考察富溪程氏的寄庄户在宋明赋役制度演变下得以长期延续的机制。

二、寄庄户的成立：从契约到户帖

寄庄户成立的前提是跨境购置产业，一般是跨县交易。而县以下的乡里、乡都间的交易也属于寄庄，如明代强调里甲编排“务不出本都”，跨都的土地交易也属于寄庄范畴。高岭和严田东充两处墓地都始购于南宋，相关契约主要内容见表2。

---

① 《婺源沱川余氏族谱》收录了目前徽州最早的一份南宋分家书（关账），参见王振忠：《明以前徽州余氏家族史管窥：哈佛燕京图书馆所藏〈婺源沱川余氏族谱〉及其史料价值》，教育部人文社会科学重点研究基地安徽大学徽学研究中心编：《徽学》第6卷，合肥：安徽大学出版社，2010年；《珰溪金氏族谱》载于多件宋元时期的公文书，对于研究家族变迁、公文制度及相关史事有着重要价值，参见阿风、张国旺：《明隆庆本休宁〈珰溪金氏族谱〉所收宋元明公文书考析》，《中国社会科学院历史研究所学刊》第9辑，上海：商务印书馆，2015年，第417—470页；元代契尾则发现于《婺源茶院朱氏家谱》之中，参见赵华富：《元代契尾翻印件的发现》，《安徽大学学报（哲学社会科学版）》，2003年，第5期。

② 阿风：《公籍与私籍：明代徽州人的诉讼书证观念》，教育部人文社会科学重点研究基地安徽大学徽学研究中心编：《徽学》第8卷，合肥：黄山书社，2013年，第22—39页。

③ 黄忠鑫：《在政区与社区之间——明清都图里甲体系与徽州社会》，复旦大学博士学位论文，2013年，第85—90页；周曲洋：《量田计户：宋代二税计征相关文书研究》，中国人民大学博士学位论文，2017年，第42—43页；冯剑辉：《宋代户帖的个案研究》，《安徽史学》，2018年，第3期；郑旭东：《元代户籍文书系统再检讨——以新发现元湖州路户籍稿为中心》，《中国史研究》，2018年，第3期；杜正贞：《明清以前东南山林的定界与确权》，《浙江社会科学》，2020年，第6期。

表2　《合编》所收录宋代契约文书情况一览表

<table>
<tr><th>时间</th><th>土地类型</th><th>面积</th><th>价格</th><th>出卖人</th><th>中人</th><th>出处</th></tr>
<tr><td rowspan="3">嘉定十三年（1220年）九月</td><td>二等山桑地</td><td>2角11步</td><td rowspan="3">官会220贯文</td><td rowspan="3">开化县崇化乡郑悔；同契人（嫂）阿汪，侄郑景星、郑月、郑泰</td><td rowspan="3">牙保人徐子祥</td><td rowspan="4">《高岭录》</td></tr>
<tr><td>火人住地</td><td>2角53步</td></tr>
<tr><td>二等桑地</td><td>1亩3角10步</td></tr>
<tr><td>嘉定十五年（1222年）二月</td><td>山</td><td>1段</td><td>官会300贯文</td><td>开化县余监税户汪氏，干人郑泰</td><td>代书郑远</td></tr>
<tr><td>宝庆元年（1225年）七月</td><td>柴山</td><td>1角</td><td>官会10贯文省</td><td>休宁县千秋乡程思义、子程子仁</td><td>牙保程知言</td><td rowspan="3">《严田录》</td></tr>
<tr><td rowspan="2">嘉定十五年六月</td><td>夏山</td><td>40步</td><td rowspan="2">官会10贯文</td><td rowspan="2">休宁县履仁乡回溪里程阿金</td><td rowspan="2">依口书契中人汪德瑞</td></tr>
<tr><td>夏山</td><td>1角</td></tr>
</table>

表2中摘录的契约信息符合南宋相关制度。首先，契约交易皆用“官会”，这是创始于南宋初年的纸币，“绍兴末年，因军兴复置交子务，体仿民间寄附会子印造官会，张官置吏”。①在《徽州土地关系》辑录的九份宋代徽州土地契约中，用官会表述价格的就有八例，时间跨度从淳祐二年（1242年）至咸淳六年（1270年），恰好皆为南宋后期，说明此时官会仍在徽州地方社会通行。宝庆元年（1225年），契约在价格末尾还有“省”字，是“省陌”之意，以不足百数之钱作百钱使用，②相当于货币尾数。其次，契约中还出现了“角”作为土地面积单位。据宋人记载，“绍兴中，李侍郎椿年行经界，有献其步田之法者，若五尺以为步，六十步以为角，四角以为亩”。③因此，从绍兴经

① 卫泾：《后乐集》卷一五《移福州日上庙堂论楮币厉害札子》，《景印文渊阁四库全书》第1169册，台北：台湾商务印书馆，1986年，第677页。

② 类似的情况也存在南宋文书实物中。参见张舰戈：《中国社会科学院历史研究所藏南宋徽州文书考释》，雷闻、张国旺主编：《隋唐辽宋金元史论丛》第9辑，第12—13页。

③ 赵彦卫著，傅根清点校：《云麓漫抄》卷一，北京：中华书局，1996年，第10页。关于亩角计量，参见汪庆元：《宋元明初土地计量‘亩角制’考论——以徽州文书为中心》，行龙主编：《社会史研究》第7辑，北京：社会科学文献出版社，2019年，第1—15页。

界开始，沿用了“角”作为计算单位。宋元至明初的契约文书和鱼鳞册中，对于田地山塘的等级之标注，还以“夏”（下）、“尚”（上）、“忠”（中）等表示，[①]《严田录》中的夏山，即为下等山之意。最后，立契人（出卖人）中常带有乡里（都）的信息。表2中出现的千秋乡位于休宁县南，履仁乡则位于休宁县西，辖有回溪等5个里。[②]崇化乡在开化县北，包括八至十二都。[③]综合来看，《合编》所录契约中的计量单位、土地等级的用词均符合当时文献的相关记录，也与现存南宋契约实物格式一致。主要的不同点在于宋代契约书写立契时间时，皇帝年号接在契末文字书写，均不抬头。[④]而《高岭录》抄录时，则将年号另起一行书写。

南宋时，程用之不囿于本乡本土，在开化高岭自择葬地，是笃好地形、强调山水格局的地理术数之典型例子。[⑤]因此，《高岭录》保留了跨路（省）跨县交易文书。有两件文书被标注为《休宁县移关开化县立户引》，记载了交割税粮和立户的环节。第一件题为《徽州路休宁县引》，其文曰：

> 今差人赍公文一角前赴衢州开化县，照侍读程宅干人汪胜乞关乡司立户收税，仍乞给榜约束者，右仰被差人准此指挥施行，不得有违。
>
> 宝庆元年十月初四日　开拆司上簿讫天字十号硃批

---

① 这类同音用词的原因，有一种意见认为“事关地亩登记，属关键字，为避改涂”（参见严桂夫、王国健：《徽州文书档案》，合肥：安徽人民出版社，2005年，第144页）；也有认为是雅称，有吉祥之意（参见张舰戈：《中国社会科学院历史研究所藏南宋徽州文书考释》，雷闻、张国旺主编：《隋唐辽宋金元史论丛》第9辑，上海：上海古籍出版社，第12页）。

② 淳熙《新安志》卷四《休宁·乡里》。

③ 雍正《开化县志》卷一《舆地志·乡里》。

④ 阿风：《宋代以来中国土地买卖文书书写格式的变迁与地域差异》，张新民主编：《探索清水江文明的踪迹——清水江文书与中国地方社会国际学术研讨会论文集》，成都：巴蜀书社，2014年，第942—970页。

⑤ 潘晟：《知识、礼俗与政治——宋代地理术的知识社会史探》，南京：江苏人民出版社，2018年，第117—118页。

籍限二十日到

官引　押

在《高岭录》及其续集中，程氏一直将宋元文件作为证据，自称“置产附籍，累经丈量，版籍可征”。但宝庆元年户帖抄件出现了“徽州路”字样，乃元代的行政区划。这一明显的错讹或许只是抄写人失误，而在明代的诉讼过程中，也没有发现这一细节的讹误。只有刘氏称其“将宋朝年间假作契书文约，无凭查考，架布密情，谎告本家故祖系伊守坟奴仆，一概讹占前项地段”。但是刘氏的意见，似未引起官府、地保等人的注意。而且，他质疑的是宋元契约文书内容，亦没有指出户帖文书的样式存在如此明显的疑点。

《高岭录》的案卷完结于正德元年五月，但是状纸又有正德三年、四年字样。经过将文件前后顺序比较可知，“年”应为“月”之讹误，即正德元年三月、四月，当为传抄失误。另外，明代中叶编成、清雍正年间仍有增补的《茗洲吴氏家记》中，也将正统年间的婺源县称为“婺源州”，亦为元代的地方行政区划之名。朱开宇认为这是笔误或惯称。[①]因此，行政区划通名的瑕疵，并不足以排除明中叶时富溪程氏宗族文书中确有宋代户帖留存的事实。实际上，该文书题名为“徽州休宁县路引”，因为其内容本是休宁知县命令干人汪胜带着公文前往开化县办理立户手续，只是在抄录汇编过程中误将文书名“路引”混入政区名之间。

在路引文书之后就是南宋户帖。通过前人研究，可以确认宋代户帖属于官府颁发、用于认定土地产权和赋税的文件。[②]同时，还有学者提出户帖在南宋逐渐被砧基簿所取代，绍熙朝之后

---

① 朱开宇：《科举社会、地域秩序与宗族发展：宋明间的徽州，1100—1644》，台湾大学出版委员会，2004年，第249、312页。

② 曾我部静雄：「戸貼考」『東洋史研究』，第10卷第3号，1948年；葛金芳：《宋代户帖考释》，《中国社会经济史研究》，1989年，第1期；尚平：《宋代户帖的性质及其使用》，《广西社会科学》，2007年，第5期。

户帖不再出现在传世文献的记录中的看法。[①]笔者以为这只是文献记载所产生的错觉而已。南宋户帖和砧基簿的关系，颇似明清时期的土地税据（尤其是契尾、推税票）和归户册的关系。而税票和归户册并行不悖，而非替代关系，官府在查核产业时，以归户册为简便易行而已。同样地，当户帖还停留在产税证明文件阶段时，其与砧基簿可能保持较长的一段并行时期。若以传世文献没有记载作为依据，判断南宋中后期户帖已被砧基簿所取代，那么，朱元璋何以能够恢复已消失几个世纪的"户帖"之名并加以改造？宋明之间的"断层"是如何接续的？这份户帖或许正是一个证据。

> 权县事　据程尚书宅竹山县知县位干人汪胜赍休宁县牒称，昨来本使宅新竹山知县位，买到本县崇化郑悔等桑地等，乞招割产税，立竹山知县户，逐年输纳，乞给户帖照应事。奉判给，须至给户帖照应者
>
> 程竹山知县户
>
> 一割郑悔户，土名高岭二等平桑地二角一十一步，又二等平桑地一亩三角十步，火人基地二角五十三步，合起产钱七文，绢三寸，分监九勺三抄，绢一寸二分，加四贯五百八十文。
>
> 一割余监税户坟边茆山一十亩经界均二税，已上折科实纳本税绢四寸二分。
>
> 右给户帖付程竹山知县宅干人汪胜照应输纳。
>
> 宝庆元年十月　日帖　户帖　官印

官田户帖格式应包含三个方面内容：田主姓名、乡贯；田

① 刘云、刁培俊：《宋代户帖制度的变迁》，《江西师范大学学报（哲学社会科学版）》，2009年，第6期；戴建国：《宋代赋役征差簿帐制度考述》，《历史研究》，2016年，第3期。

产的坐落、千字文编号、四至、土地等级、赋税额等。[①]整体来看，这份南宋户帖抄件在格式、内容上与传世文献记录较为一致。即便该户帖的内容（如产业坐落等）是明代富溪程氏伪造的，却仍可反映出当时存在宋代户帖原件，否则明人是很难凭空捏造出一份与前朝样式一致的户帖的。为了进一步判断富溪程氏所誊抄保留的户帖之真实性和价值，我们需要结合其他文书的相关信息综合考察。

其一，户帖的颁发过程。这份户帖的颁发，是休宁富溪程氏在邻县购买坟茔产业的结果。该户帖属于推税归业性质。契约所载土地相邻，订立时间相隔两年，可以认为是陆续购置，扩大坟茔。但是，户帖的申请和颁发，却是在三年之后。其原因应与户帖在宋代赋税体系和产权交易中的角色变化有关。

北宋的户帖主要是官府对丁口事产的主动调查，具有税收凭据色彩。北宋初“诏诸州版簿、户帖、户钞，委本州判官录事掌之，旧无者创造”。[②]真宗天禧年间（1017—1021年），“诏，自今逐年两税版籍并仰令佐躬自勾銮点检，勘新收旧管之数。民有典卖析户者，验定旧税，明出户帖”。[③]南宋初，朝廷也要求地方官府及时颁给户帖，作为产权的凭证。绍兴二年（1132年）闰四月三日，右朝奉郎姚沇言：“欲乞朝廷行下诸路转运司相度曾被烧劫去处，失契书业人许经所属州县陈状，本州行下，本保邻人依实供证，即出户帖付之，以为永远照验。如本州、保邻人作情弊，故意邀阻，不为依实勘会，及本县人吏不即时给户帖，并许人越诉，其合干人重置典宪。庶几民间物业，各有照据。从之。”[④]这应该是在政权初步建立期间重整赋税秩序的举措。

① 刘云：《税役文书与社会控制：宋代户帖制度新探》，《保定学院学报》，2010年，第2期。

② 李焘：《续资治通鉴长编》卷四，乾德元年十月庚辰，上海：上海古籍出版社，1985年，第40页。

③ 李焘：《续资治通鉴长编》卷九六，天禧四年八月，上海：上海古籍出版社，1985年，第852页。

④ 徐松辑：《宋会要辑稿》食货三五之五，北京：中华书局，1957年，第5410页。

不过，很快从朝廷到地方官府就将户帖视为敛财手段，大肆出卖。绍兴五年（1135年），“诏诸路州县出卖户帖。令民间自行开具所管地宅田亩间架之数，而输其直，仍立式行下。时诸路大军多移屯江北，朝廷以调度不继，故有是请焉”。[①]又如，“近闻诸处米谷皆贵，钱亦难得，是以小民重困，究其所以，两年之间，折帛、预借、户帖之类，多起见缗，一州之间亦不下数十万”。[②]这样一来，户帖内容由百姓自主陈报，缴纳一定费用便可以得到官方的确认，甚至在战时财政紧张之时滥发户帖。随着南宋政权的稳固，朝廷一度试图恢复户帖在北宋时期的赋税凭证功能。绍兴十六年（1146年）规定：“诸典卖田产应推收税租，乡书手于人户契书、户帖及税租薄内，并亲书推收租税数目并乡书手姓名。”[③]但此时的户帖已经演化为自我呈报之文件，与朝廷重建赋役征派体系的目的相悖离，并不足以保证赋役的有效运行。因此，在绍兴土地经理之后，砧基簿在南宋逐渐流行，应该是官府通过丈量土地获取相对准确的赋税数字。

由于户帖对于地方官府仍有一定的敛财功能，而且较之整册的砧基簿，单独的户帖便于颁行给个人收执，能及时反映土地产权的变动，因而户帖并没有被砧基簿完全取代，仍在民间社会作为土地交易的凭证，但并不是必要文书。正因为如此，富溪程氏没有立刻向休宁和开化两县呈报土地交易情况。在咸淳元年（1265年）开化县“推排专局”颁发给付坟仆的自承由帖文中（全文详见后页），户帖和砧基簿也是并行的。

其二，户帖上的户名。这份南宋户帖上登记的户名是“程竹山知县户”，是以任官经历作为登记土地的拟制户名。但担任竹

① 李心传：《建炎以来系年要录》卷九五，绍兴五年十一月庚午，北京：中华书局，1985年，第1565页。

② 李心传：《建炎以来系年要录》卷一百，绍兴六年四月甲子，北京：中华书局，1985年，第1647页。

③ 徐松辑：《宋会要辑稿》食货一一之一八，北京：中华书局，1957年，第5001页。

山知县的是程汝砺之弟程汝迁，[1]并非汝砺父子。这显然是借用本家族的官职而自称为官户。南宋时，民间订立交易契约（“契书”“干照”）时，流行将官衔作为户名，《名公书判清明集》中就有相关记载：

> 黄知府以朝奉大夫知筠州，所立契书曰县丞，曰知县，曰通判，皆知府所历之任，曰县尉，曰主簿，曰将仕，皆知府所生之子，其实一户。参对干照，并有可考。今虽不存，其干人任庆乃言，本官见今义居，不曾分析。[2]

对于民间何以热衷使用此类官户之名，冯剑辉提出的解释是通过借用官绅身份，可以争取到官户在税收上的优惠，“两契钤印朱批的价钱都低于契内实际交易的价格，即是明证”。[3]对此现象，《清明集》还引用相关法律条文进行说明，“朝奉大夫系是正郎，为从六品，可占限田二十五顷，死后半之，计十二顷半”。可见，以官户名义的主要目的是占限田之需要，为在异地购置田产提供合法之标识。

三、宋元寄庄户的保障机制

《合编》是诉讼案卷的汇编，程氏家族会有选择地收录对己方有利的文书，但从中也可以看到南宋至元代开立寄庄户之后的保障机制，主要包括相关文书证据和人员。

富溪程氏除了保留契约文书原件，还列有产业清单，题为“摘抄中书公官印支书，内载高岭坟产事目”，后有小字注明是

---

① 《新安富溪程氏本宗谱》卷四《富溪炳公本宗图二并小传》，顺治八年（1651年）刻本，上海图书馆藏。

② 中国社会科学院历史研究所宋辽金元史研究室点校：《名公书判清明集》卷三《赋役门·限田·归并黄知府三位子户》，北京：中华书局，1987年，第84—85页。

③ 冯剑辉：《宋代户帖的个案研究》，《安徽史学》，2018年，第3期。

“宋景定五年（1264年）甲子六月三日请官钤印”。清单所录高岭产业共分三项。第一条专门提及“其坟四去官步有木植，子子孙孙不得盗砍及侵犯盗葬，如违准不孝论”；末尾还再次强调“以上三号并两位众存荫墓及与守坟人住歇锄作，子子孙孙不许盗卖，如违准不孝论”。这些内容是在寄庄户成立数十年之后再次确认产权，具有家族规约色彩。这份私家文件被认为是中书房重要祖先、中书舍人程𬗗请官盖印的。为何在此时形成这样的文书？可能与当年贾似道请求将推排法行之诸路有关。

《高岭录》收有一份咸淳元年开化县“推排专局”颁发的自承由帖文：

> 开化县推排专局地字一百六十七号。
>
> 照对本县准使府帖，备恭奉朝省指挥，举行推排，务令着实，如有隐漏、诡挟、飞寄，定照常平条令施行。本县除已行下诸都团结保甲，今据各都申到外，合出给自承由子，付官民户。仰便照已发式样，立土峰牌由，伺候都保审实，如式书填草由，付人户收执，凭此各置砧基两本，将户内但干产业开具，并行自佃税色于内，不能画冥，听从都保从大小保甲里辖保明付之。总督着实点对，保照缴纳于县，印押一本，留县一本，参对草由，换给真由，并付业主永远收执。如外州县客产业主，不在本县，即仰佃、干执催，一体施行。却与宽限办集空无产之人，即称无产见住，何人地屋，或佃何人，田土亦仰从实供具。限五日先次缴申元由，亦须都保保明。从总督类申，不得违滞者。
>
> 右给自承由子，付第九都五保　户，准此
>
> 指挥严恪奉行，毋致自贻罪戾
>
> 咸淳元年十二月　日给　知县操　县丞洪

"推排"即是调查核实民户的户口、物力状况，然后据此征派赋役。[①]北宋时，就已经确定了每三年定期推排以平均赋役。欧阳澈言："推排本法，每三岁会人户于州，俾共指正之，曰今某家富，某家贫，计其升降而增损之。"[②]到了南宋后期，陈耆卿则指出，推排已长期未按时举行，"三岁一推排，此常式也。今或至十年而不讲，是使民之患苦无时歇也"。[③]

贾似道当政时的推排被认为是"简易的经界法，依据原有的图籍，核对土地的面积"。[④]元人对此评论道："亡宋嘉定以经界为名，咸淳以推排为目。近岁郡邑之贤守令亦尝以经理归并为事者，虽所行之法不同，然皆莫不欲实田粮、均赋役，爱民之意则无不同也。"[⑤]而时任户部侍郎的季镛对比了经界和推排的差别：'盖经界之法，必多差官吏，必悉集都保，必遍走阡陌，必尽量步亩，必审定等色，必纽折计等，奸弊转生，久不迄事。乃若推排之法，不过以县统都，以都统保，选任才富公平者，订田亩税色，载之图册，使民有定产，产有定税，税有定籍而已。"[⑥]经界和推排都需要都保人役参与，前者需要履亩丈量，后者则自下而上核定田亩税粮即可。所以，开化县置有推排专局，统筹各都保甲，发放"自承由子"并"总督着实点对"。

咸淳元年监察御史赵顺孙言："推排者，委之乡都，则径捷而易行；自实者，责之于人户，则散漫而难集。"这是因为，乡都留有嘉定经界法以来的"副籍"，只需要"按成牍而更业主之姓名"，所以"稽其亩步，订其主佃，亦莫如乡部之便也"。[⑦]

---

① 刘浦江：《金代"通检推排"探微》，《中国史研究》，1995年，第4期。
② 欧阳澈：《欧阳修撰集》卷二《奏议中·上皇帝第二书》，《景印文渊阁四库全书》第1136册，第365页。
③ 陈耆卿：《筼窗集》卷四《奏请正簿书疏》，《景印文渊阁四库全书》第1178册，第37页。
④ 梁庚尧：《南宋的农村经济》，北京：新星出版社，2006年，第221页。
⑤ 吕浦：《竹溪稿》卷下《上宪司委林县丞书》，暨南大学图书馆编：《中国古籍珍本丛刊·暨南大学图书馆卷》第24册，北京：国家图书馆出版社，2018年，第195—196页。
⑥ 《宋史》卷一七三《食货上一》，中华书局，1977年，第4181—4182页。
⑦ 《宋史》卷一七三《食货上一》，中华书局，1977年，第4181页。

那么，民户自实的“自承由子”汇集到都保，便可核查完毕。同时，还规定“如外州县客产业主不在本县，即仰佃、干执催，一体施行”。这里的“佃、干”即佃人（佃仆）和干人，都被视为推排等事务的代理人。“程竹山知县户”便属于跨县寄庄户，依托这两类代理人应付相应事务。

在前文所引的契约、户帖中都出现了“干人”一词。干人在代理土地交易、赋税登记等事务中具有重要作用，在北宋即已出现。如“今每保欲共募承干七人，人每月给雇钱千五百，隶保正，承受文字，催税租、常平等钱”，[①]这里的“承干”就是保甲雇佣的代理人，负有催征地方钱粮之责。而在元代文献记载中，干人的角色更为显著：

> 至元三十一年御史台咨，奉中书省劄付，准江西行省咨该，先为各处官司差税户充仓库官攒典库子人等，放富差贫。本省与行台监察等一同完议得，南方税家子孙相承，率皆不晓事务，唯以酒色是娱，家事一委干人。归附之后，捉充仓库官，并不谙练钱谷，又不通晓书算，失陷官钱，追陪之后，破家荡产，亏官损民，深为未便。[②]

可见，干人在南宋境内（“南方”）十分普遍，往往作为富家子弟的税务代理人。入元之后，干人一职被取消，而这些富家被充作仓库官，却因长期不谙钱粮事务，倾家荡产，亏损朝廷财政。

坟仆的人身依附关系远远强于干人。招募守护坟茔并定居附近的仆人，是宋元时代徽州家族常见的做法。叶显恩通过实地考

---

① 李焘：《续资治通鉴长编》卷三一一，元丰四年正月丁酉，第2909页。

② 陈高华等点校：《元典章》卷九《吏部三·选差仓库人员》，天津：天津古籍出版社，2011年，第324—325页。

察指出，宋代即已出现坟仆的现象，“这种居住坟边，以护坟、佃种为业的守坟仆，一直残存到解放前”。[①]富溪程氏的几处坟茔均置有坟仆：《高岭录》的嘉定十三年程学正买郑悔地屋契专门注明此次交易包括了火人屋地；《严田录》中列有各号土地清单，其中二处“夏田”是赡茔田，“以其租谷供守坟人，子子孙孙不许交苗盗卖”；而在坟墓右侧“造瓦屋三间，四围落头，装折门窗户扇动用，并是祖父手起造，移李九父子住歇。已具前项田苗供给守坟人，仰子孙遵守，不得擅卖守坟屋宇”。坟仆不仅守坟，在景定五年的官印清单中记载了他们代纳赋税的任务：“宝庆元年立房州竹山程知县户，收税十亩输官，每年系守坟人力刘四二收苗利，自行输纳。”

为了响应开化县的“推排”，坟仆刘四二等人在咸淳二年（1266年）提交了《坟仆供报屋产状》：

> 徽州路休宁县前知房州竹山程知县宅守坟家人刘四二，今具本官知县户元买山地桑地坟墓住屋等土于后：
>
> 开化县崇化乡九都五保
>
> 一、元买郑悔等七十八号二等山桑地一片，计二角一十一步，在土名高岭里。空桑地系刘四二锄做采摘。东郑邦才山，西徐子祥地，南余官人地水流归内，北自火佃人住地。
>
> 一、元买郑悔等七十六号二等桑地一片，计一亩三角一十步，在土名高岭里。空桑地系刘四二锄做采摘。东郑邦才地，西徐子祥地，南自地，北自地。
>
> 一、元买郑悔等七十五号住地一片，计二角五十三步，系刘四二住歇。东郑邦才地，西徐子祥，南自地，

① 叶显恩：《明清徽州农村社会与佃仆制》，合肥：安徽人民出版社，1983年，第297—298页。

北自地。

一、元买余监税茆山一段，土名高岭里邵大坞北头山二坞，见系刘四二看守，立养木植阴坟空山，元收税十亩。东至大降，西至本宅山脚，南至黄土穴横过郑悔出卖地为界，南至徐百三祖后陇水归内者，北上至陇分水及至郑公佐山下及郑悔出卖地。

一、本官程知县兄十五宣议安葬前项山地内。

咸淳二年正月　日，具供人刘四二状。

刘姓坟仆的主要生计是依靠程氏提供的土地，在坟墓周边定居和种桑。而他们自我定义的身份是“守坟家人”。成为坟仆的必要前提是承认主家开立的寄庄户，并报官登记相应的土地产业情况。

但是，与诸多族谱和口头传说一般，坟仆的招募与投身文书并未出现于《合编》之中。现存有关于佃仆的契约文书大多集中在明清时期，“但称始自宋元，资料似嫌不足”。[①]已发现的卖身契证明了元代出现了严格意义的“宁国世仆”。[②]而《高岭录》和《严田录》收有三份元朝佃仆契约的抄件，补充了早期佃仆文书的类型和内容。元朝皇庆二年（1313年），高岭刘氏坟仆失火烧屋，从主家程氏领钞复造。当时是程骧（中书公）和程雄飞（制置公）“给钞而重建之”。该文书明确记录了佃仆“住主屋”的特征，进一步强化了富溪程氏对开化刘氏坟仆控制的证据。严田东充则因为李九孙（七五）损坏财产而更换坟仆为吴百、吴三太二人，订立了大德元年（1297年）“交替看守文书”。另外，程氏还在严田招募了新的坟仆，即至顺四年（1333年）“元郡马定公批与张染匠长养耕作票”，定公乃骙曾孙、中

① 经君健：《清代社会的贱民等级》，北京：中国人民大学出版社，2009年，第191页。

② 李甜：《雍正开豁世仆令与清代地方社会——以“宁国世仆”为中心》，《清史研究》，2011年，第4期。

书舍人骧公侄曾孙。这三份虽不是初始文书，却能够表明徽州世代相传的坟仆早在南宋即已出现，并在元代得以延续。

总体而言，从南宋中叶到元代，富溪程氏围绕文书和代理人建立了对寄庄户的保障机制。他们保存的文书证据是较为完整的。尤其在咸淳推排中，高岭寄庄户得到了官府的再次确认。程氏在村落周遭以“干人”代理事务；而对于跨境的寄庄产业，更直接的代理人是坟仆。宋元时期，富溪程氏对坟仆的控制较为稳定，双方地位明确。

四、明初赋役制度下的寄庄户变动

富溪程氏以文书和代理人形成的寄庄户保障机制在明初都受到了影响。一方面，新朝确立了新的赋役制度，有“田不出都”的相关规定。[①]先前界定寄庄的范围从一般所认为的县、乡下降到了都，从而制造了大量的新寄庄户。另一方面，户籍、产业的登记也具有新的文书形式和要求，给投机者提供了制度上的空隙。例如，《高岭录》中完全没有洪武四年（1371年）户帖的情况，反复提及的只有洪武初年的“丈量水旗”。重地籍轻户籍的文书情况，本是寄庄户特色。但一些重要文书的缺失，也反映了新的赋役制度对旧有寄庄户存亡之影响。在新制度和坟仆侵夺的共同作用下，富溪程氏的跨境产业一度处于濒临失控的边缘。

（一）高岭的寄庄户名之变动

明代黄册制度的前身是户帖。户帖本属于下行文书“帖”的一种，有“户给之帖”之意，是官府颁给人民的赋役户籍凭证。宋元时代户帖的功能，类似于明清时代的推税票，都是明确买卖双方的田赋额度；又由于是官府颁给，亦具有土地产权证明书之性质。明代，朝廷在原先户帖登记的基础上，创造出人丁、事

① 栾成显对明初“田不过都”的制度有较为全面的梳理，参见《明代土地买卖推收过割制度之演变》，《中国经济史研究》，1997年，第4期。

产、登记合一的新式户帖文书。最显著的标志就是明代户帖以家庭为单位，详细登记了丁口的情况。相比而言，其产业登记的功能似乎有所弱化，并非每项田产都详细登记，只有全户的总数。这也是后人将其视为户籍文书的缘由。栾成显根据现存实物认为，户帖的一大标志是其“所载又有事产一大项，其下分田地、房屋、车船、孳畜等。对此，一般关于户帖的文献记载多未提及”。[①]毋庸置疑，正是这些事产项目，成为我们判断户帖与黄册承继关系的证据。但从更长时段的名称、源流来看，户帖在宋代就是一种产业登记文书。因此，明初户帖是介于宋代个别产业证明书与明代正式黄册制度的过渡形态，既为整顿明初社会经济秩序提供了一种简明的登记文本，又为今后系统登记人丁事产并编造册籍奠定了基础。

不过，富溪程氏在出示各类有力证据时，并未能拿出明初户帖。从洪武清丈登记户名的情况推测，在地坟仆的刘氏可能在明初户帖颁行之时得以登记在案，因此才趁机获得鱼鳞册（可能也包括黄册）户名的登录。

明初全国许多区域都进行了土地丈量活动，留下记载最多的是浙江地区。[②]开化县九都也有相应记录，即《高岭录》从当时的鱼鳞册中抄绘了相关产业的六幅图样和信息，题为“洪武丈量水旗”（参见图1）。这几处土名分别为“高岭”“刘家住基”的土地，均登记为刘姓的“粮户”名。名下还标注“佃人自”“佃自”等字样，表明立户人自我佃种。《严田录》也抄录了“明洪武二十四年踏磡清理田地山图”的文字信息，其中一处土地信息为：“容字七百卅六号，田伍分八厘三毛，土名东充。见业程帅干，东张山，西本家山，南金田，北山。佃张来之。”业主名称“程帅干”，在《高岭录》元代的领钞复造坟仆房屋的

---

① 栾成显：《明代黄册研究（增订本）》，北京：中国社会科学出版社，2007年，第25页。

② 栾成显：《洪武丈量考论》，中国社会科学院历史研究所明史研究室编：《明史研究论丛》第6辑，合肥：黄山书社，2004年，第352—377页。

文契中也出现了这一名号，即为程氏中书房祖先程骧。佃户之名为张姓，则是出自《严田录》所载至顺年间（1330—1333年）新设的“长养”田园、山地的张染匠之家。

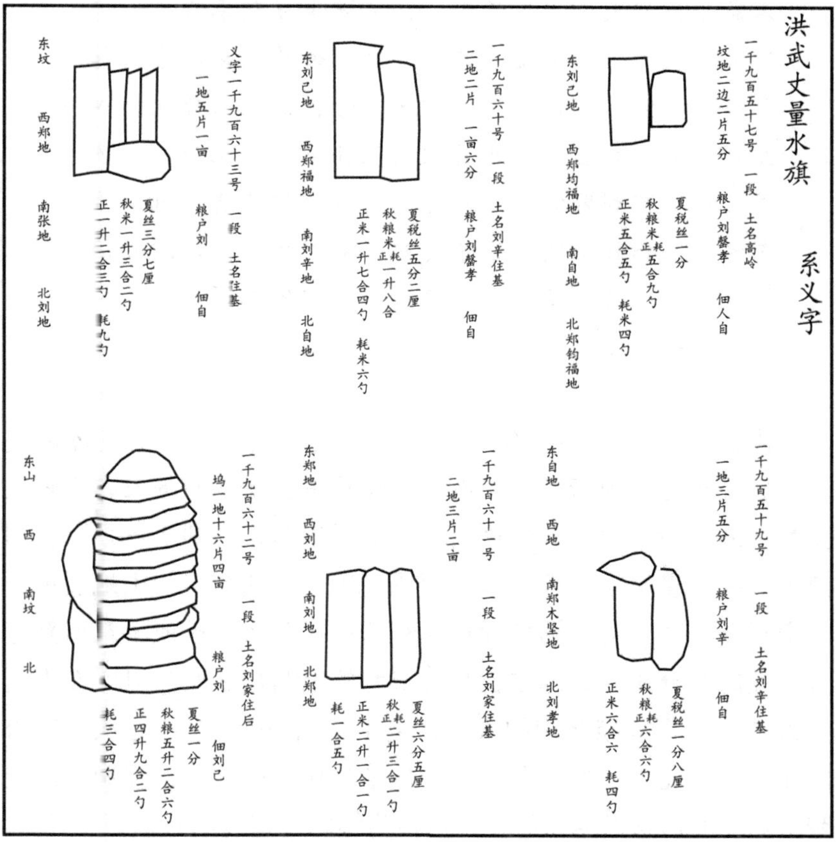

图1 《高岭录》收录的浙江开化县洪武鱼鳞册片段
注：据《高岭录》原图清绘。

对于祖墓业户被登记为刘姓，程超宗在《高岭录》“自序”中提出：“我太祖高皇帝扫清华夏，洪武十有四年，丈量令下，里正余德明欺我隔省，竟以仆刘辛、刘磬孝、刘己顶名编画。”超宗的曾伯祖程贵同、程子美出面“理而治之”。双方在洪武十九年（1386年）订立坟仆还受税文书，则展示了明初整顿土地户籍登记过程中所产生的新变化：

> 开化县九都五保刘辛、刘孝，上祖刘四二住到徽州休宁县二十都程贵问、程子美宅，开化县九都五保，土名高岭里邵大坞口坟庵屋地，看守十五朝奉程公坟茔。洪武十四年为上司丈量田土，里长余德明等不肯立作外县附产户计，将前件坟山住地三号，该粮六升九合八勺立作刘辛孝户当官。所见坟山地并系程宅祖业，刘辛孝家住歇，苗利解官，凡遇官府再行编排黄册，自合推还本宅，立作程贵同、程子美户，附产解官，不敢异词。其坟刘辛、刘孝子孙永远看守，不敢侵犯。今恐无凭，立此文书为用。

洪武十四年（1381年），正是明代正式推行黄册制度的起点，也是实行土地清丈的年份。开化县里长余德明等没有将程氏立为“外县附产户”，将坟山住地的税粮归入“刘辛孝户”，即前述洪武丈量水旗所载户名。阿风指出：明朝初年的土地登记，改变了众存墓产与墓祠型寺观原有的产权关系，造成了墓产登记与管理的细分化。其标志就是将宋元的拟制户名改为以实在人名作为户名，将宗族众产挂入某人名下。[①]高岭产业户名从“程竹山知县户”变为“刘辛孝户”，便是抓住制度规定的漏洞，以及跨省隔属的信息迟滞，将业户更换为实际经营者的姓名。

这份还受税文书的订立表明富溪程氏收回了跨县产业的税户，并将户名恢复为程姓。按规定，应在下轮黄册编造时（洪武二十四年）得以更名。但根据程氏自述，“永乐改元，立子政庄户，见耕册”。永乐元年（1403年）也是黄册造册之年，但这里所谓的“耕册”意义不明，似乎也可指代土地册（鱼鳞册）。

① 阿风：《明代宗族墓产拟制户名考》，中国社会科学院历史研究所、日本东方学会编、武汉大学三至九世纪研究所编：《第三届中日学者中国古代史论坛文集》，北京：中国社会科学出版社，2012年，第386—406页。

歙县方氏家族的公产也是在永乐年间更换户名的。洪武四年，方氏家族的真应庙产权登记在方兴户的名下。为了厘清公私税赋负担，方氏不再将该公产登记到具体人户名下。“永乐间，族之贤士大夫增置祀产，五十世孙广西佥事如森惧税赋之未善，因尽更真应庙名，改签鳞册”①，这就明确说明户名的更换是在鱼鳞册上进行的。

（二）寄庄利益和坟仆势力的增长

富溪程氏的寄庄户恢复之后，也形成了牟利的空间。永乐十二年（1414年）汪声远寄税文约已经证明此时确立了程氏户名为“程子政户”，而当地汪氏一度将产业寄于其下。

> 开化县九都汪声远等，昨用钱买到本都汪妳儿、郑康二等田土，共计卅二亩三分。为因无钱使用，于上年节次凭刘付平将前项田土转卖与邻郡休宁县二十都熟识人程齐贤边，得去时价了当。所有税粮，永乐十年于各户内交割入程子政户。今来本人为因要钱使用，兼不是便业，将原得田土退卖回还本家，本人当领去，原价尽足。所有税粮见在程子政户，其一应当差输纳税粮，本家照依田亩验收应当，不致推故累欺。永乐廿年过割之日，自行照依原推田地数目收入本户，即无存留本人户内。今恐人口无凭，故立文约为用。
>
> 永乐十二年八月　汪声远、汪进速约，见中刘付平

由于富溪程氏在开化县开立税户，可为相关土地依附寄税提供空间。汪声远等人购买的同都汪妳儿等人的开化县土地，是此前陆续卖给富溪程齐贤，并在寄庄户程子政户下交粮的。值

① 《歙淳方氏柳山真应庙会宗统谱》卷一八《柳亭山真应庙纪事》，乾隆十八年（1753年）刻本，上海图书馆藏。

得注意的是，这份文约在表述上存在矛盾之处。一方面，汪声远自称“昨用钱买到本都汪嫆儿、郑康二等田土”；另一方面又说“今来本人为因要钱使用，兼不是便业，将原得田土退卖回还本家”。因此，这里宣称土地不是“便业”的“本人”，应该是休宁富溪程氏。而卖回的“本家”应该是汪氏，即初卖人汪嫆儿等。这32亩3分的土地和相应税粮本在永乐十年（1412年）交割入程子政户，但此时并不是黄册编造之年，所以交易后，需要在程子政户内以寄税形式保留。而汪声远自称“永乐廿年过割之日，自行照依原推田地数目收入本户，即无存留本人户内”，这里的“本户”和“本人户”的含义显然不同。“本户”对应的是“本家”，应该是指汪家；而“本人户”和“本人”一致，既是指汪声远自己，也代表了富溪程氏。据此判断，汪声远应该是富溪程氏的代理人或者具有特殊关系，因此会在程子政户下开立户头，依附其中。如契约所言，汪、程两家本是“熟识”，因此会在程子政寄庄户下，土地作为双方“无钱应用”时的交易物反复流通，但税粮之责则颇为明确，按照黄册十年一轮周期约定纳税和寄税责任。

这份寄税文约还有刘氏佃仆作为中人的记载：“于上年节次凭刘付平将前项田土转卖与邻郡休宁县二十都熟识人程齐贤边。”在契约末尾，刘付平又以“见中”身份签署。此后的成化三年（1467年）《付守坟家人刘氏众等录竹木合同》中也出现了刘付威、刘付寿等姓名。从姓氏和行辈来判断，永乐十二年契约中即有开化当地的刘姓佃仆作为田产交易的中人。

同样是在签订还税约的洪武十九年（1386年），程、刘双方还订立了《坟仆刘氏众等贺节迟甘还文约》。这份文约的背景，据程超宗自述，“刘仆子孙寖盛，贺礼渐违，二公复欲理治之，辛孝自咎，遵旧章丐免”，说明刘姓坟仆在经历了长期的定居发展后，人口已初具规模，在地方形成了一定的势力，不再满足于守坟供纳和代纳钱粮等事务。为了加强对坟仆的控制，当年富溪程氏前来扫墓时，与其约定“如遇雨雪，不过正月”，必须将贺礼送到主家，“再不敢疏违”。

虽然《坟仆倩钞立还地文书》和洪武二十七年（1394年）买刘辛地契说明当时程氏还利用经济上的优势，在开化县继续开拓产业规模，但双方的差距有所缩小，刘氏在开化县也有一定的产业基础，双方是在地位公平的基础上签订交易契约，购置土地。至于成化三年的《付守坟家人刘氏众等录竹木合同》，要求刘氏“不得越界践踏”，则表明此时刘氏利用地缘优势，得以较大的发展，双方需要明确产业界限。

相较之下，休宁县严田东充的各姓坟仆的发展势头不如开化高岭刘氏那么迅逗。张染匠后裔张来之等人竟在永乐九年（1411年）故绝，无人继承，遂转由邻人程伯祥看管。《严田录》收录了程氏亲眷、五城村吴音童的信札，透露了更换代理人的细节。程伯祥在张姓绝户之后，掌管了其相应的产业以及相关文书，但他向吴音童反映了难以名正言顺之情形：“原付张姓佃批，转付存照。彼思此乃前朝异姓之物，彼执不便，特托下戚送上，缴还宅上，另立佃批，付彼收执，庶使永远。”不过，诉讼案卷没有收录新的佃批。而数年后，程伯祥之孙程添分盗砍东充坟茔的荫木，引发双发纠纷，立下了“坟仆程伯祥孙添分盗砍荫木甘还文约”，强调程伯祥一家实为坟仆身份，而他们也承认“身知理亏，愿尝时价木价银四两五钱。可念本家自来与伊家看顾坟茔，莫要经官”。可见，新的坟仆虽有侵占之意，但实力不足，仍需依附在大族之下。

综观这一阶段，富溪程氏对寄庄土地产业的维护尚有一定的能力，并较为曲折地重新设立了开化县的寄庄户头。作为寄庄户，程氏收执的文书主要是鱼鳞册片段和各类契约，户帖、黄册等登记户籍赋役信息的文本证据却是缺失的；作为在地代理人的坟仆，已初具家族势力，成为威胁寄庄户利益的潜在因素。

五、明中后期的田粮整理与寄庄户纠纷

《高岭录》《高岭续录》和《严田录》记载的主要诉讼事件都发生在16世纪上半叶（参见表1），皆因坟仆纠纷所引起。《高岭录》直接牵涉到寄庄户的废立，其余两个案件的许多细节也与之相似，所以本部分主要以正德元年的高岭坟茔纷争为中心，讨论明中后期赋役改革趋势下的寄庄户维持机制之变动。

（一）地方官府的田粮整理与户名变更

弘治十八年，浙江通省清理田粮积弊。刘氏企图趁机将高岭土地据为己有，遂谎称在清理之前曾冒充寄庄，现主动澄清，希望官府能够予以恢复。富溪程氏及时发现这一意图，发起跨县诉讼并在次年（正德元年）五月取得胜利。同年六月，他们又呈请誊抄县衙档案，防止“在官文卷，年深日远，腐破难存久后”，而将“来历文字并令给断文卷，告乞抄白，装潢印押”之后，就可以“庶使后来有所凭据”。该申请获得批准，富溪程氏获取案卷抄本一份，并得到开化县钤印。

这宗名为“守坟家人谋夺坟产等事文卷”之前，首先全文抄录了衢州府颁发给开化县的告示。明代中期，各地官府针对赋役不均的局面，开展了形式多样的改革措施。通过告示透露的公文行移情况，可知此次清理源于湖州府的呈报和建议。从15世纪中叶到16世纪初，湖州府旨在税亩粮额均一化的改革上走在了江南各府之前并持续了更长的时间。[①]由于“各处田地，有官有民，而岁办粮额，有轻有重。未有无田地之税粮，亦未有无得业之田地”等各种弊端，“非惟湖州一府为然，而杭州十府亦莫不然”，遂确立了由府佐杂与州县官亲自查验的处理方法，以改正既有册籍中的不实之处，“将概州县都图黄册通追到官，严加

① 森正夫著，伍跃、张学锋译：《明代江南土地制度研究》，南京：江苏人民出版社，2014年，第280—281页。

清理”，甚至需要“沿圻履亩”，在里书协助下亲自勘定。而全省清理工作的时限十分紧迫，在告示发出之后的一个月内必须完成。实际上，土地钱粮的清理十分烦琐，如此之短的时间内，几乎无法达到理想效果。清理完成后，造册送官，主要内容包括：“每府县原额官民田地税粮共若干；某乡共几图、官民田地税粮共若干；图共几户、旧管新收、官民田地税粮共若干；开除、开垦官民田地税粮共若干；实在官民田地共税粮若干；今清理出田地税粮共若干。俱要田段四至、坐落、字号明白，务使都图户总撒相合。”再由官府颁发统一印制“花栏由帖一纸”，“永为执照，候造册年分，通行改正”。

徽州文书中也有弘治年间（1488—1505年）清理土地的线索。如弘治九年（1496年）休宁县“抄录鱼鳞归户号簿”就是以洪武鱼鳞册为蓝本抄录，添加的注文表示洪武后期至弘治年间的土地户主等信息之变化。[①]在针对高岭土地的纠纷中，富溪程氏保存下来的开化“洪武丈量水旗”也发挥了较大作用。刘氏的呈请恰好是在“里老姚崇文”尚未进入当地查勘之时乘机发出的。这一点被程氏所发觉并在诉讼中及时提出：“彼因里老未蒙前来会勘，是庆成等乘机冒作本家画图，致被起敬知觉，将前项实情具告本县，行提今到在官弟姪刘□等。各人到官审问，间是本身要得掩饰前情，又不合隐下前项真情，捏称忽被外省豪恶程起敬兄弟倚恃豪富，将看坟为由，带领仆伴人众，乘机本都投献本省惯讼富豪，广布人情，用钱买嘱里书，将本户原有税银诡入庄户，心起贪谋，将契书文约假做，无凭查考等项虚词具诉。”随后，知县委派里老等人与原、被告一同实地勘察，依据洪武鱼鳞册所载的字号、土地信息进行了复丈：照依洪武丈量水旗，系义字一千九百五十七、五分，一千九百五十九、五分，一千九百六十、一亩六分，一千九百六十一、二亩，

① 栾成显：《弘治九年抄录鱼鳞归户号簿考》，明史研究编辑部编：《明史研究》第1辑，合肥：黄山书社，1991年，第74页。

一千九百六十二、一亩，一千九百六十三、一亩，共地六亩六分，逐一丈量，立四至。由此确认是程起敬的产权归属，并绘制了详细的图形（参见图2）。

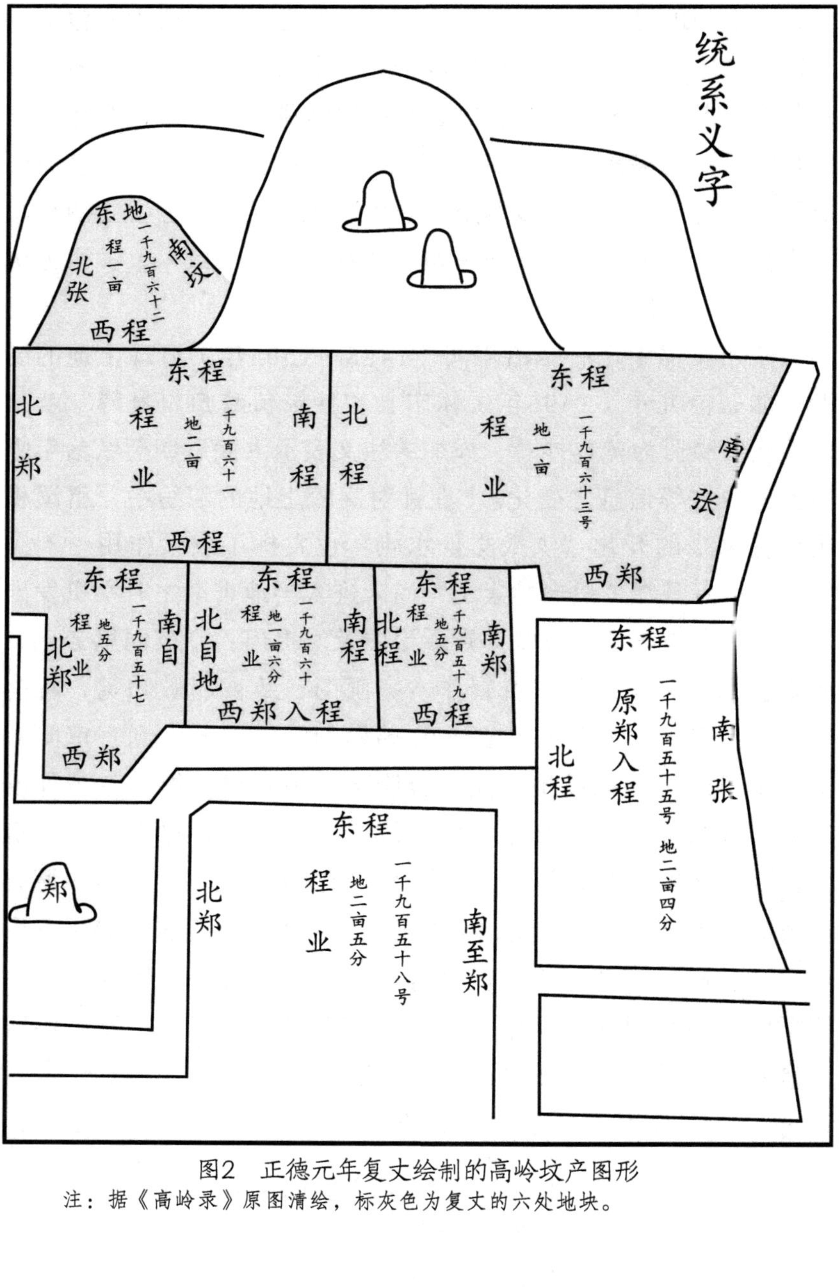

图2 正德元年复丈绘制的高岭坟产图形

注：据《高岭录》原图清绘，标灰色为复丈的六处地块。

依据既有册籍信息实地查勘、复丈有纠纷的土地是官府常见的核查方式。弘治十三年（1500年），徽州府在处理侵占地界案件发出的信牌同样如此处理："委耆老张侃、老人张琰、里长许仲林亲临争所，揭查经理保簿字号亩步及李思俊原买契内四至亩步阔狭，逐一勘踏明白，钉拨管业。"[①]这类复丈只是局部的确权行为，但可能较之既有册籍登载内容更为精确。

将图1和图2比较来看，同样的6处地块，呈现的形状差异很大，表现的技术手法迥异。正德复丈的新图不同于洪武鱼鳞册的分块地图，而是将整个坟茔形势和地块都详细标明，更能直接反映产权的归属。各地块的边界也有很大不同，剔除了刘姓产权的信息，更换为郑姓、张姓等。大多数地块的面积不变，都沿袭了洪武时的数据。只有义字1962号从洪武时的4亩改为新丈的1亩。该地块实为坡度较高的山地，洪武时分为16块，应该有梯级区分，而正德复丈时则很有可能进行了折算，所以面积有了很大缩水。

在确凿证据面前，刘氏只能承认失败。他们在四月二十日的供状中承认，此前污蔑程氏"心起贪谋，将契书文约假做，无凭查考等项"都是自我捏造的"虚词"。知县宣判的同时，双方订立了"守坟家人刘容复赁屋地约"，再次确认了刘姓长期作为坟仆的身份，并载称："今为去年浙江重新清理里〔甲〕，容等不合，将主屋地僭冒本家各户名目，画号填图在籍。主宅知觉，赴县告理，行提容等到官，审出实情，供结明白，覆令出屋，容等自愿托凭本都郑德泰、余广等，恳求再行复立文书，照旧赁住。"同时还恢复迎接主家祭扫、按亩交纳地租之秩序："其地洪武年间水旗四至无讹，前项住地庄户税粮，主宅自行输纳。"

---

① 《弘治十三年五月徽州府为诉讼事付祁门县信牌》，王钰欣、周绍泉主编：《徽州千年契约文书（宋·元·明编）》第1卷，石家庄：花山文艺出版社，1991年，第288页。

《高岭续录》的纠纷发生在正德七年。此后富溪程氏又在嘉靖五年（1526年）续买刘容、刘责宁等人的山一段。隆庆四年，开化县实行土地清丈，程氏及时向官府请求颁发执照，将高岭新旧坟产一并绘图，其目的就是“既往之迹昭然，将来之患莫测，今蒙丈量，一番更新。缘此敢将坟山地段原委至止绘图，乞赐批照印钤，恩及九泉，感哉何极”。这也是延续了正德元年大幅整体地图的做法。最后还有一份天启四年清理底册（实征册）的抄录，保存了较为完整的地籍钱粮信息。

休宁境内的严田东充坟墓纠纷则发生在嘉靖十四年至十七年间。《严田录》也记录了官府对告争田山的处理方式，同样是依据洪武鱼鳞册实地踏勘：“未经行勘，随蒙帖委歙县刘县丞押带原被告犯前到告争山所，拘集两图排年吴玄贵、吴寄中等，并山邻朱希先等，眼同原、被踏勘揭查洪武保簿，取据两图排年、山邻，执一归结，随将勘遇缘由画图回呈翟同知处。”最终判决也是“程添益田字号，照洪武年间官印保簿，各自管业。各照前项字号，洪武官印保簿，各自管业”。可见，在明中后期洪武鱼鳞册一直发挥着重要的确权作用。

《严田录》除了抄录鱼鳞册相应地块之外，也记载了该族对这些地块另外绘制了类似《高岭录》的大幅整体山图，分别是“明洪武二十四年踏磡清理田地山图（另有大幅）”和“万历清文清理田地山图（另临大幅）”。这些山图都对应着徽州在明朝洪武和万历年间经历的丈量活动。富溪程氏及时地吸收了万历清丈的数据。《严田录》还记述此时更改了土地字号，“严田东充‘容’字改作‘量’字”，正是将都保字号改为都图字号①；以及丈量人役的姓名，“十图见年里长金珊，都正黄榜，公正程日新，书手孙英，画手朱礼，量手金社贵，算手汪林”。这些都说明程氏一族对新丈鱼鳞册信息的重视。

① 黄忠鑫：《明清徽州土地字号的分配与使用实态》，《中国经济史研究》，2020年，第1期。

至于中书房各祖先的墓茔，《高岭录》在卷首摘录了清丈期间的万历十二年三月程偁等18人为首的家族应对合同：

> 立合同人，程偁、程俸、程星、程浚、程源等，为致本预防、保全世墓事。本家自后唐始迁至今二十余世，六百余年，祖墓之在浙江开化县者一处，在本府之歙县者一处，在本县二十三都者两处，在二十九都者一处，在本都者十有一处。今奉清丈，已将开化山地以裔孙程启洁为户，二十九都田地山以裔孙程汤为户，合收并在本乡山地祀田，俱立钟灵祠户及程筠四户佥收，历世相传，幸尔无恙。吾人之有今日者，恃此而已。然视虽四户，契则分收。观支裔之日繁，况流俗之岁异，窃恐人贫奸出，事久弊生。脱一抔之或失，虽万死而奚禅。思患不防，焦烂徒悔。惟律法严弃尸、卖地之条，且祖宗有毋许变卖之墨。佥议申立合同，共图保守。如有不逞故违，献卖他人者，众当同心协力，执此鸣公，复而后已。犯人削名谱牒，不通庆弔，地归族众，价入公府。呜呼！人皆有祖，祖皆有坟，祖宗所望于子孙，此祠墓而已。稍有人心，当知所重，继自今始，务当岁时展省，互相防察，战兢永保，勿致荒怠。用慰祖魄于地下，则子孙亦有无穷之福。为此严立合同，开列数目一样一十八本，永为子孙执守者。

抄录者对此合同评论道：当时“中书支丁繁境盛，济济锵锵，洵族中之昌大之时也”，家族势力不断壮大。所以在清丈之后的万历十六年，程文潞在告状文书中声称“民间致讼，祠墓分居，安葬窎远，尤当保护。本家坟墓，载在合同，钦蒙清丈，幸保无虞”，为了“奸悖不萌睥睨，枯骸得沾恩泽”，又请求官府颁给执照。由此获得批词：“世守者孝子，盗卖者恶人，敢有不肖，许执此告究。”

这份合同还显示，万历清丈时，寄庄户名都有所调整。开化县高岭寄庄户从永乐元年的程子政户改为程启洁户；严田东充的寄庄户从洪武二十四年使用祖先之名程帅干，改为程汤户。由此可见，寄庄户虽为代表公产的拟制户名，其名称也会随时调整。同县的二十一都一图太塘程氏家族也记载了在歙县和其他图的寄庄户更换户名之情况：洪武二十四年，“我族为莲堂立三图程芝户，为葛坑立歙（县）二十五都程彦瑜庄户”；永乐元年，“我族为莲堂立三图程延寿户”；永乐十年，“我族为莲堂立三图程琏户”；到了永乐二十年（1422年），“我族为祖墓设立二图程福缘户，歙二十五都程士清庄户，为莲堂立一图程匱户’，莲堂的户籍转为程氏家族所在的一图；天顺六年（1462年），“我族为莲堂立汪梅户”；成化八年（1472年），“我族割莲堂产税入二图程福缘庄户”，莲堂的赋税并入二图祖墓寄庄户[①]，此后没有关于寄庄户的记载。这些变动都是发生在黄册大造之年，莲堂户名变动四次，歙县二十五都的寄庄户变更户名两次。由此来看，寄庄户的户名会在黄册变动和土地清丈时候有所改动，主要原因是控制寄庄产业的房派和具体个人的承替。程启洁之名，曾在正德初年诉讼案卷中以实在人名出现，在将近一百年之后成为高岭寄庄户名，这便是后人以先祖之名登记入册。

（二）坟仆家族与寄庄诉讼

原先在宋元时代作为代理人的坟仆，在明代则成为威胁寄庄产业的主要因素。寄庄诉讼成为外地的休宁富溪程氏与在地的坟仆家族的经济实力和社会网络的对抗。高岭坟仆刘氏已在明中叶时具有一定的经济基础，在官府登记有正式的户籍和税粮，故而企图将寄庄坟山混入其中，并宣称程氏税粮规模不如自己。因此，他们能够在正德元年和七年两次掀起跨省纠纷。在衢州府发

① 程一枝：《程典》卷二一《籍役志》，万历年间刻本，安徽省图书馆藏。

布清理田粮公告后，刘氏便认为这是侵夺坟产的契机，向官府提出如下理由：

> 永乐元年造册，程子政故祖立一庄户，只有米一升三合，彼有本家太祖刘辛等，已故，将地税六亩六分，该米七升，诡入程子政故祖寄庄户内，递年该纳秋粮二税，俱本户自行办纳，递年粮里可勘。今蒙上司清理田粮，为此冒罪具状，望明首告乞赐，容令照例自行插号，伺在下次造册，收并入户，应纳粮差，实为民便。
>
> 因于永乐年间充当里长，田地毁卖，畏惧当差，止有前项苗米，诡入邻界休宁县廿都六图程子政寄庄户内，粮税系本家办纳，递年粮里周知。近奉上司清理田粮，诚恐查出前弊，本家将情具首本县。蒙批，里老姚崇文等踏勘，看令重画明白。忽被外省豪恶程起敬兄弟倚恃豪富，将看守坟为由，带领伴仆人众，乘机来都投献本省。惯讼富豪，广布人情，用钱买嘱里书，将本户原有税粮，诡入庄户。心起贪谋，将宋朝年间假作契书文约，无凭查考，架布虚情，控告本家故祖系伊守坟奴仆，一概讹占前项地段。本家自祖到今，并无守坟奴仆事情。思得恶豪既称洪武年间买得前业，况祖上系伊守坟奴仆，彼时何不将故祖作伊寄庄为户，却乃听令以作本县九都二图民户立籍，情弊可勘。切思承祖插号丈量地段、房屋并续置桑地，与伊即无相干。

明代刘氏家族在开化独立置有田产，并在人丁事产的原则下，被编为里长户。这两点，无论是官府还是富溪程氏，都没有否认，程氏甚至在讼状中将其称作“强仆”。这说明刘氏拥有纳粮当差的里甲户籍，在赋役身份上是与程氏平起平坐的。

同时，刘氏也承认富溪程氏在开化县设置了程子政的寄庄户。但他们借着在地税粮远远多于程氏寄庄户的条件，要求将高岭田产“照例自行插号，伺在下次造册收并入户”。理由便是：刘辛等人先前“将地税六亩，该米七升，诡入程子政户故祖寄庄户内，递年该纳秋粮二税，俱本户自行办纳，递年粮里可勘”，通过诡寄的方式，将高岭田地寄入程氏户名之下，但仍有独立完粮纳税。其原因是“永乐年间充当里长，田地毁卖，畏惧当差”，希望把田产挂靠其他户名之下，降低户等，避免再度担任里长之役；而寄庄户差役较轻，遂成为寄税的漏洞。他们还一口咬定，只将六处田产挂入程氏寄庄户内，“止有前项苗米，诡入邻界休宁县廿都六图程子政寄庄户内”。如此一来，刘氏重新建构了这几块土地的来源，其坟仆的身份也便变得模糊不清。

正因为刘氏是里甲编户，开化知县、衢州知府、浙东分巡道等官员在公文中都没有直接采取富溪程氏的“坟仆”之说，而将其称为“九都二图刘庆”，或径呼其名。直到最终判决并颁给执照等证明文书时，才有“守坟人”之称谓。而里老姚崇文、张善伟等经过调查后向知县禀告，明确揭示刘氏的目的是“近因旧年奉例清理田粮，有刘广成等要脱守坟名目，预词首告”，才使得官员们对于刘氏身份的描述有所偏倚。但无论如何，较之污名化的“坟仆”，“守坟人”仍是较为中性的、更接近代理人的性质的称呼。因此，富溪程氏所声称的“坟仆”，仅是利用人身依附关系贬低对方身份，制造社会舆论，主观性较强。

而严田东充的坟仆程添益自称“系廿九都十图军籍”，绝非普通的奴仆。坟仆家族在第一次高岭案诉讼时，没有联络地方差役人员，一年之内便遭败诉。而此后他们或串通开化县“刁豪”粮长汪余四砍伐坟木、强拆高岭墓祠并盗葬新坟多处；或在严田东充案的诉讼过程中向坊长郃永隆行贿、让老人方仲明等人翻案，改换供词，导致该案拖延三四年之久。

作为获胜方的富溪程氏，从一开始就利用地方社会网络维护自身权益。同时，多次往来他县也需要足够的财力支持。《高岭录》卷末还有一份题为《送休邑程氏诸君讼明还乡序》，为开化当地姚洁祥撰写，由十名霞山汪姓“友人”馈赠，还宣称他们与富溪程氏“有通家之谊”。考虑到前述案卷中的里老为姚姓，汪姓则自宋代以来就是程氏“干人”并有明代寄税记录，可以想见，富溪程氏的社会交际网络已经越出徽州境外，达到开化县北乡。这却也是刘姓在诉讼过程中所提及的程氏“广布人情，用钱买嘱里书”之现象。可见，开化北乡的姚、汪等姓很有可能在此案中大力协助程姓，从而赢得这场官司。

六、结语

寄庄、诡名等虽然为官府清理赋税制造了一定的麻烦，但却是民间日常土地交易、产业管理中的正常现象。在本案例中，富溪程氏为徽州大族，维持寄庄产业历经颇多曲折纠纷，甚至一度失而复得，并非官方文献中的寄庄户左右逢源、轻易控产之印象。

富溪程氏宗族保存了较为完整的宋至明清之诉讼书证，为我们观察家族势力维护寄庄户及相关土地产业的主要措施提供了一个详尽的案例。他们竭力维持寄庄户，既有保持祖墓风水和产权、维护宗族组织之目的，更有谋求许多额外经济利益之目的。尽管在具有宗族色彩的《合编》中没有太多直接的记录，但文约、诉讼中的寄税说辞也透露出蛛丝马迹，显示了纳税户籍在地方社会的重要性。事实证明，徽州民间社会对寄庄户的维持机制主要依据契约、赋税文书、诉讼卷底等构成的凭证体系，以主仆名分界定的社会关系进行维系。

程氏寄庄户的地权证明文本相对完备，既有南宋的“远年契据”，也有咸淳推排、洪武清丈、万历清丈等多次田粮整理的信息留存，还有多次向官府请求颁给执照证明、抄录诉讼案卷并汇编成册等。这些都说明富溪程氏宗族对书证之重视。值得注意的是，富溪程氏家族所持的书证有所偏重。他们主要掌握的是鱼鳞册和实征册的相关信息，而对于寄庄户所在地黄册的获取似乎显得薄弱。在对坟仆刘氏家族的记述来看，他们充任里长，极有可能在明初户帖以及黄册税粮登记上具有更大的优势。但是，寄庄户的本质便是土地占有，其在确权中高度依赖鱼鳞册，而鱼鳞册往往掌握在册书、耆老等人之手，未必是里长独自掌控的。所以刘氏在文书链条上是不完备的，缺失了关键的证据，虽能一度利用制度空隙（虚拟户名与田粮清理）侵夺产业，却屡次失利。

和大多数徽州家族一样，富溪程氏利用主仆关系来确立寄庄产业的代理人。但随着坟仆（佃仆）势力的壮大，成为产业侵夺的主要威胁因素。为了有效保持跨境的土地权利，程氏即便是在诉讼胜利之后也没有轻易地更换佃仆，而始终以贱民身份来对其进行限制，保持足够的书证应对诉讼挑战。在土地占有基础之上确立的身份支配关系，也是他们看重并维持的代理人机制。尽管寄庄产业未必都设置了佃仆，但代理人机制应该是普遍存在的。

清代图甲户籍运作机制的分异与趋同*

——以徽州文书《祁门修改城垣簿》为中心

黄忠鑫

（暨南大学历史地理研究中心）

摘要： 清代乾隆年间的《祁门修改城垣簿》不仅是修城的账本记录，也是全县图甲信息的汇总，具有户籍名册的性质。重修城垣的捐输数额能体现出一次临时性赋税摊派的实际状态，可以见窥见图甲组织的运作机制。由士绅、宗族控制的图甲组织，已经形成了稳定的包揽运作机制，往往存在一定的税收欠额，子户的具体情形也呈现得颇为模糊。官府为了直接掌握赋税土地额度，尝试对图甲格局进行了调整，暂时起到了较好的效果，但始终无法避免中间包揽的趋势。

关键词： 清代；徽州；图甲；赋税；户籍

清代乡村的赋税征派组织存在较大地域差异。在图甲占据主导地位的区域，官府和民间都十分重视户名的记录，出现了诸多汇集图甲户名的文献。具有官方色彩之地方志中的“里甲表”“图甲表”，主要记录了一县的总户名和赋税额度；还有相当数量的民间文献存世，包括族谱的局部记录，以及涵盖全县的图甲册、花户册等民间抄本。既有成果讨论了此类文献产生的历史背景和功用。如广东南海、顺德等县方志“图甲表”在赋税改

---

* 原文载于黄忠鑫：《清代图甲户籍运作机制的分异与趋同》，《中华文史论丛》，2020年，第2期。

革中有重要作用，用于确定图甲税粮额、去除不正当负担；[①]而江西万载、萍乡等地发现的一批图甲户名册籍则是当地激烈的土客矛盾的产物。[②]更多学者将方志与族谱进行对照，论述各个区域户籍赋税登记情况以及地方社会变动等问题。[③]

较为完整的图甲名录还具备了数值统计的条件，呈现出地方赋税格局的丰富形态。本文讨论的徽州文书《祁门修改城垣簿》（以下简称《城垣簿》）是一部关于修筑城墙的公文汇录和收支账本，[④]主要记载图甲组织的钱款捐输情况，从而登载了整个祁门县图甲户名，能够弥补方志对户名、捐输数额等内容的缺载。结合该县各类民间文书，有助于我们深入理解清代图甲赋税结构与运行机制。

一、官绅合作与博弈：《城垣簿》的产生背景

根据《城垣簿·修改城垣始末》记载，祁门县在宋代筑有土城，“周五里二百四十七步”。明初城墙倾圮，仅存四个城门。嘉靖四十四年（1565年），刚上任的知县桂天祥医为“浙矿贼扰婺源”，形势将危及邻县祁门，虽“不欲役民”，但必须筑城防御。次年六月开工，仅耗时五个月便竣工。新筑城墙“循石山岭，跨龙冈，绕朴墅，并溪而上，至荷嘉坞与石山会，逶迤千六十丈（一说千八十丈）”，并将城门增至九个。尽管工期

① 片山刚：《清末広東省珠江デルタの図甲表とそれをめぐる諸問題：税糧·戸籍·同族》，《史学杂志》第91编第4号，1982年；片山刚：《清末珠江三角洲地区图甲表与宗族组织的改组》，叶显恩主编：《清代区域社会经济研究》（上册），北京：中华书局，1992年，第498—509页。

② 郑锐达：《移民、户籍与宗族：清代至民国期间江西袁州府地区研究》，北京：生活·读书·新知三联书店，2009年，第85—102页；谢宏维：《和而不同：清代及民国时期江西万载县的移民、土著与国家》，北京：经济日报出版社，2009年，第102—104页。

③ 杨国安：《明清两湖地区基层组织与乡村社会研究》，武汉：武汉大学出版社，2004年，第87—97页；谢湜：《“以屯易民”：明清南岭卫所军屯的演变与社会建构》，《文史》2014年，第4辑；徐斌：《明清鄂东宗族与地方社会》，武汉：武汉大学出版社，2010年，第80—101页。

④ 《祁门修改城垣簿》，乾隆三十六年（1771）刻本一册，书号：线普485679，上海图书馆藏。

短，百姓负担较轻，但直至清初，仍有人认为将城墙筑在山上并不妥当，会导致“侯峰被压，龙脉有伤”。乾隆初年，知县张振义一度建议迁改，却未获上宪批准。

乾隆二十七年（1762年），皇帝巡视江南，见各县城垣倾颓，谕令修治。“安徽共计三十四城，祈（祁）在檄修之内”。时任祁门知县吴嘉善趁机将县城从侯峰山改至较为平坦的称锤山冈，并买胡家塘田拓展城基。《城垣簿》便是此次修城记录，主要包括以下几个部分：卷首为吴嘉善所作之序，以及“捐修县城碑记”与“修改城垣始末”，交代乾隆二十七年至三十二年间（1762—1767年）祁门县重修城墙的大致经过；此后依次为“董事姓名”“开工告神文”“酬谢城隍弄账散福祭文并焚开工原立誓章”，呈文、批文等相关文件；最后是《城垣簿》的主体，包括“图甲乐输银数”“杂项乐输银”以及“支账”，是为全部收支账目汇总。

迁改县治是一件大事，不仅需费庞大，且工程浩繁，牵涉到省道府各上级衙门、本县乡绅及普通民众。本着“自捐自修，不能济人，亦不能望人济”的原则，祁门县于乾隆二十八年（1763年）七月初一日“开局征输”，八月二十九日开工修筑。吴嘉善亲自签点城乡首人共计120名，“于中特举总理四人，则洪承庆、陈秉忠、汪宗泗、吴升香是也。仝具盟词致祭城隍，分班董事”。

正当筑城工作如火如荼地进行时，吴嘉善却在同年冬天被罢官了。原来，徽州知府王尚湄“禀称徽郡愿捐金十八万，扒济他邑城工，科派祈（祁）捐二万”，为了响应皇帝的御旨，竟然自告奋勇给其他地区捐款修城，并向府内六县摊派。吴嘉善齐集士民商议，认为“祈（祁）地瘠民贫，实难捐解，只可照旧捐修本邑城垣”，不能协助他县。于是直接向知府禀报，推掉了捐派。此举无疑是得罪了直属上司，在本年冬的“计典”考核中，王知府以“才力不及”对其进行弹劾，“士民愤欲上诉，嘉善力阻之，遂去”。[①]

继任知县周万宁接替修城重任并立即清查修城经费。据他称：“捡（检）查卑县城工卷案，计原估银二万五百两有零，而捐输簿内只有一万二千数百余金。卑职采访舆情，虽民捐民修，具见好义急公，无如地瘠山多，其中饶裕之户比徽郡他邑较少。卑职随督同董事人等逐加履勘核算，现在修筑工费约计一万三千余金可以告竣。”并将实情禀告省、府衙门。乾隆二十九年（1764年）二月二十九日，安徽布政使司命徽州知府李嵩、安徽城工总局史鲁璠、黟县知县孙维龙一同亲临祁门县勘估会详；三月，李、史、孙等人“勘过祁门县城工减定需银一万三千一百四十二两零，并无浮捏缘由”。修城的经费由此确定。

同年四月，周万宁去职，刘宸赞接任，继续督工修城。上级要求在本年内完工，刘宸赞督促工匠加紧修筑，于乾隆二十九年十一月二十七日竣工。“一应应修城垣、城垛、城身、阶级以及门楼等项，俱经如式一律修整完固”，主体工作已经如期完成。但是，“现在批捐者尚欠一千五百余两，致海礅未完”，再加上“各匠加工趱修，欠缺工食，曾赊各店货物数百两……至前所领常平仓谷五百四十六石垫发工匠，亦需收输买偿”，因此还有不少拖欠经费需要解决。此外尚有各种报销册籍、实用保固甘结和各级部门的验收册结都需要继续赶办，“一切修筑杂务”拖延至次年才停工。

按照常例，各班工匠在工程结束之后都需出具保固五年的甘结。十二班工匠于乾隆二十九年十二月即出具保固甘结，“限内倘有坍塌，各匠承筑之处，愿自修补，不敢违误”。修城之事本应就此结束。可在次年三月，县衙要求督工的董事也出具甘结。董事们十分不满并上书表达了意见：“生等董事收输，有串票可稽，支给工匠及各杂费有细帐可查，经理实用，愿与报销册

① 周溶修，汪韵珊纂：同治《祁门县志》卷二一《职官志·名宦》，《中国地方志集成·安徽府县志辑》第55册，南京：江苏古籍出版社，1998年，第217页。

结照……无庸出具，惟将串票帐簿呈案申送”，且“保固之责实在各匠。生等曾据伊原承约给清工价，设限内倘有坍塌，惟执切结拘伊重修，于生等何尤？保固之结亦无庸具。”县衙执意要求董事们出具甘结，认为“该生等董事三载，一切收支动用，既俱有帐据可稽，又何难具此一纸结耶？且本县取结之故，盖因定例应然，并非有所揣疑而故为勒取也……如偏执过虑，徒烦驳饬，终于公事无益”。于是，董事们只得遵令出具。由乾隆三十年（1765年）七月的《徽州李正堂为遵旨议奏事》一文得知，“今安庆府、庐州府捐输，董事各绅士业经本部院行令，置备戏筵，延集公所，令府县坐于主席，使人人欢饮，以酧其好善乐输之意”。徽州府各绅士虽“将来汇册报部，自有应得奖励之典”，但是按照惯例举行的“肆延设席”却以“独以隔远”为由，不了了之。此事当与之前的甘结风波有关，官绅之间的隔阂已经产生。

乾隆三十年七月二十八日，“奉抚宪委分巡李道台验收，李转委署分府董世明二太尊确勘出结，详覆题销”，官府的验收通过。乾隆三十二年十月二十六日，祁门知县李奉纶“齐集董事，酬告城隍，并焚誓章，清算收支各账”，宣告完工。至此，修城工作才算正式告终。但士绅与官府之间的裂痕并未愈合。在刊印《城垣簿》时，士绅们邀请前任知县吴嘉善作序，而仅仅象征性地抄录了现任知县的碑序而已。

此次修城，历时达四年，经历六任县官，共费13142两3钱5分8厘。绝大多数经费来自图甲组织的捐输。《城垣簿》的“图甲乐输银数”部分就是全县图甲户名的汇总以及各户的捐输金额。同书“修改城垣始末”部分称，捐输人群包括“阖邑里户、绅士、商贾人等”。该簿的编修体例也指出，“各士民已输附本甲内”，即士绅以及其他民众的个人捐输，按照所属图甲附注在“图甲乐输银数”项下，同样可以视为图甲捐输的组成部分。而“杂项乐输银”部分所载，大多为城内商铺名称，捐输数仅2000

余两。据此可知，修城经费最重要来源是覆盖全县22个都的图甲组织，包括“各士民”在内的图甲共捐出11000余两，占总数的85%。

由吴嘉善挑选的120名董事的姓氏、名号和来源，按照“在城”、东、南、西、北五乡划分（参见图1），①全部记载在《城垣簿》的“董事姓名”条目之下。为首的四位“总理”分别来自在城（洪承庆、陈秉忠）和西乡（汪宗泗、吴升香）。但是在董

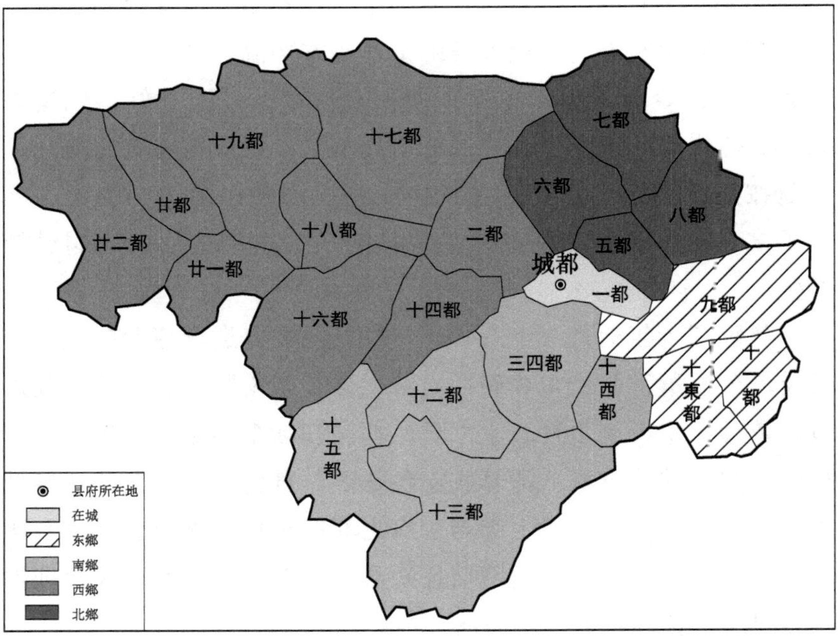

图1　祁门五乡方位示意图

① 李家骧：《祁门县乡土地理志》第一章第五节《区划》，1944年油印本一册，中国国家图书馆藏，第1a—2b页。其称：“本境区划仍明旧制，为六乡二十二都……然此名已不常用，今所同称者惟城、东、南、西、北五乡之名而已，现在创办警察分全境为六区，城东北三乡各为一区，南乡分为二区，西乡分为三区。”结合《城垣簿》的记载，说明祁门地方社会至少自清代开始就已流行以方位划分“五乡”之说法，但一直没有明确的划分标准和依据。现根据1942年成书、胡樵碧所纂的《祁门县志·艺文考》所载《祁门诗人姓氏爵里》（祁门县地方志办公室整理点校本，内部印刷出版，2009年）记载，其中登记信息如“王舜举，南乡平里人”“光文谟，北乡三都人”等，基本覆盖全县的信息。结合村落、都图，可以发现“五乡”基本依据“都”为单位划分，只有五都较为特殊，櫸墅等部分村落属于东乡，大部分属于北乡。本文图1权且以“都”界示意五乡的大致范围。

事的密度分布层面上，西乡的地位与在城却不是等量齐观的。其中，董事在城有27人，东乡24人、西乡27人、南乡17人、北乡25人。“在城”的城都和一都达到每都13名董事之密度，是官府最为倚重的士绅力量地区。至于北乡只有4个都，平均每都6个董事；东乡只有3个都，平均每都8个董事，亦属主要支持力量。相较之下，西乡和南乡平均每都仅有3个董事。

士绅们的职责，除了督修城墙之外，主要是向五乡各都图甲的民众征收钱款。虽名为“乐输”，但整个运行过程可谓一次临时的赋税摊派。执行费用征收的是各乡都之董事，而非衙门胥吏。名列四大“总理”的西乡十九都南源村汪宗泗（字天叙）传记称：“吾邑举大事必群吁经首。乾隆二十八年，邑侯吴奉檄修城，天叙应召总局董理，凡经营度支，以身任之，无丝毫苟且，众大推服。”①而在更早的乾隆十三年（1748年）间，“举行图总，胥吏因缘为奸，害将无穷，府君（即汪宗泗）慨然念斯害之被及一邑也，爰率二三同志，力为告脱，其事遂寝”。②可见，这批董事便是地域社会中的能人精英，具有很强的组织能力，能够有效地完成经费收支，并以集体力量有力抵制了胥吏对地方税务的干预。同时，士绅对于赋役的插手，只以保障地方利益为目的，并没有站在国家的对立面。在嘉庆二年（1797年），“邑有加增应试儒童之议”，南源汪氏随之相应设立八甲文会。③从称谓来看，便是以自身所在的十九都一图八甲名义，兴立文会应对科考，获取功名身份。

尽管续任的知县继续使用这批士绅，不信任感却油然而生，以例行公事之姿态强制士绅签订甘结，确保账目清白。如此做

① 王启兰：《太学宗泗公传略》，《南源汪氏支谱》卷九，民国癸酉年（1933年）木活字本，上海图书馆藏，第30页。南源又名南溪，今名伦坑。周溶修，汪韵珊纂：同治《祁门县志》卷三〇《人物志·义行》亦载：“乾隆壬午，诏安徽各属修城，知县吴嘉善举为总理，殚心竭虑，年余告竣。”南京：江苏古籍出版社，1998年，第344页。

② 谢文涛：《太学宗泗公传略》，《南源汪氏支谱》卷九，第32a页。

③ 谢文涛：《八甲文会》，《南源汪氏支谱》卷九，第3a页。

法，实际上体现出清代前期官府打击士绅包揽钱粮的一贯态度，自然引起了官绅间的不谐。汪宗泗亦与地方官府发生直接冲突："岁己卯（即乾隆二十四年），乡有滞讼，狱在于郡，波及府君。维时郡守不仁，欲以府君为根而株连不已，府君默识其意，直理状气，激昂动天，竟令毒无所施，事遂得已。此一役也，保全无辜，不知凡几"。[①]面对府级官员的打压，以汪宗泗为首的地方士绅能够有效反制，自我保全。《城垣簿》作为士绅正式编纂、刊印的总结性文献，同样毫不避讳地表达出对当前官府的不满。此重要的背景因素，是我们解读该文献所载图甲捐输之格式和内容时必须注意的。

二、《城垣簿》对图甲户籍的记载

清代祁门图甲组织源于明代里甲制度下的人户编排。明初，遵循"务不出本都"的原则，对祁门县乡都进行调整，并在此基础上编立里甲。具体调整措施是："乡因之，都削其名"，将宋元旧制之和光都、日新都等更名为一都、二都等。又将三、四两都合并为一，名曰"三四都"；十都析分为二，为"十东都"和"十西都"。通县共计二十二个都，编为五十一里。[②]此后，里的数量一度减少为四十六个。万历元年（1573年），"知县廖希元以城及一都、七都户口众多，各增一里，为四十九里，里即图"。[③]至此，"里"与"图"的互称正式得到了地方官府的确认，里甲蜕变为图甲，即总户—子户结构之确立。

作为以图甲为基本单位捐输建城的登记账本，《城垣簿》详细登载了各都的图甲户名及其捐输金额，其记录形式可以三四都一图为例：

---

① 谢文涛：《太学宗泗公传略》，《南源汪氏支谱》卷九，第32a页。

② 蒋俊修，黄汝济纂：永乐《祁阊志》卷一《乡都》，祁门县地方志编纂委员会办公室整理本，2009年，第21—22页。

③ 余士奇修，谢存仁纂：万历《祁门县志》卷四《人事志·乡市》，合肥古籍书店复制本，1961年。

三四都一图

一甲饶联登户　四两（收三两三钱三分五厘）

凌添进　二两五钱（收讫）　汪道佑　一两（收讫）

二甲方元茂户　二十两（收十九两二钱二分五厘）

胡太枝　一两二钱（收讫）汪立川　八钱（未收）

胡尚义　七钱（收三钱五分）

三甲汪文聘　三两（收讫）　方应　二两四钱（收讫）

余世有　一两五钱（收讫）　余大成　一两二钱（收讫）

汪大起　一两六钱（收讫）　汪富兴　五钱（收讫）

汪以功　二钱（收讫）

四甲汪复初户　十五两（收七两）　谢振祖　一两（收讫）

谢应让　四钱（未收）

五甲康永新户　十三两（收讫）　方应明　三两（收讫）

詹添　三两八钱（收三两六钱三分五厘）

六甲余安序户　十三两（收讫）　余任翔　三两（收讫）

余克恒　一两（收讫）

七甲王文明户　十两（收讫）　余大兴　三两（收讫）

余昭德　七钱（收讫）　谢瑞　三钱（收讫）

八甲余嘉训户　十两（收讫）　余万一　一两（收讫）

方祖　三两（收讫）　潘时　四钱（收讫）

九甲汪俊泰　二十三两、汪俊彰　二十三两（收讫）　汪世昆　五十两（收讫）

汪泰　二十两（收讫）　汪明杰、汪之瑶、汪之

斑　三十两（收讫）

汪烱　十两（收讫）　汪起康　十两（收讫）　汪炳　五两（收讫）

汪起玟　五两（收讫）　汪起璟、汪起凤　八两（收讫）　汪辉　三两（收讫）

谢登俊　二十两（收讫）　谢良田、谢登俊　五两（收讫）

谢正发　二两（收讫）　詹大兴二两二钱　（收讫）

江永茂八钱（收讫）

十甲王大用户　十四两（收十两一钱一分二厘）

程德胜　三两（收讫）　黄发隆　二两五钱（收讫）

王立　一两（收讫）　汪正儒　八钱（收讫）

《城垣簿》按照二十二个都的顺序，列出各图各甲的户名。每甲通常有一个户头，以“户”字标示，如一甲的‘饶联登户”，即为图甲体制下的总户名，属于拟制户名，并非实在人名。按照《城垣簿》的体例叙说，每个总户之后似乎应是“输附本甲内”的士民姓名。

其他民间文书与《城垣簿》的同类信息相似，可以相互印证和辅助解读。三四都汪家坦黄氏文书中的“保长记事手册”（以下简称“手册”）就记录了“计开三四都一二图里长名目”。[①]现仅将与前文《城垣簿》相关的三四都一图信息抄录如下：

① 刘伯山编：《徽州文书》第四辑第一册《祁门三四都汪家坦黄氏文书》，桂林：广西师范大学出版社，2011年，第381页。整理者将其命名为“保长记事手册”，但整册文书涵盖了图甲户名、税额、编审计账、田亩钱粮税则等内容，绝大多数都属于图甲体系的管理内容，其记录时段是乾隆中叶，与《城垣簿》大体同时。

一图一甲　饶联登

二甲　方良茂　王罗星

三甲　汪文聘　郭家坦户名余大成、余世有、汪大起、汪富兴、汪以功

四甲　汪复初

五甲　康永新

六甲　余安序

七甲　王文明

八甲　余嘉训

九甲　汪俊彰（新：泰）　谢百秀父子户名正发、占大兴、江永茂

十甲　王大用

寄户：汪正儒、程得胜、占有伦、王应期、王顺户、王立户、胡世当、黄发龙

对比《城垣簿》与民间“手册”，可以发现双方记载的异同。

一方面，两份文献所载总户名可以相互印证，也略有出入。如九甲为两户共同承担，《城垣簿》同时记录汪俊泰和汪俊彰两个户名，而“手册”则指出新户为汪俊泰，旧户为汪俊彰。至于三甲，《城垣簿》记录总户为“汪文聘”，但没有带上“户”字。而“手册”除了记录“汪文聘”外，还指出郭家坦另有五个户名。这五个户名恰好皆为《城垣簿》所载的个人捐输的名字。可见，三甲总户应该是由汪文聘户和郭家坦诸户共同负责。因此，民间文书的记载可以印证《城垣簿》的信息是准确的。稍有差别的是二甲，《城垣簿》为“方元茂”，而“手册”载为“方良茂”，这或许是读音相近导致的记录略微差别，两者应为同一户。

另一方面，“手册”明确标注十甲王大用户下存在八个寄户，其中四个寄户姓名又出现在《城垣簿》之中。这说明《城垣簿》中载于各总户之后的士民姓名，绝大部分其实是子户（寄户），亦属拟制户名，而不完全是士绅、民众的实际名字。

《城垣簿》中对图甲总户的记录，有一个明显标准，即是否有“户”的标注。如有，则说明该甲属于常规的总户—子户结构。如无，则有三种情况：

其一是存在并列的朋户，即势力相当的若干群体共同朋充一个总户。如九都二图一甲的户名方益祀、汪永达、汪余庆并列，或说明该甲并无占据完全主导地位的家族。又如城都一图二甲是方日洪、方文焕朋充；十东都一图六甲是李时善、李允恭朋充，表明该甲虽有主导的族姓，但内部力量整合尚未完成。

其二便是康熙三十年的三个新图。它们是集中增立的图甲，将先前的附户、子户直接提出而设立的，在短期内尚未整合为总户—子户式的依附结构，各户之间相对平等，仍具有显著的朋充色彩。以十一都三图为例：

一甲方江源　十五两（收讫）　江迪富　五钱（收讫）
　江珊友　五钱（收讫）　江义和　五钱（收讫）
二甲吴项　六两七钱（收讫）
三甲叶林汪　二十四两（收讫）
四甲□崇怀　十八两（收讫）
五甲李秋　十一两四钱（收讫）
六甲朱德泽　二十两（收讫）　朱文二　两五钱（收讫）
七甲黄胡儒　八两五钱（收讫）
八甲胡本兴　七两六钱（收讫）　胡本清　四两（收讫）
　胡振孙　四两（收讫）　胡兴　二两（收讫）

九甲王大程　四两五钱（收讫）　方时用　二两（收讫）

十甲胡徐邵　十三两（收讫）

相比于老图甲首户名后往往有“户”字样作为标识，新增的三个图则完全没有这样的形式。尽管从三甲“叶林汪”、十甲“胡徐邵”等户名来看，已经具有一般图甲的拟制户名之特征，但是在《城垣簿》的编集者看来，新图甲不过都是重新组合的朋户，无法与老图甲总户相提并论。同时，较之权势大族，新图各甲户的丁亩较少，力量弱小，也需要以两人或多人共同承当一个户籍单位。

其三是绝户。十三都二图七甲、十九都一图三甲的户名都是空缺无载，多为户绝无人承继的情况。

无论如何，《城垣簿》详细而系统地记载了全县五十二图各甲总户、子户的基本情况，弥补了地方志没有详细记录、民间文书亦不完整系统的缺陷，可谓是一份清代中叶祁门县图甲户籍名录，有助于我们全面分析图甲内部的结构及其差异。

三、捐输额度与图甲格局

各个图甲的钱款是根据经济实力，以摊派或认捐的形式进行征收。直到祁门县城修筑完毕，仍有一定数目的钱款拖欠。《城垣簿》以“收讫”“未收”以及收取部分钱款分别标注出来。根据原定与实际收取的数额，将祁门县各都的图甲捐输情况列成表格（见表1）。

表1 祁门各都捐输情况一览表

都别	图数（甲数）	原定捐输额度/两		实际捐输额度/两		差额比率/%
		总额	甲均	总额	甲均	
城	4（40）	863.43	21.5858	744.588	18.6147	13.764
一	3（30）	534.9	17.83	486.494	16.2165	9.050
二	2（20）	403.29	20.1645	382.73	19.1365	5.098
三四	2（20）	532.95	26.6475	509.98	25.499	4.310
五	1（10）	717.78	71.778	641.576	64.1576	10.617
六	2（20）	533	26.65	471.98	23.599	11.448
七	2（20）	444.8	22.24	390.733	19.5367	12.155
八	3（30）	886.04	29.5347	884.884	29.4948	0.013
九	2（20）	650.321	32.5161	606.594	30.3297	6.724
十东	2（20）	1102.153	55.1077	1068.199	53.4099	3.081
十西	1（10）	222.2	22.22	196.805	19.6805	11.429
十一	3（30）	910.28	30.3427	839.745	27.9915	7.749
十二	3（30）	745.916	24.8639	686.483	22.8828	7.968
十三	2（19）	251.25	13.2237	227.66	11.9821	9.389
十四	2（20）	332	16.6	319.594	15.9797	3.737
十五	3（30）	567.6	18.92	539.38	17.9793	4.971
十六	2（20）	299.5	14.975	299.5	14.975	0
十七	2（20）	320.02	16.001	309.834	15.4917	3.183
十八	2（20）	300	15.0	269.505	13.4753	10.165
十九	3（29）	473	16.3103	440.895	15.2033	6.788
廿	2（20）	300	15.0	232.351	11.6176	22.550
廿一	2（20）	300	15.0	212.036	10.6018	29.321
廿二	2（20）	300.31	15.0155	293.365	14.6683	2.313
总计	52（508）	11990.74	23.6038	11054.911	21.7616	7.805

从表1中可以清楚看到，各都实际捐输的总数额并不均衡。最少的是十西都，未及200两；最多的是十东都，达到1000余两，相差五倍左右。各都所辖图甲数量不一，最多的城都有四个图40个甲，五都和十西都则仅有一图十个甲，相差四倍。所辖图甲数量多的都，捐输总额相对较多一些。但是，捐输差距主要表现在甲一级的层面。五都平均每甲捐输达到60两以上，廿一都每甲仅10两余，相差超过六倍之多。因此，五都的图甲规模虽小，但是全都和甲均捐输总额均为全县之首。由此，祁门各都图甲捐输情况的空间格局分析，在甲均额度层面上最为准确，也更能表现出各都参与修城的密切程度。

图2（右）中，以县城（城都）为中心的闽江沿线，是捐输数额最集中的部分，分布在祁门县的东、北乡。其中，五都和十东都超过50两，遥遥领先；与之相邻的八、九、十一三个都次之，接近或达到30两。南乡稍少，以距离县城最近的三四都为首，达到25两以上，而距离最远的十三都最少，仅11两余。西乡情况与南乡类似，而且表现得更为突出。除了邻近的二都以外，其余8个都在甲均16两以下，呈现出几乎截然相反场景。根据甲均层面的空间分析，东、北两乡主要通过流域水路交通的联络，与县城的紧密度高。南、西二乡捐输相对较多的都，也大都靠近县城。因此，与县城的空间距离是造成各都捐输差异的重要因素。

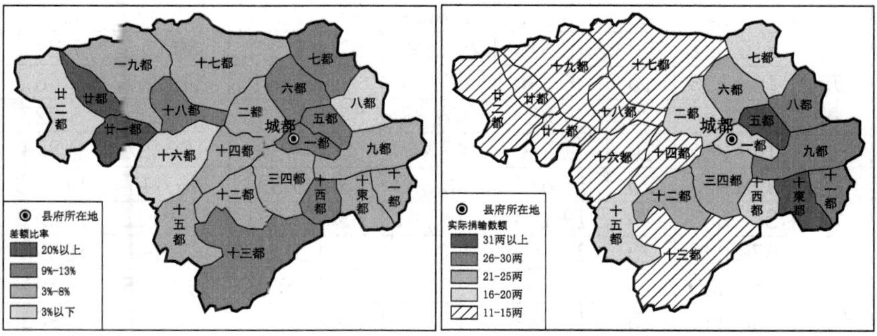

图2　祁门各都的差额比率分布（左）与甲均实际捐输数额分布（右）

各都原定与实际捐输的差额也能反映出不同图甲实际执行状态。总体上看，整体差额并不太大，有900多两，占总额的7.805%。如图2（左）所示，与甲均数额分布相比，各都捐输的差额比率分布并没有存在明显的东西差别。共有13个都低于差额比率的平均数，达到全县范围的一半以上，这一意味着大部分都图能够较好地完成捐输。其中，仅十六都全部按额完成任务，八都、廿二都的差额也十分微小。廿都和廿一都则有超过二成的捐输没有达到，尤其是廿一都有约三分之一的欠额。十六都和廿一都地域相邻，都位于西乡，距离县城较远，却表现出相反的捐输状态。还有许多超过差额平均水平的都，分布在北乡和南乡。五都的捐输总额虽多，但欠额比例也不小，达到10%以上。

由此观之，东乡在捐输总额和差额比例上最为均衡，支持修筑城垣的积极性最高。其次是北乡、南乡。与前述知县依赖西乡和“在城”士绅群体相比，这两地在图甲捐输层面的表现反而不尽如人意。“在城”的捐输总额和差额均在全县平均水平之下。西乡捐输总额最少，执行状态两极分化，整体表现极不均衡。

表2 总户与子户实际捐输额度的比较（不含新增图）

都别	总户			子户			总户与子户的差额	
	总额/两	户数/户	户均/两	总额/两	户数/户	户均/两	总额/两	户均/两
城	388.564	40	9.714	356.042	75	4.747	32.522	4.967
一	149.858	30	4.995	336.636	66	5.101	-186.778	-0.106
二	204.05	20	10.203	178.68	67	2.667	25.37	7.536
三四	210.382	20	10.519	299.598	91	3.292	-89.216	7.227
五	163.796	10	16.380	477.78	37	12.913	-313.984	3.467
六	197.6	20	9.88	274.38	87	3.153	-76.78	6.727
七	145.266	20	7.263	245.467	50	4.909	-100.201	2.354
八	353.345	20	17.667	306.899	48	6.394	46.446	11.273
九	382.853	20	19.143	223.741	63	3.551	159.112	15.592
十东	578.049	20	28.902	490.15	46	10.655	87.899	18.247
十西	155.405	10	15.541	41.4	4	10.35	114.005	5.191
十一	360.445	20	18.022	331.2	30	11.04	29.245	6.982
十二	461.59	30	15.386	224.893	66	3.407	236.697	11.979
十三	136.31	10	13.631	33.2	17	1.953	103.11	11.678
十四	318.294	20	15.914	1.3	1	1.3	316.994	14.614
十五	472.88	30	15.763	66.5	24	2.771	406.38	12.992
十六	299.5	20	14.975	0	0	0	299.5	14.975
十七	289.834	20	14.492	20	1	20	268.834	-5.508
十八	269.505	20	13.475	0	0	0	269.505	13.475
十九	440.895	29	15.203	3	1	3	437.895	12.203
廿	232.351	20	11.618	0	0	0	232.351	11.618
廿一	212.036	20	10.602	0	0	0	212.036	10.602
廿二	293.365	20	14.668	0	0	0	293.365	14.668
总计	6716.892	479	14.023	4447.866	774	5.747	2269.026	8.276

更为重要的是，子户数量的记载极大影响到了各图甲的整体捐输情况。表2显示，在不计三个新增图的前提下，无论是捐输总额、还是户均额度方面，祁门全县的总户都远超子户。具体到各都，情况则有所不同。一都、三四都、五都、六都、七都五个都的总户捐输都少于子户，一都子户捐输总数是总户的两倍，五都甚至将近三倍。在户均额度层面，仅有一都和十七都两个都的子户略多于总户，而十七都仅有一个子户捐输20两的情况下多于总户，属于特殊个例。因此，就全县范围而言，总户在整体财力上胜于子户当无疑义。但是，子户的缺载却是造成总户和子户差距的一个不可忽视之重要因素。

通过参照各类文献，可以确认《城垣簿》中的子户捐输部分存在一定的缺载。如康熙《鲍氏家谱》所载“记保公”的传略称：“元朝末时（原文为‘明朝初时’，有改动）迁十五都，土名蓝溪，招陈祐之女为妻，系身承当本都一图五甲。充当后，至代余，人微财寡，不能充当五甲，系将五甲排年送入本都查弯汪姓充当。”[①]鲍氏始迁祖经过元末明初的移民定居后，正式编入里甲户籍，经过一代（一般为30年）后又将户头转让他姓。该故事具体时间、过程未必准确可信，但可以明确的是，至清初时，居住于十五都的鲍姓是没有总户的，一图五甲总户应为汪姓。查《城垣簿》十五都一图五甲户名，确为汪姓的“汪万钧户”。从族谱记载来看，鲍姓一直在当地生活，但《城垣簿》的十四都、十五都却完全没有记录。再如，黄图于康熙五十四年（1715年）任祁门知县，康熙五十八年（1719年）离任，由于“贫不能归，子孙遂家祁门，入籍城都三图九甲”。[②]而该甲在《城垣簿》中载为叶姓，没有任何黄姓子户的记录。造成这类缺载情形的较大可能是因为该子户没有参与捐输。

① 刘伯山编：《徽州文书》第四辑第六册《祁门十四都十保鲍氏文书》，桂林：广西师范大学出版社，2011年，第4页。

② 王让修，桂超万纂：道光《祁门县志》卷二〇《职官表》，道光七年刻本，中国国家图书馆藏，第21a页。

再从空间上观察，东、北乡记录的子户数量较多，其中最多的是六都，有87个；南乡三四都是子户数量为全县最多，达到91个。西乡子户的记载几乎一片空白，如十六、十八、二十都等，皆无子户记录；十四、十九等都也仅有1个。这给人造成祁门西乡没有子户的假象。但实际上西乡的图甲子户数量众多。例如，在实征册的登记中，二十二都二图四甲王鼎盛户下的子户最少时为137个［雍正十年（1732年）、十一年（1733年）］，最多达到188个［咸丰元年（1851年）］。①因而我们可以肯定的是，《城垣簿》对图甲户名的登录，最为准确的当属总户，其下的子户定有相当数量的缺失。

上述分析可以发现互相矛盾的表象：一方面，主持修城的董事能够将参与捐输的“士民”清楚地归入相应的图甲；另一方面，《城垣簿》中的子户缺载绝非一两例个案，而是大面积的普遍现象。以十九都一图八甲（即总理汪宗泗所在之图甲）为例，总户汪仕周户捐输17两，虽已全部收讫，但总数只是略高于本都15.2033两的平均水平，低于全县平均的21.7616两的额度，也未见个人的大额捐输和任何子户的记录。又以北乡董事、七都大坦村的汪有修为例，县志对其称赞有加：“乾隆二十七年修城，乐输多金，全力经营，阖邑德之。”②七都一图六甲汪良进总户捐输40两，其下有汪宗舆捐200两，远高于平均水平，确实可以印证县志所载。但是该甲之后的其余5个汪姓子户均标为“未收”，总数为14两。也就是说，总户和首事以大额捐输掩盖了子户欠缴的事实，还赢得了众人的赞誉。上述这些现象显然代表了以士绅董事为首的态度和做法，也折射出祁门县图甲运行机制的若干问题。

① 马勇虎、李琳琦：《清代祁门县王鼎盛户实征册研究》，《中国经济史研究》，2017年，第2期。

② 周溶修，汪韵珊纂：同治《祁门县志》卷三〇《人物志·义行》，《中国地方志集成·安徽府县志辑》第55册，南京：江苏古籍出版社，1998年，第344页。

四、图甲运行机制的差异

捐输重修城垣费用，从面向全县图甲征派的意义上讲，更像是一次临时性的赋税征收，有助于我们了解图甲组织运行的某些重要层面。图甲“总户—子户”更为全面的表现详见表3。

首先，捐款拖欠现象普遍存在图甲之中。在未能完成捐纳的户数方面，总户所占比例极高，达到36.7%，如十西都仅有2个总户完成全额，其他八个均有拖欠。子户数量多于总户，却只有不到20%的数量拖欠。其次，总户的捐输总额规模庞大，达到7000多两，子户则只有4000余两，两者相差将近两倍。但总户拖欠额度的比例较高，将近9%；子户略少，为6.3%。再次，西乡有好几个都摊派每个总户捐输额度是15两，整甲捐输总额为150两左右。如十七都二图、十八都一图、十九都二图、廿一都二图等虽然各甲数量不同，但是加总以后均为每图150两；而十八都二图、廿都一图与二图、廿一都二图等，各甲原定额度都是清一色的15两。排除子户和个人捐输因素之外，可推知每个都图甲皆有一定的摊派限额。但它们大部分都没有完成，最少的仅收讫2两。可见，在子户记载或参与极少的西乡，总户的完成度是很低的。如将此次捐输视作为一次临时性的税收，祁门各乡都图的表现是可以折射出日常赋税征派运行功能的若干特点。

从明代中叶以来，官府曾长期努力塑造以总户为主导的征派税收体制，主要是按照家族进行归并的尝试。祁门东乡十一都赤桥方氏在嘉靖三十一年（1552年）订立合同称：“今奉上司明文，凡遇民户各居兄弟人丁数多者，许令于本甲下补充正管甲首。今同弟侄嘀议，具告本县，蒙准，着令户丁方让编作本排下正管甲首，将今次黄册新收税粮推入方让户内。”[①]由此可见，至迟在嘉靖末期，里甲运作方式已经开始向家族组织靠近。甲首户的递补不再纯粹按照丁粮多寡的标准，也需要考虑家族成员在

① 《方氏分家合同》，明代抄本一册，上海图书馆藏，第4b页。

表3　总户、子户的捐输情况差异（不含康熙新增图）

都别	总户						子户					
	总数/个	未迄/个	占比/%	总额/两	欠额/两	占比/%	总数/个	未迄/个	占比/%	总额/两	欠额/两	占比/%
城	40	21	52.5	446.86	58.296	13.05	75	19	25.3	416.57	60.528	14.53
一	30	17	56.7	186	36.142	19.43	66	13	19.7	348.9	12.264	3.52
二	20	4	20.0	212.12	8.07	3.80	67	14	20.9	191.17	12.49	6.53
三四	20	9	22.5	228.5	18.118	7.93	91	15	16.5	304.45	4.852	1.59
五	10	6	60.0	184	20.204	10.98	37	8	21.6	533.78	56	10.49
六	20	7	35.0	242	44.4	18.35	87	10	11.5	280	5.62	2.01
七	20	12	60.0	177.6	32.334	18.21	50	16	32.0	267.2	21.733	8.13
八	20	1	5.0	354	0.655	0.02	48	2	4.2	307.44	0.541	0.18
九	20	8	40.0	421	38.147	9.06	63	8	12.7	229.321	5.58	2.43
十东	20	8	40.0	607.953	29.904	4.92	46	4	8.7	494.2	4.05	0.82
十西	10	8	80.0	180	24.595	13.66	4	1	25.0	42.2	0.8	1.90
十一	20	10	50.0	406.6	46.155	11.35	30	9	30.0	355.58	24.38	6.86
十二	30	5	16.67	480.4	18.81	3.92	66	20	30.3	265.516	40.623	15.30
十三	10	5	50.0	159.8	23.49	14.70	17	0	0	33.2	0	0
十四	20	4	20.0	330.7	12.406	3.75	1	0	0	1.3	0	0
十五	20	9	45.0	491	18.12	3.69	24	10	41.7	76.6	10.1	13.19
十六	20	0	0	299.5	0	0	0	0	0	0	0	0
十七	20	5	25.0	300.02	9.646	3.22	1	0	0	20	0	0
十八	20	9	45.0	300	30.496	10.17	0	0	0	0	0	0
十九	29	9	31.0	470	29.105	6.19	1	1	100	3	3	100
廿	20	7	35.0	300	67.649	22.55	0	0	0	0	0	0
廿一	20	7	35.0	300	87.964	29.32	0	0	0	0	0	0
廿二	20	5	25.0	300.31	6.945	2.31	0	0	0	0	0	0
总计	479	176	36.7	7378.543	661.651	8.97	774	150	19.38	4170.427	262.561	6.30

图甲之内的完整性。允许在本甲之下补充族人作为正管甲首户，可以由家族内部自行约束本族成员的税粮缴纳和徭役摊派，降低地方官府的行政运作成本，也能扩大正管甲首户的来源，避免绝户，维持里甲赋役编排的完整。

众所周知，康熙三十年（1691年）前后的“粮户归宗”措施，是福建、广东一带施行的一项重要赋役改革。[①]不过，闽粤以外地区同时期也有类似的改革措施。祁门的“并户”也属于“粮户归宗”的范畴。康熙三十一年（1692年）十一月，一都一图的合户合同称：“今遵新例，奉宪明示，便民并户当差。……于康熙三十年编审，有谢沾癸、谢世茂二户，今归入五甲租〔祖〕户谢圣耕户，合名‘圣茂’户头。又有吴世高、吴上奇、吴应试三户归入六甲祖户吴光裕户。蒙县主祝老爷批，准册报户部在案，照例轮流充当花户，今入本图公会。”[②]清代五年一度的人丁编审是合户的重要契机。这一时间节点，与福建的粮户归宗措施的时间完全一致。[③]作为地方官府的“新例”“新政”，合户的基本程序是民间自行合议，确定合户，编造赋役册籍之后，上报知县批准。谢圣茂户便是由先前的圣耕户和世茂等户合并而成。而《城垣簿》中该图十个总户的姓氏是没有变化的，谢圣茂和吴光裕两户户名也是完全吻合的。不过，一甲为谢日升户、三甲为汪昭贤、九甲为谢大壮，均与合同所列总户名有一字之差，而十甲则从康熙年间的谢永丰户演变为谢宪祀户。

总户姓氏的变更也由此显得尤为重要，其意义超出了“户名不变”的现象。[④]这是因为，姓氏不变而总户名变动，只能反映

① 刘志伟：《在国家与社会之间——明清广东地区里甲赋役制度与乡村社会》，北京：中国人民大学出版社，2009年，第208—209页；郑振满：《明清福建家族组织与社会变迁》，北京：中国人民大学出版社，2009年，第144—151、192—193页；刘永华、郑榕：《清初中国东南地区的粮户归宗改革——来自闽南的例证》，《中国经济史研究》，2008年，第4期。

② 《康熙三十一年谢日源等立入会合同文》，祁门县博物馆藏散件文书。

③ 刘永华、郑榕：《清初中国东南地区的粮户归宗改革——来自闽南的例证》，《中国经济史研究》，2008年，第4期。

④ 片山刚：《清末珠江三角洲地区图甲表与宗族组织的改组》，叶显恩主编：《清代区域社会经济研究》（上册），北京：中华书局，1992年。

某一家族组织内部的变化；总户姓氏的更换，则能较为明确地显示出当地社会力量的更替。如清道光年间（1821—1851年），祁门五都一图十甲谢至正户绝之后，许多异姓承顶该户却中途退出，便是因为户名姓氏无法更改，不愿“做谢姓之裔”。后来黄姓承顶更名为黄成德户，该户便较为稳定存在于地方社会了。[①]可见，图甲格局确立以后，徽州地方宗族颇为注重更改总户姓氏，显示对该户头的所有权。

《城垣簿》中捐输较多的图甲就有强宗大族势力的影响。如五都三甲总户和子户均为洪姓，捐输数额达到468两；十东都二图五甲李姓总户捐款124.05两，是全县之首，加上其13个子户捐款，共达到316.55两。仅这两个甲的数额就比许多都的捐输总额都要多。至于一都一图十甲的总子户均为谢姓，总捐款为138两；三四都一图九甲汪姓总户及14个同姓子户捐款总数为171两；九都一图七甲许姓总户及其17个同姓子户捐款总数为167.70两；十东都一图九甲谢姓总子户捐款总额是210两；十一都二图六甲吴姓总子户捐款总额是185.39两等，也是大族主导图甲的表现。

强宗大族与图甲结合，有助于赋税征派的完成。如康熙二年（1663年）十一月祁门洪氏家族制定的津贴五都三甲里长合同，就规定了六大房共同承役的津贴、轮充、征收等实际运作详细内容：

> 立合同寿公六大房贞兆、大有、贞齐、贞沧、应基、应廷等，原承祖五都三甲里长，今于康熙三年轮该充役，与相公均当。所有里役在官费用，悉照众祠文书照粮均出。仍有九年排年，悉照旧例，寿公匣每年贴银四两八钱，以为排年出身幸力。其银逐年排年照粮

① 黄忠鑫：《明清徽州图甲绝户承继与宗族发展》，《安徽史学》，2014年，第6期。

> 征收。有粮之家，务要照比应期兑粮，付排年上官，不得恃顽执拗。如有恃顽不兑者，听排役出身之人赍文理论。出身之人亦不得生端外取。其排役照前例，六大房拈阄轮当，两房充当一年。所有□柜、补征、加派，仍系某年经手排年，即征某年分加派完纳，不得推辞下手之人。[①]

尽管官府努力将家族与图甲归并整合，尤其是将各甲之下的子户归宗，但从乾隆年间的断面来看，图甲总户之下的构成依然复杂多样，并不是所有图甲都彻底实行了同姓归户。综观《总簿录》，总户名之下仍有大量的异姓子户名存在。全县52个图中，除十三都二图八甲和十九都一图三甲绝户缺载外，共计508个甲，有258甲记载有子户，超过半数，其中有119个甲存在与总户不同姓氏的子户，约占总数的23%。这说明约有四分之一的总户之下存在异姓子户。如果考虑到西乡的多数图甲的子户没有记录在内，这一比例还会更高。

个别子户捐输额度颇大。如一都一图十甲之下的谢衍一人就捐出120两，颇为引人注目。但此例可能是个人在同姓总户之下的捐输行为。总户之下的异姓子户在捐输中的表现更值得注意。虽然异姓子户尚未有捐款超过50两的特例，但至少有8例的异姓子户捐输是超过总户和同姓子户的总数（参见表4）。

表4　部分异姓子户的捐输情况

都图甲	总户		同姓子户		异姓子户		倍数
	姓氏	捐款/两	数量/户	捐款/两	姓氏（数量/户）	捐款/两	
城都三图二甲	王	2.5	0	0	谢（4）程（1）	36	14.4
一都二图八甲	汪	1.7	0	0	桂（2）陈（1）	12.5	7.35
一都三图二甲	李	0	0	0	徐（1）吴（1）	10.4	10.4

① 南京大学历史系资料室藏散件文书。又见洪性鸠：《明末清初の徽州における宗族と徭役分担公议：祁门县五都桃源洪氏を中心に》，《东洋史研究》第61卷第4号，2003年。

续表

都图甲	总户		同姓子户		异姓子户		倍数
	姓氏	捐款/两	数量/户	捐款/两	姓氏（数量/户）	捐款/两	
一都三图五甲	谢	1	0	0	胡（1）吴（1）僧（1）	10	10
二都二图二甲	廖	1	0	0	郑（1）李（1）胡（1）陈（1）	18	18
三四都一图三甲	汪	3	3	2.3	方（1）余（2）	23.1	4.36
六都二图十甲	程	0	0	0	汪（2）胡（1）方（3）何（1）周（1）	25.12	25.12
八都二图六甲	余	12	0	0	刘（2）	27.74	2.31

上表说明，异姓子户并非都是图甲中的弱势群体，在特定的地域范围内，其经济实力是可能超过总户的。而异姓子户的持续存在，具有民间社会的逻辑考虑。康熙二年十二月，祁门十一都吴、程两氏订立合同称："立议合同人程永昌、吴彦王。今吴有田二十七亩六厘一毛四丝三忽，有地八亩七分四厘四毛四丝二忽，塘九厘八毛一丝三忽，因彦五支下人繁，恐生情弊，兹两相情愿，归入二图七甲程永昌户，递年代纳供解所有税粮，议定递年按照比应付完官，不致迟误。其十年正役，每石米贴银二两五钱算，自议之后，两无悔说，今恐无凭，立此合文二纸，各执为照。如彦五日后倘有新收，听入无词，再批。"①查《城垣簿》中十一都二图七甲，确有程盛总户以及吴登裕子户一个。吴姓甘心成为子户的理由就是其田地有35亩之多，人口繁多，成为子户似乎有利于隐蔽其丁粮众多的事实，规避"情弊"风险。因此，子户反映了基层社会极为复杂的一面，数量变动不居，官府几乎无法准确掌握。

五、新增图甲与基层控制模式变化

几乎在推行"并户"的同时，祁门县也在进行"增图"。其目的与"粮户归宗"类似，旨在遵循税粮征收的自封投柜原则，

① 《五祠租簿及十王寺租合同》，清代抄本，上海图书馆藏，第24b页。

革除里长户的中间包揽，建立官府与粮户的直接联系。权仁溶对祁门的“增图”问题较早展开研究。他利用安徽省图书馆藏康熙年间的“增图”词卷梳理了祁门县“增图”的过程以及限制条件，旨在证明当时里甲制度尚有实用性。[①]康熙“增图”案卷与《城垣簿》结合，仍有不少细节值得深入挖掘。

康熙三十年，祁门县增设八都三图、十一都三图和十三都二图三个图。十三都江自东等人禀状称：“身等各家内，有族丁、祀田，粮附入别户，不能归一；亦有丁少粮寡，独力难支。既奉增图，理应归并一户，使民依近就便，尽一造册，不致遗患。”[②]可见，当时归并粮户的潮流中，除了使用“粮户归宗”的名义之外，还有相当一部分是因为丁少粮寡进行合户，进而要求增立图甲，独立缴纳税粮，摆脱老图甲的束缚。

据康熙二十九年（1690年）十一月初五日的十一都胡（维）祯、李天龙等人连名状称，“身等甲户，向辖里下，屡遭苛诈，贫弱含冤”，可以得知这些新图成员皆为寄户、子户。此后，胡（维）祯、李天龙等人订立了合约：

> 立合墨。奉上出甲增立十一都三图头首胡维祯、李天龙、方喜春、朱之英、吴福九、林胜宣、黄得顺、徐子茂、江时俊、王大俊等，身等原系甲户，今奉上宪檄、府县老爷檄，催出甲增图。身等遵奉，相邀同志，共五十余户禀控，县主金批出户，造具花名税亩细册，增立十一都三图，转详各宪施行。诚恐户众人繁，心志不一，兼有造册事务，纸张、经承、差提等项公私费用，若不举择忠诚练达能干公直之人任事经管，必致虚劳功鲜者也。为此，众议身等十人头首，身等十人，议

① 权仁溶：《清初徽州的里编制和增图》，《上海师范大学学报》，2007年，第3期。

② 《清康熙时状词和批示汇抄》，清代抄本，安徽省图书馆藏，第7b页。

> 立合同，所有银两收支，必要眼同一二人记账明白，毋得徇私肥橐。所有公务差遣及出官往上，必要公众吖其一二人约束差使，毋得推委退缩。或有棍豪借端生波骗害，违宪阻扰，必要齐心控告府县各上宪究理，毋得袖手傍观、畏惧不前。其余人等亦不得炤〔招〕忌生心、听唆造谤、起人争端，如有此等情弊，鸣攻共罚，天神交谴。今又有凭议，立合墨一样十张，每人各执一张存炤〔照〕。
>
> 康熙二十九年十一月十八日立合议人胡维祯、李天龙、方春喜、朱之英、吴福九、王大俊、林胜宣、黄得顺、徐子茂、江时俊，见议亲胡君华、胡滟和。[①]

增立图甲（即增图、生图、开图等）而缔结的合约在徽州时有发现。一份康熙二十九年徽州某县增立四图的合约记载，该图十户分别来自“本都八户，同十都二户，共成十甲”。[②]可见，新图甲的成员往往居地分散，尤其需要合约来约束、引导集体行动。十一都三图共50余户，“粮附十一都、十东都、九都三处都图供解”，同样是散居形态。他们选出10位“头首”，便是按照一图十甲的形式呈报官府。

新图甲面临三个方面的问题：编造人丁税粮册籍及其钱粮管理、应对官府各色差役以及“棍豪”的阻扰。这些理由都在同姓并户合同中提出过。老图甲组织往往是一两个家族组织在甲内发挥主导作用。因此，所谓的“欺凌”或“归宗”“合户”，本质上是民众寻求降低税粮缴纳成本的努力，由此派生出里长户贪得无厌，肆意欺凌小户（甲户）的形象。

对此，官府的态度逐渐转变为酌量增加图甲，对新图甲提出

① 《清康熙时状词和批示汇抄》，清代抄本，安徽省图书馆藏，第4b—5a页。

② 俞江、陈云朝：《论清代合同的类型——基于徽州合同文书的实证分析》，《法学》，2014年，第6期。

若干特定条件。十一都订立增图合约的次日，知县畅兆泰即出批文，除“速将前项丁粮细册，依限送核，以便申详”外，“另立都图顷亩细册，转详各宪”。这些自行编造的土地钱粮册籍，将作为是否批准“增图”的依据。随后，畅兆泰又进一步明确了相关标准：

> 原以禁包揽诡寄，有田纳粮，有丁当差，勿得辖軏凌害也。今一田或百余亩，或数十亩，果一人之业乎？抑数人共业乎？数人共业，当分注某户自己业几多。仍总一户，不犹诡影包纳乎？成丁或十数口，或数口，当分注某丁某名，一丁另注一页，或有田几多，或无田。如仍有总数无的名，不几大里户又分为小里户乎？立法之后，利害不清，何以永久仰户房、图差押催？蒋文才等速行清编，有田各分为户，有丁各分为户，勿得总捏朦混，庶便造报批允，方可造实征册，另图纳钱粮。三十年钱粮开卯，即当征比，稍迟即无及矣。

由此可以体味出官府的目的：利用的增图契机，试图尽可能详细地掌握图甲粮户丁亩数额。在调整图甲之前，各个总户（即所谓“大里户”）之下的立户凭据已经难以逐一弄清，故需要甲户自行呈报，尤其是数人共业的田亩需要标清己业数量，以及人丁与田亩的对应关系（有丁有田或有丁无田等情况）。这是引发赋税征收困难的关节点。如果放任自流，则会出现总户之下又有总户（即“小里户”），每个层次的税粮模糊不清，不得不依赖包揽人的记录。通过设立新图甲，以减轻甲户税粮负担的名义，将各户详细丁亩数据载入实征册，成为官府掌握的可靠记录。如此一来，便可禁革“包揽诡寄”，重建“有田纳粮，有丁当差”的秩序。因此，十一都三图奉命将相应数据呈报，“计开十一都三图总实在成丁一百零四丁，共折实田五百一十亩二分九厘九毫九丝三忽，其各户丁田另具细册”。这仅仅是诉讼案卷中的总数额，至于“细册”内容并未收录。

对于掌握总户、册书等职役的社会群体（如宗族）而言，在定额缴纳税粮的同时，便可以避开官府，“私相过割”，在内部税粮征派、土地买卖等活动中获取利益。因此，图甲内部矛盾在清初颇为尖锐。一些子户以宗族名义得以归并，减轻了依附外姓总户的成本；还有一部分附户、子户则在官府引导下，独立设立图甲。他们需要向官府提交详细的粮户丁亩数额清册，证明自身具备增图的条件。官府由此掌握了一部分子户的可靠信息，在少数图甲中实现了较为彻底的自封投柜。因此，当这些新增图甲继续向旧图甲的柜书缴纳税粮时，遭到拒绝和阻扰的原因很大程度上是因为他们的税粮信息已经被官府掌握，无法从中渔利。

最终的协调结果却是为三个新图专门独立设置一柜，即词卷中的新增第八柜，从而便于新图甲独立缴纳税粮。前述“保长手册·计开本县都图分”便展示了祁门县“自封投柜”下的区划：

一柜：城都一二三四图、一都一二三图

二柜：二都一二图、三四都一二图、五都一图、六都一二图

三柜：七都一二图、八都一二图、九都一二图、东都一图

四柜：东都二图、西都一图、十一都一二图、十二都一二三图

五柜：十三都一图、十四都一二图、十五都一二三图、十六都一图

六柜：十六都二图、十七都一二图、十八都一二图、十九都一二图

七柜：十九都三图、二十都一二图、廿一都一二图、廿二都一二图

八柜：八都三图、十一都三图、十三都二图

第一柜至第七柜，皆包含7个图，这些都图都是康熙朝之前即已存在的，说明当时“自封投柜”是按照“图”的数量平均划分“柜”的收纳范围。只有第八柜仅有3个图，显然是单独设置，说明新增图甲虽然是在官府主导下成立，却始终受到老图甲成员、胥吏的排挤，从而在纳税程序上单列出来。

制度上差别还造成新增图甲与老图甲的心理隔阂。他们原先作为附户，向老图甲缴纳一定的寄附费用同时，还往往被歧视为下户、小姓。乾隆年间修改城垣时，八都就因为新增图众的身份认同，发生了灵泉寺匾额纠纷，亦留下案卷汇编一册。①灵泉寺据说是八都一、二图众的祖先于唐代捐建，是“都人香火祈福禳寿之区”。于是，该寺就被新增的三图图众认为是“系通都共建，并非一、二图私业”，他们自然“有份”。乾隆二十八年（1763年）六月，灵泉寺进行修葺募捐。十二月完工，三图张光大等人向知县吴嘉善申请“灵泉古刹”四字匾额一幅。他们考虑到“一、二图已立有扁，所以不去知会”，自行将匾额悬挂。而一、二图发现新匾落款为“三图十排年众立”字样，极为不满。一、二图众认为，“祖立公扁，原为开山始事建立，今仅修造”，三图却擅自悬匾，填入知县为三图十排年众立字样，有取而代之的趋向，极为不妥。因此，他们将三图字样铲去，引发了双方的争论。作为八都民众精神寄托的灵泉寺，仅仅因为匾额出现“图”的差别，就成为争端焦点。由于先前的佃户、寄户人群结合为新“图”，使得当地社会矛盾演变为以“图”为单位的不同社会群体之利益争端。

① 此案卷收藏在安徽师范大学图书馆。原无题名，笔者将其命名为“乾隆朝祁门八都灵泉寺诉讼案卷”，第1a—2a页。据案卷称，“此时吴主已于廿二日卸事，周主署事。”此时恰为祁门修改城垣，道光《祁门县志》卷二〇《职官表》载，“吴主”即吴嘉善，乾隆二十二年至二十八年十二月二十二日任祁门知县。继任者为周万宁，“试用知县，二十八年署，二十九去”。

再从《城垣簿》的捐输记录来看，新增三个图的捐输数量并不大。八都三图为224.6两，十一都三图为148.1两，十三都二图应捐仅58.25两，实际捐纳58.15两，共计430.85，平均每甲14.86两。三图甲共计79户，户均5.45两。总体而言，三个新图甲的捐输额度是位于全县平均水平（根据表1统计，每甲21.76两）之下，也在一定程度上反映了新图甲的经济实力确实难以与老图甲抗衡，与前述表2统计的子户平均捐输额度（5.75两）大体相当。也就是说，从名义的地位上看，各户相对平等，几乎皆可视为总户，但实际经济实力只是子户的规模。

新图甲原定和实际缴纳的钱两总额只有0.1两的差额，几乎可以忽视，完成度达到99.9%以上；而老图甲却有不少“未讫”的记录，子户的平均完成度也只有93%。如果结合图甲户名的不同运作方式，我们可以想见，新图甲实际上是官府能够准确控制钱粮征收的一小部分，而老图甲仍旧按照总户—子户（附户）的运作方式，官府对其了解与控制有限，从而导致了两者在县城城垣捐输过程中展现出不同的面貌。

可见，从康熙三十年以后，祁门县的图甲格局出现了分异，并在乾隆中叶的《城垣簿》中反映出来：新增图甲直接向官府汇报钱粮，回应自封投柜、积极缴纳税收的号召；而大部分图甲仍在总户—子户结构下，通过依附、揽纳等方式缴纳税粮。但是，自封投柜存在制度上不可避免的困境，从行政成本和小农生活实际考虑，都是无法实现理想的直接交纳方式，并导致了默许地方势力包揽钱粮的结局。新图甲尽管暂时有利于官府掌握税粮信息，但付出的代价不小，亦在创设之初就投靠了包揽势力。[①]实际上，图甲形制的调整，并不能完全转变税粮包揽的痼弊，最终

① 在前引“增图”案卷《清康熙时状词和批示汇抄》中，就有黟县人舒时行包揽新图甲税粮事务的合同，其内容称：“立议约祁邑十一都新图胡国祥、李德孚等，今欠到舒名解册上台督、抚二院及藩司并本府本县各项衙门差费使用、归户清册、洪簿印票、勒碑审图一切等事，尽托舒时行承去经理，三面议定九色银一百二十两正。其官中事务一切等事，尽行尽舒时行包管，不累胡国祥之事”（详见该书第13b页）。

仅在有限的规模之内实现对税粮准确而直接的控制。老图甲应当更具稳定性和可操作性，新图甲存在与之趋同的趋势。

六、结语

随着长期的演变，祁门县图甲格局基本确定，成为乾隆朝摊派修城经费的运作依据。《城垣簿》也因此具备了图甲户籍册的特征，成为我们把握全县图甲状况的基本依据。《城垣簿》中总户详尽而子户较为疏略的情形，恰恰反映了官府对图甲运作的掌控——以图甲总户为中心的社会控制方式。这一方式是在明代中叶以来赋役户籍体制的不断变化过程中逐渐形成的。

官府对图甲的控制主要限于总户部分，借助民间社会“合族均赔”与自行运作，实现较为有效的征收税粮。图甲总户在很长时期内都较为稳定地保持着嘉靖、万历以来的格局亦源于此。《城垣簿》所记录的图甲格局也是主要形成于这一阶段。

然而，官府对子户、附户的认识则十分模糊，往往依赖于一些中间阶层。民间“手册”中有十甲历年税额、编审用费账、田亩钱粮营米则等内容，便表明了该簿册为民间征收税粮的主要凭据，是总户控制子户的重要依据。在修改城垣这一具体情景中，由士绅、宗族控制的图甲总户并没有完整地向官府呈报子户，将个人乐捐与子户帮贴混为一谈，又将以西乡为代表的数量众多之子户隐去。由此推知日常的赋税征解，亦当有此类情形，无怪乎续任的知县对于这批董事持有戒心。

有学者的判断，除非总户无法缴纳税粮而成为绝户，“官府（国家）未必打算掌握实际的土地所有者”。至迟在雍正年间，官府试图越过总户，直接掌握土地所有者，但未奏其效。[①]而本文表明，早在康熙三十年，祁门县新增立的图甲就直接向官府提

① 片山刚：《清代广东珠江三角洲的图甲制——税粮、户籍、同族》，刘俊文主编：《日本中青年学者论中国史（宋元明清卷）》，上海：上海古籍出版社，1995年，第5-8页。

供准确的税粮信息，摆脱了图甲总户的依附关系，暂时实现了钱粮的有效缴纳，是取得了一定成效的。由此，图甲格局的新旧之分，反映出了官府对于钱粮征收的程度差别。但新图甲从康熙中期初创时的寻求包揽，再到乾隆中期的拟制户名出现，都说明其发展逐渐趋同于老图甲。因此，从长期演变情况来看，官府对于图甲组织的干预调整，及其所倡导的自封投柜，都无法改变地方势力包揽赋税的总体趋势。

明代中国东南沿海的移民及其背景
——以浙江瑞安为例

罗 诚
（暨南大学历史地理研究中心）

摘要：本文以民国时期全面调查后纂修的《瑞安县志稿》中《氏族门》的氏族资料为基础，将其所记瑞安氏族的定居点一一复原在地图上，并结合方志、碑刻、族谱、地名志等史料，分析明代浙江瑞安的移民与开发历程。通过对此区域的研究，发现区域性整体社会环境的变化与地理环境的差异是长期影响移民迁移与分布的重要因素。

关键词：明代；东南沿海；移民；社会变化；地理环境

一、问题的提出与资料使用

尽管学术界有关明代移民的成果较为丰富[①]，但以往的研究偏重于对移民史实的叙述与解释，而对地理环境在不同历史时期移民迁徙中的影响考虑不足。本文运用历史地理学的方法，以明代东南沿海地区的浙江瑞安县作为个案，通过重点复原瑞安“自

① 限于篇幅，本文只回顾部分有关明代移民的专论性论著。专著主要有，葛剑雄主编，曹树基著：《中国移民史》第五卷《明时期》，福州：福建人民出版社，1997年；牛建强：《明代人口流动与社会变迁》，开封：河南大学出版社，1997年；张国雄：《明清时期的两湖移民》，西安：陕西人民教育出版社，1995年；陆韧：《变迁与交融——明代云南汉族移民研究》，昆明：云南教育出版社，2001年；陈良学：《明清大移民与川陕开发》，西安：陕西人民出版社，2014年；等等。

发”的移居氏族在空间上的分布，对移民过程和区域开发做出合理的解释，探求地方社会自身发展的脉络。由于东南沿海地区的内部地理环境具有一致性，它被施坚雅等国内外学者作为一个相对独立的区域进行研究。[①]瑞安兼具海岛、平原与山地地形，可谓是东南沿海地区的一个缩影。对瑞安移民与地区开发进行剖析性的研究，有助于我们理解明代东南沿海地区的社会变迁。

民国《瑞安县志稿》中《氏族门》的氏族资料（以下简称《瑞安氏族志》）是本文移民研究的基本史料。[②]该氏族志是经过比较细致的调查、考证后编纂而成[③]，它基本覆盖了当时瑞安境内的所有氏族，在同类的氏族志资料中更加可靠和全面，同时它也符合统计学的要求（样本随机性、容量大），可以将它作为移民史研究中的重要史料。当然，《瑞安氏族志》本身也存在一些问题，如年代靠前的移民记载中，移民来源和年代存在可疑之处；移民的记载存在缺漏等。但由于本文的考察重点是明代的移民情况，因此影响相对有限。《瑞安氏族志》中记载了648支氏族的迁移，其中明代为215支，占氏族总数的33.2%。除氏族志之外，本文还辅以《瑞安地名志》、《文成地名志》、《文成乡土志》、碑刻、家谱等材料予以补充。

考虑到平原和山区开发的动力来源问题，本文除统计区域外迁入的氏族之外，区域内的氏族迁移也是统计的重点。在将氏族志中所记载的移居氏族一一归类统计后，笔者将各个时期每一个迁移氏族所定居的聚落点定位到具体的地理空间中，形成多幅不同时间点的氏族分布图（本文主要展示两个时间段的氏族分布图），再结合历史文献，分析明代各个时期的移民迁移和区域开发情况，从而直观全面地理解移民对瑞安地域社会的影响。

① G. William Skinner,Presidential Address:The Structure of Chinese History,*The Journal of AsianStudies,*Vol.44,No.2.Feb.,1985,pp.271—292.

② 瑞安县修志委员会编印：《瑞安县志稿》，温州图书馆地方文献部，索书号：K295.5/1234。

③ 俞光：《命运多舛史料宏富：民国〈瑞安县志稿〉付印甲子祭》，《温州日报》，2007年11月6日。

二、明前期（1368—1500年）瑞安移民与开发

元末明初之际的瑞安处于动荡不安之中，原因主要有二：其一为沿海平原方国珍势力的侵扰。元末朝廷势力式微，各地豪强并起。崛起于台州的方国珍势力不断壮大，称雄于浙南地区。“至正十二年（1352年）冬十月，方国珍率弟国璋入境大掠，时方氏已据台郡，集海船二百余入飞云江，上抵永安市，下连海口，鼙鼓振天，杀掠二十九日方退”①。元军残余势力与方国珍军队之间进行过多次拉锯式的战争，导致瑞安沿海一带生灵涂炭。②

其二为西部山区山寇的猖乱。瑞安西部山区毗邻处州，元至正十三年（1353年），处州流寇吴德祥与其子吴成七及宋茂在青田起事，他们“列寨毗百余，气势联络，首尾应援，人畏之，不敢深入”③。浙闽两省交界山区历来是政府管辖的薄弱区和流寇活动的密集区。流寇不断骚扰这一带州县，瑞安首当其冲。瑞安州判张文贞因抵抗吴成七率领的徒众而牺牲，吴成七一伙还将瑞安的州治、文庙及民居付之一炬。④在元廷镇压这些叛乱者时，来驰援的流寇竟然多达七千余人。⑤官军最后从瑞安出兵，背后攻敌，终于在今泰顺百丈、筱村（明初属瑞安县管辖）一带将其消灭。⑥据镇压此次流寇的当事者叶琛回忆，在青田活动的流寇数量达数万之多，尽管数字可能有所夸大，但仍可想见其规模之大。⑦瑞安毗邻青田，其西部山区必定也是流寇活动的重点区

① 嘉靖《瑞安县志》卷十《杂志》。

② 王瓒、蔡芳编纂，胡珠生校注：《弘治温州府志》，上海:上海社会科学出版社，2006年，第475—477页；叶嘉棆著，刘绍宽增订：《方国珍寇温始末》，周干、陈仲光编校：《元到民国时期平阳史料选编》（平阳地方文献丛书第一辑），郑州：中州古籍出版社，2010年，第3—23页。

③ 宋濂：《文宪集》卷三《叶治中历官记》，文渊阁四库全书版。

④ 嘉靖《瑞安县志》卷八《人物志》。

⑤ 宋濂：《文宪集》卷三《叶治中历官记》。

⑥ 宋濂：《文宪集》卷三《叶治中历官记》。

⑦ 宋濂：《文宪集》卷三《叶治中历官记》；王瓒、蔡芳编纂，胡珠生校注：《弘治温州府志》，第472页。

域，因此元末瑞安山区并未建立有效的社会秩序。

吴元年（1367年），朱元璋攻克杭州，准备征服浙南。在张士诚的力量被彻底消灭后，朱元璋“命参政朱亮祖攻台州，（方）国瑛迎战败走。进克温州”[①]。“方明善拒战，（朱亮祖）击败之，克其城。徇下瑞安，复败明善于盘屿，追至楚门。国瑛及明善诣军降”[②]。不久温州被纳入明朝的统辖范围。

瑞安沿海平原与山区的动乱导致百姓流离失所，其中一些人为了躲避战乱而到处迁徙。时人季德几记述了他一家人的遭遇。在方国珍占据温州时，父母带着他“乃避地邑两〔西〕秀原溪口，爱其秀胜，构屋居之”。后又遭遇山寇，他跟随父母，丢弃家资，舁书以归，“未几，寇抵邑大掠，而祖居追别墅室庐尽毁，唯篢笴庵岿然独存”。在多次逃离战乱时，财物不存，徒留一些书籍，然而过不了多久，又“括兵压境，先子预于坟山营藏之。罷兵，有推〔椎〕埋者以为财物，发之，书遂尽毁”。其父当时侨居瑞安海滨，闻之几乎要发狂。[③]这个时期如季德幾一样来回奔走避乱的百姓必然不少，他们等战乱过去，或定居于避乱地，或返回故里。

经元末明初的战乱，瑞安境内，尤其是东部沿海平原的人口消耗很大[④]。明前期迁入瑞安的37支氏族中（见表1）[⑤]，迁往平

① 《明史》卷一二三《方国珍传》，北京：中华书局，1974年，第3699页。

② 《明史》卷一三二《朱亮祖传》，北京：中华书局，1974年，第3860页。

③ 季德几：《篢笴书屋记》，吴明哲编：《温州历代碑刻二集》下册，上海：上海社会科学院出版社，2006年，第591—593页。

④ 元朝元贞年间瑞安应有户4万以上，而瑞安洪武初年并没有户口数据，至洪武二十四年（1391年）的户数为36710，在相距近一百年的时间里，瑞安户数非但没有增加，反而不及元朝元贞年间的户数。可见元末明初的战乱对瑞安人口的消耗程度之大。此外，瑞安东部平原历来都是人口最为集中的区域，瑞安人口的减少尤以平原为主。参见葛剑雄主编、吴松弟著：《中国人口史》第三卷《辽宋金元时期》，上海：复旦大学出版社，2005年，第321—322页；嘉靖《瑞安县志》卷三《田赋志·户口》。

⑤ 明景泰三年（1452年），明廷划瑞安县义翔乡5个都、平阳县归仁乡3个都设立泰顺县，此后至清朝结束，瑞安的政区基本保持稳定。为使统计口径一致，表1、图1中氏族的迁入与空间分布所统计的区域范围以景泰三年以后的瑞安政区为准。景泰三年从瑞安划出区域的移民情况，请参见吴松弟的研究。吴松弟、刘杰主编：《走入中国的传统农村：浙江泰顺历史文化的国际考察与研究》，济南：齐鲁书社，2009年，第33—34页。

原的有28支，其中21支是分布在温瑞塘河沿岸和飞云江南岸，尤以今莘塍、塘下一带最为密集（见图1），且绝大部分是在明洪武、永乐年间迁入。迁入这一区域的氏族主要是来自福建、瑞安及温州其他属县的百姓（见表1）。福建迁入瑞安的氏族在时间上集中在明初，特别是洪武年间。瑞安及温州其他属县的氏族迁入除在洪武年间有一个小高潮外，其他时间也有陆续迁入。

表1　明前期（1368—1500年）各地迁入瑞安的氏族分布①

单位：支

年代＼原籍	福建	瑞安	永嘉	平阳	乐清	泰顺	处州	台州	其他	不详	合计
洪武	4	3	4	—	—	—	—	—	—	—	11
建文	—	—	—	—	—	—	—	—	—	—	—
永乐	—	4	1	—	1	—	2	—	—	—	8
洪熙	—	—	—	—	—	—	—	—	—	—	—
宣德	—	—	—	—	1	—	—	—	—	—	1
正统	—	1	—	—	—	—	—	—	—	—	1
景泰	—	1	—	—	—	1	—	—	—	—	2
天顺	—	—	—	—	—	—	—	—	—	—	—
成化	—	4	1	1	—	—	—	—	—	—	6
弘治	—	1	—	—	—	—	—	—	—	—	1
明初	2	1	—	3	—	—	—	—	—	—	6
明中叶	1	—	—	—	—	—	—	—	—	—	1
合计	7	15	6	4	2	1	2	—	—	—	37

此外，剩余7支氏族的迁移区域主要集中在陶山、马屿平原（见图1）。陶山平原在元末山区倡乱时，时常遭到流寇的侵扰，如前述的吴成七之乱，对这一区域影响较大。桐岭作为瑞安至温州的必经之路，在战乱发生时成为兵家必争之地。位于飞云江南岸的马屿平原南通平阳，西毗山区，与陶山隔江相望，自然也是频繁遭灾之地。明初瑞安人口恢复较慢，沿海平原有不同区域的移民迁入，而飞云江两岸平原则以周边区域的移民填补为主，且数量有限，迁移时间也很分散（见图1）。

① 瑞安县修志委员会编印：《瑞安县志稿》卷五《氏族门》，温州图书馆地方文献部，索书号：K295.5/1234。

说明：1.元末明初的氏族按元代与明代迁入瑞安的氏族总数的比例分配，相应氏族归入明初统计数中；弘治时期的移居氏族全部归入明前期；明中叶的氏族暂归为明前期的移居氏族。

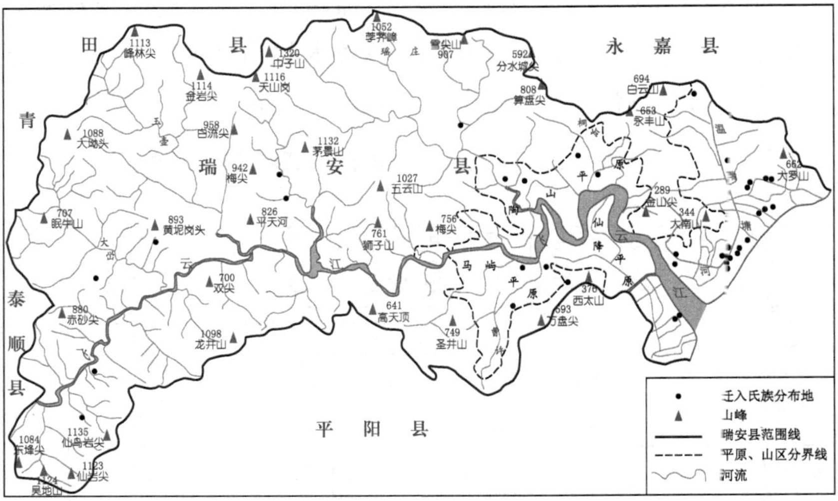

图1 明前期（1368—1500年）迁入瑞安的氏族之空间分布示意图①

2.明前期迁入瑞安的氏族中，迁入平原为28支，山区为8支，迁入的地形不详有1支。其中迁入平原的氏族中，福建氏族6支、瑞安10支、永嘉5支、平阳3支、乐清2支、处州2支；迁入山区的氏族中，福建氏族1支、瑞安4支、永嘉1支、平阳1支、泰顺1支。另有1支暂不能确定迁入地的地形。

瑞安东部平原除普通自发的移民之外，还有一批政府组织的卫所军事移民。明初，方国珍及张士诚部队中未归顺明廷的残余势力流窜于东南沿海地区，“勾倭为寇”，成为朱元璋的心腹之患。后朱元璋在东南沿海设立一系列的军事卫所，‘命靖海侯

① 资料来源：《浙江省地图集》编纂委员会：《浙江省地图集》中“文成县”“泰顺县”“瑞安市”三县地形图改绘，北京：中国地图出版社，2008年，第166—171页；钟翀编：《温州古旧地图集》，上海：上海书店出版社，2014年，第141、150—151页。吴松弟：《温州沿海平原的成陆过程和主要海塘、塘河的形成》，《中国历史地理论丛》，2007年，第2期，海岸线据该文绘制，并做部分调整。后图资料来源均与此图相同，不另说明。

吴祯，籍方国珍所部温、台、庆元军士及兰秀山无田粮之民，凡十一万人，隶各卫为军”①。与此同时还规定沿海百姓“寸板不许下海’，实行严厉的海禁政策。明廷在温州先后设立了三卫九所，以建立这一区域的军事防卫系统②。最初驻守卫所的军士一部分可能来自方国珍与张士诚的投降部队，另外一部分应为明廷中央派遣的军士。

在瑞安境内的瑞安所、海安所、沙园所于洪武二十年（1387年）由信国公汤和巡视沿海地方后奏请设立，三个守御千户所都由瑞安本县的民兵负责筑造③。洪武二十七年（1394年），瑞安境内三个千户所筑成后，瑞安所“调宁波前所千户沈忠等领军到所守御，隶温州卫”；海安所“调宁波卫左千户崔旺等领军到所守御，隶温州卫”；沙园所“调昌国卫钱仓所副千户廉高领军到所守御，隶金乡卫”。④这些从宁波调来的军队是汤和在浙东抽丁后组织起来的，“浙东民四丁以上者，户取一丁戍之，凡得五万八千七百人”。这些抽调而来的士兵分布在先期设立的卫所之中，其中也包括宁波的卫所⑤。至于为何宁波卫所士兵会被调至瑞安戍守，除明制规定卫所士兵通常由外地调来外，也是出于“土人为军反为乡里之患”的担忧，才将浙江、福建两地的卫所士兵互徙⑥。依照此例，戍守瑞安卫所的士兵应由福建调来才是，但实际情况却是从宁波调来的，其原因《明太祖实录》解释为“既而以道远劳苦，止于各都司沿海卫所相近者，令互居

① 《明史》卷九一《兵志》，北京：中华书局，1974年，第2243页。

② 三卫为温州卫、盘石卫、金乡卫，九所为宁村所、蒲岐所、海安所、瑞安所、平阳所、沙园所、浦门所、壮士所、盘石后所。其中温州卫、平阳所、盘石后所设置时间分别为洪武元年（1368年）、洪武十九年（1386年）、成化五年（1469年），其余皆设置于洪武二十年（1387年）。瑞安境内三守御千户所中，瑞安所、海安所隶温州卫，沙园所隶金乡卫。相关研究参见周振鹤主编，郭红、靳润成著：《中国行政区划通史（明代卷）》，上海：复旦大学出版社，2007年，第659—672页。

③ 嘉靖《瑞安县志》卷二《建置志》。

④ 嘉靖《瑞安县志》卷二《建置志》。

⑤ 《明史》卷一二六《汤和传》，北京：中华书局，1974年，第3755页。

⑥ 《明史》卷九一《兵志》，北京：中华书局，1974年，第2249页。

之"[①]。因此，明洪武年间戍守在瑞安境内的三个千户所的士兵应来自浙东地区。

按明朝规定，一卫的军士一般为5600人，一所为1100人。卫所军士大部分来自其他地方。除此之外，明朝在卫所实行家属一同驻守的世袭兵制，驻地一旦确定就很少发生变动，因此每设置一个卫或千户所都会伴随着一个数量庞大的移民群体的到来。这个移民群体包含卫所军士、军余、余丁及其家属以及相关人口。据嘉靖《瑞安县志》记载，明初瑞安所旗军为1260人，海安所旗军为1251人，沙园所旗军为1250人，三所均为足额，合为3761人[②]。若以一家四口的标准来计算，在瑞安驻扎的军士及其家属约为1.5万人，而这部分人还不包括军官、军余、余丁等其他人口。

瑞安东部平原入明以后社会基本安定，生产逐渐恢复，而西部山区仍然处于动荡不安之中。尽管明太祖朱元璋在征服浙南时，曾派胡深征剿山寇，但并未在这一区域建立稳定的社会秩序[③]。洪武十四年（1381年），吴达三、叶丁香因掘矿兴利，遂与徒众在青田起事，他们烧毁官民庐舍，烧杀抢掠，殃及处州、温州、衢州三府[④]。这些流徒中有一些是瑞安、平阳人，其中有些人是被"胁迫而入"[⑤]，也有些人是"主动应之"[⑥]。明廷重视此事，立即派遣延安侯唐胜宗、都督佥事张德领兵平乱，"擒贼首并其党三千余人"[⑦]。在这次平定矿徒中，处州民间相安无

---

① 《明太祖实录》卷二三三，《明实录》第5册，台北："中央研究院"历史语言研究所，1962年，第3405页。

② 嘉靖《瑞安县志》卷八《兵志》。

③ 《明史》卷一三三《胡深传》，北京：中华书局，1974年，第3889—3890页；万历《括苍汇纪》卷十二《往哲纪》。

④ 万历《括苍汇纪》卷十四《大事记》。

⑤ 王瓒、蔡芳编纂，胡珠生校注：《弘治温州府志》，第173页；嘉靖《温州府志》卷三《名宦·王全》。

⑥ 林昕《泰顺林氏家传·默斋公传》，陈瑞赞编注：《东瓯逸事汇录》，上海：上海社会科学院出版社，2006年，第193页。

⑦ 《明史》卷一三一《唐胜宗传》，北京：中华书局，1974年，第3850页。

事，而温州反倒是伤亡惨烈[①]。时瑞安罗阳镇“是伐是肆，戮亡者十八九，村落空虚”[②]。尽管这些说法可能有些夸大事实，但叶丁香之乱确实导致了这一区域人烟稀少，后处州百姓迁入罗阳一带，才得以填补这一人口空缺[③]。

自叶丁香倡乱被镇压之后，瑞安西部山区的人口所剩不多，尽管仍有零星矿盗活动的记录，但并未让官府过于担忧[④]。在此后半个世纪左右的时间，从周边涌入的流民逐渐增多，因此在宣德年间，温州知府何文渊向朝廷上疏：“（瑞安、平阳）二县僻在山野，人民顽犷，逃伏险阻，或集为寇盗，宜置巡检司。”[⑤]兵部覆实后在瑞安设置了池村巡检司，在平阳设置了雅阳巡检司，二者各置巡检一员，吏一名，弓兵一百人，以维持这一区域的治安。正统六年（1441年），明廷又在瑞安毗邻的青田县设置了卢山巡检司。此地是庆元、龙泉、丽水、瑞安、平阳及福建政和诸县的银冶之冲，矿徒的聚集让明廷感到紧张[⑥]。

由于采矿需要冒极大的风险，每次开采若是没有掘得好的

---

① 唐立宗：《坑冶竞利——明代矿政、矿盗与地方社会》，台湾政治大学历史学系2011年，第324—326页。

② 熊相：《泰顺县建置沿革记》，吴明哲编：《温州历代碑刻二集》下册，第1201页。另泰顺《龟湖龙漩封氏族谱》载：“洪武十四年秋，浙东叶丁香聚党作寇掳掠民财。冬至萧家渡，南至福州，西至青田，北至庆元，男女不能安生，为差者居于蓬茨之下，饘粥数日无餐。是岁十月，盗掠，衙司巡检司仝司府申奏上，朝廷征南大将十八万而行莒江尽行剿戮，寸草不留，于百人存其一二，卑幼者而失爷娘，鳏寡者而无依靠，垄堂烬毁，基址存遗各境，村村立寨。（洪武）十五年三月官军各兵方得回朝。村蓬蒿满眼，四顾无人，寒雅采食，古骨成群。叹曰：‘残民招抚转回头，视亲白骨没人惨，民魂含冤贼鬼哭，天阴雨润叫啾啾。’”按龟湖在泰顺设县前地处平阳县西部山区，罗阳地处瑞安西部山区，两地相距不远，二者被描述的情形差不多，因此可知官府在镇压叶丁香之乱时，手段残暴，对这一区域造成的破坏极大，造成“十室九空”的景象，参见郑笑笑、潘猛补主编：《浙南谱牒文献汇编》，香港：香港出版社，2003年，第292页。

③ 熊相：《泰顺县建置沿革记》，吴明哲编：《温州历代碑刻二集》下册，第1201页。

④ 唐立宗：《坑冶竞利——明代矿政、矿盗与地方社会》，第326—328页。

⑤ 《明宣宗实录》卷一一〇《明实录》第12册，台北：“中央研究院”历史语言研究所，1962年，第2462页。

⑥ 《明英宗实录》卷八一《明实录》第15册，台北：“中央研究院”历史语言研究所，1962年，第1630页。

矿脉，掘矿者很有可能就会入不敷出而破产；加之官府的追剿，他们通常被官府和百姓视为亡命之徒。处州叶宗留在连续开采少阳坑、少亭坑等矿场后，从中所获不足维持徒众的自身生存，于是谓其徒曰："以吾之众，即索金于市易耳，何至自疲山谷间，常苦不给也。"①正统十二年（1447年），叶宗留率领矿徒在浙闽山区起事，第二年邓茂七在福建起事，二者遥相呼应②。据唐立宗研究，当时活跃在浙闽山区的矿盗除以叶宗留、邓茂七为首之外，还有陈鉴胡、陶得二、叶希八、周明松、徐浩八、祝岳二等人领导的山头势力③。尽管叶宗留在正统十三年（1448年）被官军乱箭射死，但浙南地区的矿盗并未因此平定④。景泰元年（1450年），兵部左侍郎孙原贞进兵捣贼巢，"俘斩贼首陶得二等，招抚三千六百余人，追还被掠男女"⑤。孙原贞有感浙南"地广民稀，虑终为盗区"，于是上奏设县，朝廷"遂割丽水鲍村为宣平县，浮云为云和县，青田沐溪为景宁县，瑞安县罗洋为泰顺县，并儒学等衙门，各设置官吏"，盗患遂息⑥。

在历次镇抚中被官方史书称为"贼寇"的流民或矿徒，其实是另外一种形式的移民。早在元末叶琛镇抚温处一带的流寇时便曾说过："作乱者，此数曾耳，余皆良民，因胁至此，彼何罪欲使之作虀粉耶？"⑦他命令将士退后二十里，让山寨里的流寇携妻子逃遁之后才纵火焚烧寇寨。这些未被剿杀的余部作鸟兽散后，大部分可能就在山区中寻找合适地方定居下来。洪武年间的叶丁香之乱，官府对瑞安、平阳西部山区的残酷镇压，导致这一

① 谷应泰等撰：《明史纪事本末》卷三一《平浙闽盗》，北京：中华书局，1997年，第461页。

② 有关叶宗留、邓茂七的记载纷繁复杂，具体可详见唐立宗、卢增夫的研究。唐立宗：《坑冶竞利——明代矿政、矿盗与地方社会》，第328—336页；卢增夫：《邓茂七之乱史料传承考辨》，《明代研究》第14期，2010年6月。

③ 唐立宗：《坑冶竞利——明代矿政、矿盗与地方社会》，第336—339页。

④ 朱国桢：《皇明大事记》卷十七《平浙寇》。

⑤ 《明史》卷一七二《孙原贞传》，北京：中华书局，1974年，第4585页。

⑥ 《明英宗实录》卷二一六，《明实录》第18册，台北："中央研究院"历史语言研究所，1962年，第4672页。

⑦ 宋濂《文宪集》卷三《叶治中历官记》。

区域人口稀少，继而出现一股处州人移入的小高潮。[①]在此后半个世纪的时间里，陆陆续续有一些移民迁入定居，与此同时也有一批流民进入山区采矿。这些矿工面对政府日益沉重的赋税及官府的严格控制，往往逃亡、私盗银矿。叶宗留事件后，朝廷重点着手招抚流民事务，“命都察院揭榜招谕浙江、福建贼盗遗孽遁藏山谷者，限三月以里赴官自首免罪”[②]。地方官员将安插的流民编户齐民，以降低山区人口的流动性。因此，我们可以看到山区流民最终定居的过程。

《瑞安氏族志》载景泰三年（1452年）瑞安分立泰顺后所辖区域内的氏族情况，从中仍然可以看出明前期瑞安西部山区的移民迁移与当时浙闽山区矿盗事件的密切关系。明前期瑞安的氏族迁移中，有8支是属于山区移民，其中6支是明初来自瑞安、平阳、永嘉，1支是明洪武迁自福建，还有1支是明景泰年间迁自泰顺库村（见表1）。其中有一半以上分布在飞云江干流或支流中地域宽阔、土地肥沃、水热条件优越的河谷平原上，剩余的氏族分布在离河流不远处（见图1）。在迁入山区的氏族中，除1支来自瑞安城区北门，1支来自福建外，其余6支皆来自山区，因此，在明前期迁入瑞安西部山区的氏族中，绝大部分来自瑞安本地及周边区域，而其中有一部分可能是历次镇抚山区山寇与矿盗所遣散的流民。笔者认为，这些定居于瑞安西部山区的流民规模是很大的，远超出《瑞安氏族志》所记载的数量。之所以会造成这种情况，一方面是因为历史文献对这个群体的记录有缺漏，另一方面是由于族谱编纂、流传等方面造成的结果。一般来说，移民迁入到移居地后需要经历较长的一段时间，在具备相关条件后才会

---

① 吴松弟、刘杰主编：《走入中国的传统农村：浙江泰顺历史文化的国际考察与研究》，济南：齐鲁书社，2009年，第33—34页。

② 《明英宗实录》卷二〇六《明实录》第18册，台北：“中央研究院”历史语言研究所，1962年，第4415页。

修纂家谱[①]。在此过程中，历史性的记忆可能会模糊，且历史上大规模的修谱也要到明后期至清代。族谱的编纂过程中对有影响祖先光辉形象的事件，如参与过盗矿活动，通常不会被记载在族谱之中。这样便给我们造成了明前期瑞安西部山区移民的空白印象。

三、明后期（1501—1644年）瑞安移民与开发

瑞安东部沿海的卫所在明中后期渐显颓势，以致军备废弛、弊端丛生。正统五年（1440年）三月，沙园千户所的军士担心大潮会冲决所城外的圩田而危及所城，于是向朝廷奏请征用县民修筑所城。时任永嘉县丞方珍则言："沙园所军月食官储，又假捕倭，给行粮出海取以为利。其所管头目得贿，置不问。今年坏圩田，宜令军士及耕圩田者协修，毋烦县民。"[②]于是工部要求浙江三司对此事进行核实，结果确如方珍所言，朝廷下达命令整顿并重申军队禁止出海获利。据此可见，明中期瑞安沙园所军士假捕倭之名，实为出海勾结海商进行走私活动，而朝廷似乎对这种现象司空见惯，并未认真追究。卫所的军士尚且如此，更何况是普通的老百姓。"向来海上渔船出近洋打鱼、樵柴，无敢过海通番。近因海禁废弛，勾引番船，纷然往来，海上各认所主，承揽货物，装载或五十艘或百艘，成群合党，分泊各港，又各用三板草、撇脚船不可胜计。在于沿海兼行劫、掠乱斯生矣。自后日本、暹罗诸国无处不到，又诱带日本倭奴，借其强悍以为护翼"[③]。瑞安百姓也不例外，他们也时常通番走私，只是程度上不如福建漳州、泉州一带严重。"今日通番接济之奸豪，在温州

---

① 家族人口、经济基础、科举成功是一个家族修纂家谱的三个重要条件。参见吴松弟：《国家科举与地方家族文化：对浙江泰顺旧家谱的分析》，复旦大学历史地理研究中心、哈佛大学哈佛燕京学社编：《国家视野下的地方》，上海：上海人民出版社，2014年，第164—180页。

② 《明英宗实录》卷六五《明实录》第14册，台北："中央研究院"历史语言研究所，1962年，第1255页。

③ 王在晋：《海防纂要》卷七《叙寇原》。

尚少，在漳泉为多”[①]。因此，明中叶瑞安东部沿海地区的社会经济变化与军备废弛，致使沿海军民的流动较之明初更为频繁。

明嘉靖二年（1523年）“宁波争贡”事件发生，导致日本与明朝之间的勘合贸易中断，随后出现了中国沿海商人与日本、葡萄牙等国之间日益横行的海上走私贸易[②]。明廷始终密切注意着东南沿海的动向。在朝廷的授意下，嘉靖二十七年（1548年）浙江巡抚朱纨派遣都指挥卢镗等突袭宁波双屿港，一举覆灭了这个大规模的走私贸易据点，次年明朝政府首次将王直集团称为“倭人入寇”[③]。嘉靖三十一年（1552年）王直吞并另一海上走私集团，成为东南沿海最大的走私集团[④]。贼寇四处劫掠，“不于余姚则于观海，不于乐清则于瑞安”，面对“通番之家”则不相犯，而“通番之家”在保护自身安全的同时，也获得了巨大的利益，因此他们也乐意为劫掠的贼寇提供后勤服务[⑤]。“浙直沿海一带，原有各卫所军，平时既以民养兵，临事复以民卫民，殊失祖宗设军之意”[⑥]。官军在与倭寇的战争中，节节败退，倭寇的活动从一开始的沿海地带的骚扰逐渐演化为攻城略地的武装劫掠。在温州，“正德间，寇海洋鲜有登岸者。嘉靖二十三四年躏入平阳前仓、乐清大从、瑞安泥城沿海等处，犹未敢深入。至三十一年，劫黄岩县治而势渐炽”。[⑦]

自嘉靖三十一年至嘉靖三十七年（1558年）是瑞安倭患最为严重的时段。在嘉靖三十六年（1557年）以前，温州临海四县中，瑞安遭受倭患的程度相对低于其他三县，而这一定程度

① 朱纨：《甓余杂集》卷二《阅视海防事》。

② 田中健夫著，杨翰球译：《倭寇：海上历史》，北京：社会科学文献出版，2015年，第59—60页；樊树志：《“倭寇”新论——以“嘉靖大倭寇”为中心》，《复旦学报（社会科学版）》，2000年，第1期。

③ 《明史》卷二〇五《朱纨传》，北京：中华书局，1974年，第5404页。

④ 樊树志：《“倭寇”新论——以“嘉靖大倭寇”为中心》，《复旦学报（社会科学版）》，2000年，第1期。

⑤ 王在晋：《海防纂要》卷七《叙寇原》。

⑥ 《明世宗实录》卷四三三，《明实录》第47册，台北：“中央研究院”历史语言研究所，1962年，第7470—7471页。

⑦ 万历《温州府志》卷一八《杂志》。

上要归功于时任瑞安知县刘畿的积极防御[①]。刘畿在瑞安东部平原，“修城垣、饬械器，令附郭居民预徙于城内”[②]，同时动员城乡百姓在瑞安县城外围沿飞云江一线抢筑沙城（又名泥城），在沿城一线设有寨门、楼堡，置有器械，并分兵把守[③]。瑞安沙园、梅头、海安等地亦为倭寇常登陆的地区，刘畿在这沿海一带也做了详细周密的布局[④]。备倭政策在西部山区也得到了认真推行，如嘉屿乡壶山（今文成玉壶镇）。刘畿视察此地时要求“先事筑城开壕，制械练卒，以防不测，迨寇至被衄乃遁。内备既修，下令乡都，俾各编保伍，设险防御，莫不仰承德意，举行惟恪”[⑤]。在地方耆老的号召下，壶山百姓在狮岩山上建起了“狮岩寨”。嘉靖三十四年（1555年），福建的寇徒突然来犯，壶山百姓躲进狮岩寨中，并积极防御，才得以避过此次灾难。

瑞安平原与山区对倭寇的有效防御，一方面是得益于瑞安知县刘畿的周密布置；另一方面则是侵扰瑞安的倭寇规模并不大，他们在与官军的对抗中没有占据绝对优势，然而这种局面在嘉靖三十七年时被彻底扭转。刘畿在嘉靖三十五年（1556年）赴任吏科给事中后，瑞安面临嘉靖年间以来最大规模的倭寇侵袭[⑥]。先是嘉靖三十七年农历四月五日，有十七只船载有大约八百余人的海寇进攻海安所城，“众军发愤，乘城扛巨石伺压之，贼肝脑俱碎，又中石击死者五六人”后，贼寇才退去[⑦]。同月二十日，“又有流贼千余由永嘉来，夺船过飞云江，屯集十四都河头月余，烧劫历尽，县境惟五十都得免。至五月十一日，复渡江烧

① 具体可以参见蔡瑞霞对温州各县有明一代的倭患次数统计与分析。蔡瑞霞：《明代温州倭寇研究》，《浙江学刊》，2010年，第5期。
② 万历《温州府志》卷一八《杂志》。
③ 嘉靖《瑞安县志》卷二《建置志》。
④ 嘉靖《瑞安县志》卷六《兵防志》。
⑤ 秦激：《壶山狮岩寨壁记》，乾隆《瑞安县志》卷九《艺文》。
⑥ 黄思亲：《邑父母吴门刘公去思祠碑记》，吴明哲编：《温州历代碑刻二集（下）》，第640—642页。
⑦ 万历《温州府志》卷一八《杂志·倭警总略》。

隆山塔寺，山下人家及东山等处，自来倭患莫惨于此”[①]。嘉靖三十七年四五月份在瑞安烧杀劫掠的倭寇都主要从永嘉方向来，他们与侵扰温州府城的倭寇同属一批。万历《温州府志》对这些烧杀抢掠的倭寇的行径描述更为详细具体。倭寇将官民围困于府城之内，在城外“日磔人于市以示威”，“随分投劫掠乡村，虽深山僻壤毕到……其各乡近山者，逃匿山中，贼系被掳人为向导，遍搜崖谷间，洞穴深邃，烧烟熏之，日经数搜，十余日未息，惨毒甚矣”。是年四月初旬，因倭寇入永嘉境凡二十余日，“乡间民房烧毁十之八，杀死男妇以数万计，其沉溺、饥渴、困顿、病死者更多”[②]。尽管方志中的描述可能有些夸张，但让我们更能理解此次倭患对与之毗邻的瑞安的影响，这不仅导致瑞安人口的损失，也促进山区与平原地区的人口流动更为频繁。

面对严重的倭患，普通的老百姓通常是以逃匿的方式来应对。在瑞安嘉屿《金山卓氏宗谱》中，时人卓尔在撰述其伯父文峰公一生的事迹时，着重描述了他在倭患中为保全家庭而过着颠沛流离的生活。文峰公儿子早逝，他“以祖守孙”抚养孙子卓有思，自“嘉靖大倭寇”始，常因贼寇来扰而奔走逃匿。嘉屿乡地处瑞安西北山区，但在倭寇横行的年代里亦不能幸免。村落中百姓在倭寇前来劫掠时，一有人大呼贼至，“便老稚俱奔匿”[③]，说明这种逃避倭寇侵扰的行为已经常态化了。

---

① 万历《温州府志》卷一八《杂志·寇警》。

② 万历《温州府志》卷一八《杂志·寇警总略》。王叔杲描述了一段他逃往瑞安海安所避乱，并组织抗倭的亲身经历：“及（嘉靖）戊午岁，海上竞传寇将大举，欲先破我家乡兵，然后进围郡城……未几，贼进围郡城，余兄弟俱在茅竹，乃私厝灵柩于墓侧，携家眷夜奔山中。时遍地皆寇，兼以乡人导之，深山穷谷，无所不到。余与长公逃匿各止七八日至仙岩。时族众俱避寇海安所，东华弟与袁兵备、张参将在宁村，犹欲率败残乡兵进解郡城之围，至金岙遇伏寇战败，亦竟被害。时族众在海安者不知余两人去向，寻至岩庵，邀余入海安城。时海安城甚危急，且低陋难守，所中官军亦无固志。余既间行至所城，乃编次避寇，居民分画四隅巡守，寇数突至，用药弩射杀数人，遂不敢犯。”参见王叔杲撰：《筑永昌堡始末》，王叔杲、张宪文校注：《王叔杲集》，上海：上海社会科学院，2005年，第382页。

③ 卓尔：《纪文峰公事迹》，郑笑笑、潘猛补主编：《浙南谱牒文献汇编（第三辑）》，香港：香港出版社，2008年，第280—281页。

在温州东部平原地区，永嘉士人王叔杲在《筑永昌堡始末》一文中多次描述侵扰温州的倭寇多半为闽人。“（嘉靖）丙辰秋，寇自宁、台间遁走楠溪，至千石，取船渡江，约有百余人，多半俱闽人，遇兵船皆拱手而过……寇将谋趋我乡，而吾兵已会，半路要击，我众彼寡，时生擒数十，皆闽人也”[①]。官方记载中也时常见到“倭寇”多为东南沿海地区，尤其是福建人的表述，如嘉靖三十四年（1555年），南京湖广道御史屠仲律在向朝廷条奏御倭五事中提到：“夫海贼称乱，起于沿海奸民通番互市。夷人十一，流人十二，宁绍十五，漳、泉、福人十九。虽概称倭夷，其实多编户之齐民也。”[②]可见福建漳、泉人是构成倭寇的重要部分。

明嘉靖年间瑞安平原与山区的倭患及倭寇的构成成分为我们解释明后期瑞安的移民现象提供了思路。在统计《瑞安氏族志》的移居氏族数量后发现，在有明确迁移年代的移居氏族中，明后期（1501—1644年）迁入瑞安的氏族有102支，是明前期移民数量的近3倍，可谓是明代瑞安移民的一个高峰期。在这些移居氏族中，正德年间有1支、嘉靖年间有21支、隆庆年间有4支、万历年间有28支、天启年间有12支、崇祯年间有30支，此外标为明末的为6支（见表2）。在每年平均迁入的氏族数量中，嘉靖、隆庆、万历三个时期大致相仿，天启与崇祯两个时期基本持平，但后两个时期的氏族年平均迁移数量要比前三个时期多。从迁出地来看，102支的移居氏族中有49支来自福建，占移民总数的近一半。具体而言，除崇祯年间外，各时期从福建迁入的氏族大都超过该时期迁入瑞安氏族总数的一半，可见明后期迁入瑞安的移居氏族中，福建氏族占有举足轻重的地位（见表2）。若是再深究福建移民的来源，福建漳州、泉州是福建氏族迁入瑞安最为重要

① 王叔杲撰：《筑永昌堡始末》，王叔杲、张宪文校注：《王叔杲集》，第382页。

② 《明世宗实录》卷四二二《明实录》第46册，台北：“中央研究院”历史语言研究所，1962年，第7310页。

的地区。在49支的福建氏族中，36支具有详细的迁出地，其中来自漳州的有14支，来自泉州的有15支，两者合计29支，占具有详细迁出地的福建氏族的80%以上，占明后期福建迁入瑞安氏族总数的59%。此外瑞安内部的氏族迁移亦有26支，占总数的四分之一。

表2　明后期（1501—1644年）各地迁入瑞安的氏族分布表①

单位：支

年代 / 原籍 / 地形		福建	瑞安	永嘉	平阳	乐清	泰顺	处州	台州	其他	不详	合计
正德	A	—	—	—	—	—	—	—	—	—	—	—
	B	—	—	—	—	—	—	—	—	—	—	—
	C	—	1	—	—	—	—	—	—	—	—	1
嘉靖	A	7	—	1	1	—	—	—	—	1	1	11
	B	4	2	1	—	—	—	1	—	—	—	8
	C	2	—	—	—	—	—	—	—	—	—	2
隆庆	A	2	—	—	—	—	—	—	—	—	—	2
	B	—	—	—	—	—	—	—	—	—	—	—
	C	1	1	—	—	—	—	—	—	—	—	2
万历	A	7	8	1	1	1	—	—	—	—	—	18
	B	5	1	—	—	—	1	—	—	—	—	7
	C	1	1	—	—	—	1	—	—	—	—	3
天启	A	3	—	—	—	—	—	—	—	—	—	3
	B	5	3	—	—	—	—	—	—	—	—	8
	C	—	—	—	—	—	—	1	—	—	—	1
崇祯	A	6	2	3	—	2	—	—	—	1	—	14
	B	4	5	—	1	1	—	1	—	—	1	13
	C	1	—	1	—	—	—	—	—	—	1	3
明末	A	1	2	1	2	—	—	—	—	—		6
	B	—	—	—	—	—	—	—	—	—	—	—
	C	—	—	—	—	—	—	—	—	—	—	—
合计	—	49	26	8	5	4	2	3	—	2	3	102

注：A.平原；B.山区；C.迁入地形不详。

① 瑞安县修志委员会编印：《瑞安县志稿》卷五《氏族门》，温州图书馆地方文献部，索书号：K295.5/2234。“明末清初”的氏族按明代与清代迁入瑞安的氏族总数的比例分配，相应氏族归入“明末”统计数中；泰昌时期无氏族迁入记载，故未列于表中。

为何明后期福建，尤其是漳、泉两地会成为瑞安的重要移民输出地？归结而言，主要有三个方面的原因：首先是明中前期瑞安山区此起彼伏的矿盗动乱导致山区人口的严重损耗，明嘉靖年间瑞安平原与山区遭受严重倭患所导致的人口死亡，两者让这一区域成为移民输入地变为可能。关于这一点前文已有详细论述，此不赘述；其次是由于明后期福建，尤其是漳、泉一带是移民的重要输出地，林国平、孔飞力等学者已有较为深入的研究①；再次是明隆庆年间明廷的开海政策。隆庆元年（1567年），“福建巡抚御史涂泽民请开海禁，准贩东西二洋”，终得“奉旨允行”②，首先开禁地点为福建漳州月港，隆庆开禁意味着东南沿海地区的贸易和人员流动的合法化，为人多地少的闽南移民迁移到人口密度相对较低的瑞安提供了便利。

明嘉靖年间侵扰瑞安的倭寇中有较大比例的人员是来自福建，尤其是漳、泉一带，而明嘉靖及以后的时代，福建漳、泉地区的氏族又是构成迁入瑞安移居氏族的重要部分，两者之间是否存在关联性值得思考。嘉靖四十二年（1563年）三月，巡抚浙江侍郎赵炳然上奏讨论浙兵是否派往福建拯急时说：“夫福建所以致乱者，民变为兵，兵变为盗，其所由来渐也。夫闽民皆盗，治标之道不得不假于别省，募兵而反求其本，必须多方抚处，使盗化为兵，兵化为民可也。”③从赵炳然的陈辞来看，福建普通百姓这种“民—兵—盗”模式似乎已经成型，“闽民皆盗”虽然夸大其词，但却揭示了福建普通民众流动性极强，身份变换较为频繁的事实。他据此提出“盗—兵—民”的策略，让流动人群的身

① 杨国桢、郑甫弘、孙谦等著：《明清中国沿海社会与海外移民》，北京：高等教育出版社，1997年；林国平、邱季端主编：《福建移民史》，北京：方志出版社，2005年；李德元：《明清时期海内移民与海岛开发》，厦门：厦门大学出版社，2006年；孔飞力著，李明欢译：《他者中的华人——中国近现代移民史》，南京：江苏人民出版社，2016年；等等。

② 许孚远：《疏通海禁疏》，《明经世文编》卷四〇〇。

③ 《明世宗实录》卷五一九《明实录》第48册，台北：“中央研究院”历史语言研究所，1962年，第8505页。

份重新回归到“编户齐民”。这些“虽概称倭夷，其实多编户之齐民也”[①]，他们在倭乱猖狂之际，混迹其中，寻得较好栖身之地时，即化为民；抑或掠夺财物，回归故地后，凭借外出经历，举家迁徙到安全之地[②]。因此，明后期迁入瑞安的福建氏族，不排除有一定比例的移民其身份原为“倭寇”“盗贼”的可能性。

从移居氏族迁入瑞安的地形分布来看，在102支的移居氏族中，迁入平原的有54支，而迁入山区的有36支，余下氏族迁入的地形区不详，平原与山区的移居氏族比例为3∶2（见表2）。与明前期相比，首先是平原与山区的移居氏族在绝对数量上有增加；其次是山区移居氏族数与平原移居氏族数的差距在缩小。从不同来源地的移居氏族在定居点的选择上来看，迁入平原的移居氏族中有一半来自福建（26支），迁入山区的也有一半来自福建（18支）。与明前期相比，从明嘉靖年间开始，福建移居氏族不再集中迁往瑞安东部平原，瑞安的西部山区也成为福建移民的重要迁入区。

若是将明后期移居氏族所迁入的地点定位到具体的地理空间，我们可以看到很多与明前期不同的分布特征（见图2）。在东部平原地区，首先，温瑞塘河沿线不再是移居氏族迁入的最重要区域，而是开始稍稍远离塘河，在靠近海岸线定居的氏族逐渐增多。其次，飞云江沿岸地带成为吸引移居氏族迁入的重要区域；再次，飞云江南岸马屿—仙降平原南面的曹许乡有一批移居氏族的迁入；同时也有少量移居氏族迁入飞云江北岸顺泰、

① 《明世宗实录》卷四二二《明实录》第46册，台北：“中央研究院”历史语言研究所，1962年，第7310页。

② 此种直接记载局限于明代瑞安境内极难寻得，目前仅找到一条瑞安人赵钧在其日记中记述清乾隆中期福建盗贼定居泰顺的事例，予以佐证：“二十年前，有福建曾姓者，迁居泰顺，现子弟入泰顺籍应试，文武各有在庠者。一家四五十口，男女各有所事，无惰游人。耕读外，又开设店铺以佐生计，家业岁增。始迁人现尚在，此人往时在闽洋行劫，积金数千，预为避罪计，择居僻远，改行正业，亦智人也。在泰未入籍时，某岁饥，自以客户，恐被劫掠，筑楼五楹，备刀械，四面凿深沟以居守，土匪不敢生心。应光壁述泰邑对客言如此。”参见赵钧：《过来语》，乾隆癸丑（1793年）六月，转引自陈瑞赞编注：《东瓯逸事汇录》，第545—546页。

荆谷沿江山麓平原。飞云江北岸的陶山平原移民迁入较少（见图2）。

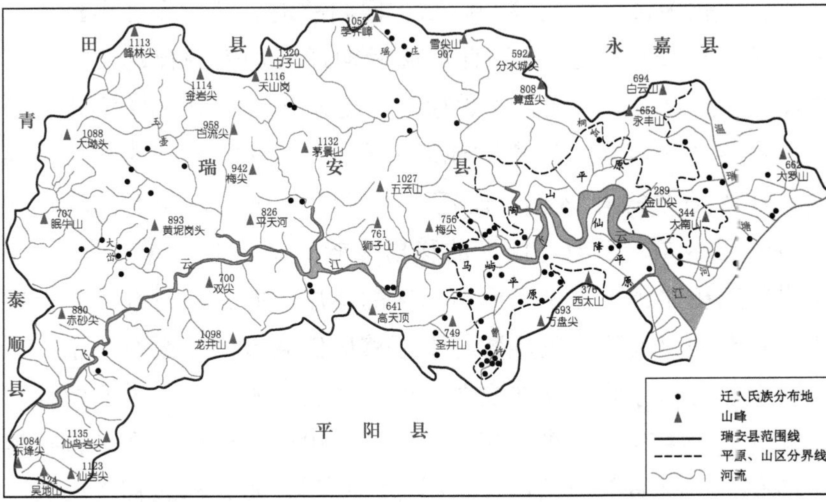

图2 明后期（1501—1644年）迁入瑞安的氏族之空间分布示意图

上述地区之所以是移民迁入的重要区域，与明嘉靖年间倭寇的频繁侵扰有着密切关系。瑞安东山、飞云江沿岸、梅头、海安等地都是倭寇频繁登陆的区域，这些区域的居民在倭寇来犯之时首当其冲。而马屿—仙降平原南面的曹许乡与陶山平原北面的桐岭，是平阳—瑞安—温州这条重要通道上的必经之处，从平阳越岭而来的倭寇首先是侵入曹许乡。倭寇在这些地区烧杀抢掠，导致这些区域人口稀少。此外这些区域在明后期开展了一系列水利设施的建设，有利于改善当地的农业条件和居住环境，也有利于吸引移民的迁入。东部沿海平原及飞云江沿岸早在明洪武年间就修筑了海塘或圩塘以备风潮，至明嘉靖三十一年（1552年）瑞安知县刘畿为备倭在沿海地带增筑了海塘，“不足以捍暴至之潮，又可以拒不测之寇矣”①。万历七年（1579年）瑞安知县齐柯又复修了飞云江南岸十四都至沙园所城外的圩塘，且以石塘代替之

① 嘉靖《瑞安县志》卷二《建置志》。

前的泥塘，使之更为坚固[①]。曹许乡地势低洼，境内的天井洋河每逢暴雨之际，常常因河道壅塞、江潮内涨而泛滥，导致田禾浸淫，累岁歉收。先是嘉靖三十四年刘畿组织民力进行疏浚，嘉靖四十五年（1566年）朱霈再次督工浚之，至万历三年（1575年）周悠最终得以彻底解决天井洋河的水患问题[②]。此外还有龟山陡门、浦西埭等其他重要水利设施的修筑或重修[③]。

瑞安西部山区的移民，明后期与明前期相比特征更为突出，一是在主干河流及重要支流上定居的氏族数量更多；二是在自然条件更为恶劣的三级、四级支流上亦有氏族的迁入，有些氏族的定居点甚至远离河流。例如瑞安大峃（今文成大峃镇）最初为飞云江的支流——泗溪河谷的一个沙洲，沙洲周边有泗水、龙溪、凤溪、象溪等河流，每逢山洪暴发，溪水奔腾汹涌，大峃顿成水中之洲。唐以前，大峃还是个荆棘纵横无人居住的荒地，直至五代、元初才先后有两个林氏家族迁入此地开荒，最早形成了林店尾、苔湖两个村落。南宋时有徐氏、陈氏迁入。明后期是大峃发生重大变化的时期，在嘉靖、万历、天启、崇祯年间有三个来自不同地方的陈氏家族和一个来自瑞安中岱的徐氏家族迁入，他们散布于今大峃苔湖、桥头、上房、二新、林尾店等地，基本上覆盖了今大峃城区的范围[④]。经明后期的开发，至清初大峃在浙南山区的重要性愈加明显，清乾隆元年（1736年）在此设立了大峃街巡检司，以建立对这一区域的治安巡查[⑤]。

此外如地处瑞安西北山区的瑶庄乡，在其北边与青田交界的菈荠嶂海拔高达1052米，这里也是飞云江的金潮港支流三十二

① 查祥：《两浙海塘通志》卷三《温州府》。

② 郑公寔、秦激：《疏天井洋碑记》，金鼇：《疏天井洋亭碑》，吴明哲编：《温州历代碑刻二集》下册，第646—648、652页。

③ 查祥：《两浙海塘通志》卷三《温州府》。

④ 吴鸣皋编：《文成乡土志》，1989年内部印发，第41—42、44—55页；文成县地名委员会编，朱建新主编：《文成县地名志》，1986年内部印发，第19—31页；吴鸣皋：《漫谈大峃发展史》，文成县政协文史资料研究委员会编：《文成文史资料》第4辑，1988年内部资料，第1—7页。

⑤ 乾隆《瑞安县志》卷二《建置志》。

溪发源地。即便是这样地理条件比较差的地区，在明嘉靖年间也迁入了3个氏族，在万历年间再次迁入2个氏族，分别形成侯垟、下瑶（雅瑶）、西庄、娄山、庄下等村落[①]，其中除侯垟、下瑶地处溪源外，其余三个村落都处于丛山之中。据记载，侯垟一村名称的由来是昔时村后的山上由于森林茂密，猴子成群，故名猴垟；何氏于明万历年间迁入此地，曾称之为后垟，随着此地渐次开发，后雅化为侯垟[②]。雅瑶今称下瑶，原名“瓦窑”村，原因在于该村落昔时以烧制砖瓦为业，后在明末谐称为下窑，又名雅窑，最后雅化为下瑶。《瑞安氏族志》记吴氏是于明万历自福建迁来定居[③]。此外还有几个村落的氏族也称为明代迁入，只是未记载具体的年代[④]。从其地名演变来看，这一区域在明后期移民的迁入后才改变了原有的蛮荒景象。

四、结语

明代移居瑞安的215支氏族中，可以确定具体定居地的有194支，占总数的90.2%。若是将这些移居氏族定位到具体的地理空间中，我们基本可以掌握明代瑞安的移民情况（如图3）。显然，瑞安东部沿海平原，飞云江两岸的陶山、马屿、仙降平原都是明代移民的重点迁入区域，尤其是温瑞塘河一线及各平原向山麓的过渡地带。瑞安中西部的山区也成为吸引本地及外来移民的重要区域。这些移民首先主要是迁入飞云江干流及重要支流上的宽阔河谷及盆地地带，也有一些移民选择进入更为偏僻的山区，他们的定居点处于飞云江三级甚至更末端的支流河谷地带，有些甚至是在远离河流的高山之中。

---

① 瑞安县修志委员会编印：《瑞安县志稿》卷五《氏族门》，第12页a、第14页b、第36页a、第54页b；瑞安市地名委员会编，杨作雨主编：《瑞安地名志》，1988年内部印发，第78—81页。

② 瑞安市地名委员会编，杨作雨主编：《瑞安地名志》，第80页。

③ 瑞安市地名委员会编，杨作雨主编：《瑞安地名志》，第79页；瑞安县修志委员会编印：《瑞安县志稿》卷五《氏族门》，第14页b。

④ 如宋坑、朱山、九龙头等村。参见瑞安市地名委员会编，杨作雨主编：《瑞安地名志》，第79—81页。

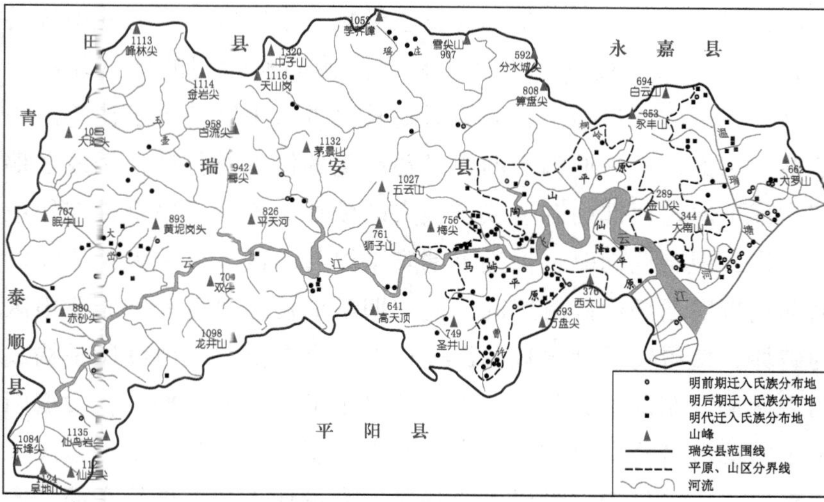

图3 明代（1368—1644年）迁入瑞安的氏族之空间分布示意图①

然而，终明一代，这种地理分布格局并不是一蹴而就的，瑞安移民的分布格局在不同时期是不一样的。在215支的明代移居氏族中，有139支有详细的迁移时代，76支未记载具体迁移年代。在将这些有具体迁移年代的移居氏族按不同时代定位到具体的地理空间中时，我们可以看到一幅幅氏族移居动态分布图。出于对移民本身规律及统计方便的考虑，再将其分成两个时期，即明前期与明后期，我们发现这两个时期的瑞安移民特点有着非常大的差异。

明代初期，由于元末方国珍占据温州，与元朝势力进行了长时间的博弈，之后又与朱元璋在温州展开了战争，导致瑞安东部平原人口的大量消耗。在经长时间的休养生息及移民填补，东部平原的社会经济才得以恢复。瑞安东部沿海三个千户所的设立，增加了这个区域的人口，也加强了此区域的防御。然而瑞安西部山区自元末至明代中期，始终未建立稳定的社会秩序，此起彼伏的动乱影响了山区的开发。明代中期的矿盗倡乱让明廷最终下定

① “明前期”指明前期迁入瑞安的氏族，“明后期”指明后期迁入瑞安的氏族，“明代”为未载明具体年代的明代瑞安移居氏族。

决心进行治理。在镇抚矿乱，设立泰顺、景宁等一系列的山区县后，这一区域才逐渐建立社会秩序。然而长时间的持续动乱导致这一区域的人口稀少，为明后期移民进入山区埋下了伏笔。明后期，东部沿海平原的宁静被日益严重的倭患所打破，倭寇在瑞安东部平原与西部山区造成了很大的破坏，不少平民百姓在倭患中丧生，但与此同时也促进了瑞安平原与山区人群的大量流动。明前期瑞安西部山区持续的矿乱与明后期倭患对瑞安平原及山区的破坏，使得明后期出现移民迁移的一个高潮。福建移民是构成明后期瑞安东部平原与西部山区移民中最为重要的部分，占据两个不同地形区移民总数的一半。其中，漳州、泉州一带的移民又占福建移民数量的一半以上。移民的大量迁入，促进了东部平原与西部山区的开发，尤其是水利设施、种植制度、产业结构的改变。

明代瑞安平原与山区的历史进程是两条并行的线索，两者之间大部分时间是各自沿着特定的轨迹前行。东部平原依靠海洋、河流的便利，内部交流非常密切，人员流动频繁；西部山区并未有强烈的边界意识，山区内部的交流程度之频繁也是超乎我们的想象。然而两者也时常交汇，尤其是社会动荡、社会秩序遭到破坏时，两个区域之间的交流是非常密切的。地理因素，尤其是地形、河流、土壤等，在随着人口增加，人们对山区的开发能力得到提升时，对移民的迁入与分布的制约作用在逐渐减弱。因此，我们看到明代前期与后期的瑞安，移民的分布格局出现了一个分水岭般的变化。简而言之，明代前期瑞安的移民是延续了唐宋时这一区域移民的特点，而明代后期则开启了另外一种移民的方式，这种方式在清代的瑞安表现得更加突出，容待笔者另文讨论①。由于东南沿海地区在社会环境与地理环境上的共时性与相似性，其移民的规律也能从瑞安的案例中得到更多的启发。

① 罗诚：《清代浙江瑞安的移民分布与经济开发》，《历史地理》第38辑，上海：复旦大学出版社，2019年，第125—142页。

中国农业起源时期生计方式的变迁

李 俊
（暨南大学历史系）

摘要： 动植物考古学和生物人类学等研究为了解史前人类的生计方式提供了丰富的材料。本文对黄土高原和长江中下游地区农业起源时期的遗址点中此类研究成果进行分析，结合人类生态学等文化进化理论，来探讨中国农业起源时期人群的生计方式变迁过程中的人类生计行为的演化模式。从旧石器晚期到新石器时代，人群经历了由捕猎大型动物到狩猎小型动物和水生动物并大量采集植物种子，再到以栽培作物和驯化动物为生计的补充，最后以农业为主要生计方式的过程。这一过程不仅是人类对自然环境的适应，也是对自身所改造的文化环境的适应。

关键词： 农业起源；生计方式；人类生计行为演化；文化生态位构建

对于史前人群来说，其文化最核心部分特征的塑造是以其从周围环境中汲取资源的方式为基础的。不仅是人群的食物来源，其文化的各个方面，包括工具的制造、人群的流动方式、社会组织形式甚至信仰行为等都与生计方式有密切的联系。在人类的历史中，由食物采集向食物生产的转变意味着人类生计方式的根本性改变，因此对人类生计策略变迁过程的研究是农业起源研究的核心内容。

作为粟作农业、稻作农业以及家猪驯化的起源地，中国一直以来都是农业起源研究的热点地区，考古学家们从多个角度对其生计方式的变迁进行了探讨。遗址中的动植物以及遗存为探索人群的生计方式提供了直接证据。根据浮选出土的植物遗存，植物考古学家赵志军将中国的农业起源至形成分成三个阶段：距今10000年左右的孕育阶段，耕作行为已经出现但是植物的生物形态没有明显变化；距今8000年左右的早期形成阶段，出现了具有驯化特征的农作物但农耕行为仅为辅助生产方式；距今6500年左右农业成为北方地区的主要生产方式，距今6000—5000年时，成为长江中下游的主要生产方式[①]。动物考古学家袁靖等对中国黄河流域和长江流域新石器时代遗址中出土的动物骨骼遗存进行系统分析，将中国新石器时代人类获取肉食资源的行为归纳为依赖型（尚无驯养动物出现）、初级开发型（家养动物出现，但以狩猎或渔猎动物为主）和开发型（家养动物为主）三个类型。从年代来看，一个地区最早的人群通常以依赖型为主，随后逐步发展为初步开发型和开发型[②]。与黄河流域相比，长江流域同时期人群更多利用鱼类等水生动物，并且对渔猎资源的依赖在时间上更加持久。这些区别与两个地区不同的自然环境和文化背景密切相关[③]。此外，考古学家通过对工具的使用磨损以及对在其表面所提取的淀粉颗粒进行分析，来对旧石器晚期到新石器时代遗址中出土石器的功能进行研究，以了解农业起源前后人群对植物资源的利用状况。淀粉粒主要来自遗址出土的石磨盘或磨棒，主要功能为加工植物种子，尤其是坚果类。因此研究者认为此类工具的广泛发现表明植物在人群的食物中所占比例较大[④]。

① 赵志军：《中国古代农业的形成过程——浮选出土植物遗存证据》，《第四纪研究》，2014年，第1期。

② 袁靖：《论中国新石器时代居民获取肉食资源的方式》，《考古学报》，1999年，第1期。

③ Yuan J,Rowan F,Luo Y,.Meat-acquisition patterns in the Neolithic Yangzi river valley,China.Antiquity,2008(82).

④ 刘莉：《中国史前的碾磨石器、坚果采集、定居及农业起源》，《何炳棣先生九十华诞论文集》，西安：三秦出版社，2008年。

这些研究使我们对中国农业起源时期人群生计方式的整体面貌有了较为全面的了解，认识到从狩猎采集到农业生产的发展是一个渐变的过程。那么这一生计变迁的过程是如何发生的，反映了何种人类行为变化的模式呢？陈胜前建立了人类行为模式与生态环境之间关系的模拟，指出中国更新世晚期至全新世早期狩猎采集者的适应性变迁与气候环境的变化有着密切的关系，但是大量的考古学及民族学证据表明气候变迁只是初始条件，不能将人类行为的适应性变迁简单归因于自然环境的变化[①]。

本文以史前粟作农业的中心地区之一的黄土高原地区和稻作农业的中心地区长江中下游地区为例，通过对考古材料所反映的人群对动植物资源的利用以及间接反映人群生计方式变化的生物人类学和关于器物功能的研究成果进行分析，对中国农业起源前后生计方式的变迁过程及相关的人类行为变化模式从文化进化论的角度进行探讨。从目前的考古发现来看，在长江中下游地区最早进入农业生活的是下游的上山文化（距今10000—8400年）和中游的彭头山文化（距今9200—8000年）人群，黄土高原地区是裴李岗文化（距今9200—7000年）和老官台文化（距今7800—7000年）人群。除了栽培作物外，在这些地区同时也发现了拥有完整的“新石器组合”的村庄，即出现了陶器、定居、农业和磨制石器。

一、考古材料所反映的农业起源时期生计方式变化

（一）淀粉粒分析研究所反映的植物利用

目前最早的研磨工具出土于旧石器晚期位于陕西省的龙王辿遗址，距今26000—25000年左右。这一类工具在裴李岗文化遗址中频繁出现，从来自黄土高原和长江中下游平原地区的遗址点的

① 陈胜前：《中国晚更新世—早全新世过渡期狩猎采集者的适应变迁》，《人类学学报》，2006年，第3期。

石器淀粉粒分析结果[①]可以看到，自旧石器晚期（距今30000年左右）开始，许多种类的植物，例如野生禾本科植物、坚果、根茎类等，已大量进入人群的食谱中，即使在驯化技术产生以后，对于野生植物资源的利用在很长一段时间内仍非常广泛。对于人群对植物资源的利用情况更为细致的了解还有待于更多发掘及研究成果的出现。

（二）动物骨骼研究所反映的肉类食物变化

从考古材料来看，旧石器晚期（距今30000年左右）在黄土高原以及附近地区，除了传统的有蹄类哺乳动物外，还有某些小型猎物，例如鸟类、啮齿目以及兔目动物等，也已成为人类的肉食来源。到了旧石器时代末期（距今12000年左右），水生动物，例如鱼科和龟科动物等，也普遍出现在人群的食物中。而在长江中下游平原以及附近地区距今20000年左右，多样化的肉食

① LiuL,GeW,BestelS et al.2011.Plant Exploitation of the Last Foragersat Shizitan in the Middle Yellow River Valley China: Evidence from Grinding Stones. Journal of Archaeological Science,38(12).
Liu L.,Bestel S,Shi J,Song Y et al.2013.Paleolithic Human Exploitation of Flant Foods during the Last Glacial Maximumin North China.Proceedings of the National Academy of Sciences,110(14).
Liu L,Field J,Fullagar R et al.2010.AFunctionalAnalysis of Grinding Stones from an Early Holocene Siteat Donghulin, North China.Journal of Archaeological Science,37(10).
YangX,WanZ,PerryL et al.2012.EarlyMilletUseinNorthernChina[J].Proceedings of the National Academy of Sciences,109(10).
杨玉璋、李为亚、姚凌等：《淀粉粒分析揭示的河南唐户遗址裴李岗文化古人类植物性食物资源利用》，《第四纪研究》，2015年，第1期。
张永辉、翁屹、姚凌等：《裴李岗遗址出土石磨盘表面淀粉粒的鉴定与分析》，《第四纪研究》，2011年，第5期。
万智巍、马志坤、杨晓燕等：《江西万年仙人洞和吊桶环遗址蚌器表面残留物中的淀粉粒及其环境指示》，《第四纪研究》，2012年，第2期。
Yang X,Fuller D,Huan X et al.2015.Barnyard grasses were processed with rice around 10000 years ago.Scientificre ports,(5).
刘莉、玖迪丝·菲尔德、爱丽森·约翰：《全新世早期中国长江下游地区橡子和水稻的开发利用》，《人类学学报》，2010年，第3期。
杨晓燕、蒋乐平：《淀粉粒分析揭示浙江跨湖桥遗址人类的食物构成》，《科学通报》，2010年，第7期。
万智巍、杨晓燕、葛全胜等：《淀粉粒分析揭示的赣江中游地区新石器晚期人类对植物的利用情况》，《中国科学：地球科学》，2012年，第10期。

来源已经很普遍了，水生动物和爬行动物在肉食来源中占比重较大。由于缺乏更早的对比材料，暂时无法确定这一现象是否始于这一时期，但是显然要早于黄土高原及其附近地区。

作为狩猎采集人群的生活地点，南庄头遗址[①]与黄土高原的其他三个农耕人群遗址点（大地湾、白家和姜寨遗址，距今7800—5000年）的区别主要为缺少驯化的猪和拥有较大比例的鸟类。来自同时期长江中下游平原的三个遗址点中，中游的八十垱遗址（距今9200—8000年）和楠木园遗址（距今7400—6800年）以大量的鱼类骨骼为特点，而下游的跨湖桥遗址（8200—7000）则有大量的龟类、水牛和少量家猪骨骼。对于位于长江中下游平原地区的人群来说，除了鹿科的偶蹄类动物以外，水生动物是其最重要的肉食来源之一。同时作为黄土高原地区最早的进行动植物驯化的人群之一，白家和大地湾的人群仍然以狩猎采集为最主要的生计方式，长江中下游平原的遗址点的人群处于类似的状况。他们的狩猎食物来源很可能延续了旧石器晚期的传统，长江中下游平原地区人群对于水生动物的依赖与获取明显多于黄土高原地区的人群。这些水生动物为长江中游平原地区的人群提供了除狩猎所得的哺乳动物以外更加丰富的食物来源。

（三）人骨同位素研究所反映的植物利用的变化

以“you are what you eat（人如其食）”这一原则为基础，可以通过遗址中保存的人体骨骼来重建古人类的食物结构，并由此推测相应的生计策略。目前使用最广泛的是对人体和动物骨骼中碳（C）稳定同位素 $\delta^{13}C$值和氮（N）稳定同位素 $\delta^{15}N$值的测定。其中前者是区分C3类（小麦、大麦、燕麦、稻米以及块茎类等）和C4类（玉米、高粱、粟类和蔗糖等）植物的主要指标。后者被认为是研究营养水平的依据，较高的 $\delta^{15}N$值通常指向更

① 袁靖、李君：《河北徐水南庄头遗址出土动物遗存研究报告》，《考古学报》，2010年，第3期。

高比例的肉食，尤其是水生动物肉食[①]。

在黄土高原以及附近地区，属于前仰韶时代的贾湖遗址[②]以及白家遗址[③]中人骨的δ13C平均值偏低。而从仰韶时代半坡文化起，即距今6900年左右，人骨的δ13C平均值水平明显升高，接近C4类植物的整体平均值。同时，人骨中δ15N同位素的平均值显示早期农耕文化中的人群营养水平略高于半坡文化以后的人群，与旧石器晚期标本更相近。因此可以推测，这一阶段栽培的粟类植物在人群食物中所占的比例是逐渐升高的。

淮河流域的贾湖遗址的人骨分析结果显示较低的δ13C值，可能与该遗址水稻数量较多、粟的数量很少有关，不过是否为栽培稻谷还有很多争论，浮选结果表明栽培植物在当时生活中并未占据主要地位[④]。对大地湾遗址出土动物骨骼成分的稳定同位素分析表明[⑤]，属于前仰韶时代地层的猪的食物与野生食草动物有相同特点，而狗则已经开始食用栽培作物。仰韶时代地层则显示大部分猪和狗的食物为栽培作物。这一研究证实了人骨同位素研究的结果，即驯化作物在食物结构中经历了逐渐增加的过程。在距今7000年以前的早期农耕文化中，C4类植物在人类的食物中所占的比例要小于50%，较高的δ15N值亦表明这一阶段肉类食物所占的比例要高于后期，狩猎或渔猎可能仍然在生计方式中占有重要的位置。

① Ambrose S,Butler B,Hanson D et al.Stable isotopic analysis of human diet in the Marianas Archipelago,Western Pacific.American journal of physical anthropology,1997(3).

② 胡耀武、王昌燧：《贾湖遗址人骨的稳定同位素分析》，《中国科学：D辑》，2007年，第1期。

③ Atahan P,Dodson J,LiX et al.Early Neolithic Diets at Baijia,Wei River Valley,China:Stable Carbon and Nitrogen Isotope Analysis of Human and Faunal Remains.Journal of Archaeological Science,2011(10).

④ 赵志军、张居中：《贾湖遗址2001年度浮选结果分析报告》，《考古》，2009年，第8期。

⑤ Barton L,Newsome S,ChenF et al.2009.Agricultural Origins and the Isotopic Identity of Domestication in Northern China.Proceedings of the National Academy of Sciences,2009(14).

以上材料提供了关于黄土高原地区驯化技术产生以后人类食物结构的基本变化脉络的信息，自旧石器晚期到新石器中期，C4类植物在人群的食物中所占的比重呈逐步增加的趋势，粟类作物在相当长的一段时间内并不是最主要食物，直到仰韶时代农业的集约化过程完成以后，栽培作物才开始占据主要地位。

长江中下游平原地区的河姆渡文化、马家浜文化以及崧泽文化遗址点中（距今6500—5100年）所出土人骨所进行的炭和氮稳定同位素分析揭示了长江三角洲地区在农业人群的人骨同位素研究结果①。由于这一地区的人骨保存状况很差，相关的研究存在很大的缺环，暂时无法将其与该地区其他阶段的研究进行比较。但是与同一时间段的黄土高原及其附近地区的人骨同位素研究结果相比，可以看到明显的区别。首先，长江中下游平原地区人骨碳同位素的δ13C值低于黄土高原地区，更接近C3类植物的平均值，这是由于前者以水稻为主要栽培作物而后者以粟为主要栽培作物；此外长江中下游平原地区人骨的氮同位素δ15N值稍高于黄土高原地区，意味着该地区人群更加依赖水生动物。

（四）陶器制作技术

除此之外，在这一时期新出现的陶容器的制作技术与生计策略的变化也有非常密切的关系。目前所发现的最早的陶器遗存出土于长江中下游平原的仙人洞与吊桶环遗址，其碳十四测年年代为距今20000—19000年。此外在湖南南部的道县玉蟾岩遗址中所出土的陶片年代亦早至距今18000—14000年。黄土高原地区最早的陶器出现于高原的东缘，在东北角的泥河湾盆地的于家沟遗址以及东南角的伊洛河盆地中的新密李家沟遗址都发现了较为原始的陶器遗存，对其进行热释光测年的结果是距今11320±1590

① 胡耀武、王根富、崔亚平等：《江苏金坛三星村遗址先民的食谱研究》，《科学通报》，2007年，第1期。
张雪莲：《应用古人骨的元素,同位素分析研究其食物结构》，《人类学学报》，2003年，第1期。

年。李家沟遗址中最早的地层中出土两片陶片，碳十四测年结果为距今10500—10300年，在迭压在该层位之上的遗存中，发现有200多片陶片，该层位碳十四测年结果为距今10000—9000年。这两个遗址中与陶片共出的细石器制品在打制技术和形制上与旧石器末期遗址中所出土器物一致。同时，在这两个遗址该阶段的层位中均没有驯化动植物出现的迹象。

这些发现显示在陶器的出现与驯化技术的发明没有直接关系，然而大量的研究表明，这一新技术的出现对于人群的生计方式有重要影响①。首先，它提供了对谷类食物更有效和更安全的烹饪与储存方式；其次，它可以提供更易于消化的煮熟的食物以及汤类食物，增加了为儿童、处于哺乳期的母亲以及老人等提供营养的途径；此外，通过加工去除一些食物的毒性，还可以扩展人群的食物范围。

在黄土高原地区，最晚至旧石器末期（距今23000—13000年），植物加工工具，主要是磨盘和磨棒的出现和普遍使用表明各类植物在人群的食物结构中所占的比例明显有提高，这一类工具在植物驯化技术已经出现的裴李岗文化时期（距今9200—7000年）有大量的发现，一直到距今6900年的仰韶时代开始，这一类工具的数量明显下降，暗示该时期人群对野生植物的种子，尤其是坚果类的依赖明显降低，驯化植物开始成为主要的食物来源。同时，除了驯化动物以外，狩猎所获的肉食资源一直在人群的饮食结构中占有重要位置。同样以仰韶时代为界，同位素分析所揭示的人群的食物结构的变化显示了类似的趋势。在旧石器末期到新石器初期（距今12000—9000年），陶器制作技术的出现为该阶段人群食物范围的扩展和营养水平的提高很可能带来了积极的影响。

而在长江中下游平原地区，距今20000—19000年左右原始

① Rice P,On the Origins of Pottery. Journal of Archaeological Method and Theory, 1999(1).

陶器的出现表明人群的食物加工方式发生了明显的变化。水生动物从这一阶段开始一直到农业出现以后，一直是非常重要的食物来源。在农业起源初期，即上山文化时期（距今11400—8000年），人群的食物范围非常广泛，除了种植稻谷以外，他们同时采集栎属坚果以及其他禾本科植物，这一多样化的生计策略持续时间很长，涵盖了整个新石器时代。

二、进化论角度的农业起源的生计方式变化

从以上的材料可以看出，中国旧石器晚期人群同近东和欧洲地区的狩猎采集人群一样经历了"广谱革命"。该时期野生植物在人群的食物结构中所占的比例以及种类都有所增加，小型动物和水生动物亦成为人群肉类食物的一个重要部分。陶器制作技术的出现也与人群食物结构的多样化有密切关系。这一"革命"以人群食物来源的多样化为主要特点，包括植物、小型动物和水生动物一类的资源逐渐在人群的食物中占据重要的位置。其实质在于狩猎采集人群面对自然环境生产率变化，尤其是猎物数量的变化时所做的适应性调整。

从人类生计行为演化的角度来看，人群在捕食过程中倾向于在环境容许的范围内尽可能获取最多的收益，即在生计活动中以最少的能量消耗获得最多的能量收入（食物），从而保证自身的存在并能够最大程度得以繁衍①。通常情况下，那些能够提供更多回报率的资源会最先被人类获取，例如大型哺乳动物。然而随着这类资源的减少，回报率也会下降，此时一些以前被忽略的回报率相对较低的资源，例如小型动物、水生动物或植物，便会开始被纳入捕食的范围中。与动物资源相比，植物资源因为其分布密度和生产能力上的优势能够提供更为稳定的食物来源，当人群开始对某些具有优势的动植物资源（较短的生命周期，较高的营

① Winterhalder B, Baillargeon W, Cappelletto F.The Population Ecology of Hunter-Gatherers and Their Prey.Journal of Anthro pological Archaeology,1988(4).

养价值，更易保存，更高的基因变异速率）进行干预时，便有可能带来驯化技术的产生。这一人类行为生态学的研究强调个体面对特定的环境在特定的时候所做出的选择。来自民族人类学的研究，例如北美洲的狩猎采集者Aché人，为这一理论模型提供了例证[①]，然而这一模型在解释史前狩猎采集者向农耕人群的转变时受到挑战。

首先，史前考古的年代跨度比较大，通常为几百年至上千年，其所反映的变化跨越了多代人，那么基于小跨度年代数据（一至二代人）的人类行为生态学模型是否足以解释这一跨越多代人的变化[②]？其次，人类行为生态学模型中强调个人选择在生计策略变化过程中的作用，但是很显然社会结构的变化并非个人选择的简单集合。人同时具有社会性，除了个人选择以外，还会遵从其所属的社会组织的群体选择，这一社会组织的出现通常是人群互动产生的结果，在很大程度上受到文化传承的影响。驯化技术的发明不仅是资源选择的结果，也是人类对所处环境进行干预的结果。人类不仅选择适应自然环境，同时也在适应自己所创造的环境，为了解释这一复杂的过程，考古学家引入了“生态位构建”这一进化生态学理论[③]。所谓生态位的构建是指生物对自己及周围的其他生物所处的生态环境进行改造的过程[④]。自然界的多种生物都具有这一能力，人类则是其中最为典型的一种，通过制造工具、建造房屋、管理资源以及发展社会组织等行为来改造自己所处的环境。这一生态位的构建是人类进化过程的一个重要部分。

---

① Hill K. Macronutrient Modifications of Optimal Foraging Theory: An Approach Using Indifference Curves Applied to Some Modern Foragers. Human Ecology,1988(2).

② Gremillion K. Foraging Theory and Hypothesis Testingin Archaeology: An Exploration of Methodological Problems and Solutions. Journal of Anthro pological Archaeology,2002(2).

③ Smith B.Niche Construction and the Behavioral Context of Plant and Animal Domestication. Evolutionary Anthropology: Issues, News, and Reviews,2007(5).

④ Odling-Smee F, Laland W,Feldman M. Niche Construction: The Neglected Process in Evolution. Princeton and Oxford: Princeton University Press,2003.

人类生态位的构建是一个文化过程，因此又被称为文化生态位构建，主要受传承所得的文化知识的影响。它所带来的影响包括对自身和周围物种在环境和基因上的改变。作为进化过程的一个重要部分，生态位构建提供了更为宏观的视角，文化进化过程模型的构建基于这一宏观的进化视角。在这一模型中，人群的社会经济结构取决于他们的社会组织行为。社会经济结构是人群的自主选择与偶然因素共同作用的结果。这些行为包括对资源的获取、处理和分配等社会组织行为，它们主要取决于自然选择的压力以及人群自身的知识结构，而并非只是简单的适应自然环境。考古学研究则正是基于宏观的文化进化视角。它视文化为由技术、环境、社会和思想行为所组成的整体。生态位构建过程中的文化行为是人类所独有的，它随着文化的传承而进一步加强。农业生产活动正是人类文化生态位构建的最典型例证。

从自然环境的角度来看，黄土高原和长江中下游地区两个地区均为季风气候，冬季寒冷干燥，夏季炎热湿润。黄土高原由于更加偏北且远离海洋，为温带季风气候，最高温度和降雨量均低于亚热带季风气候的长江中下游平原地，再加上地形原因，长江中下游平原的水资源要远远丰富于黄土高原。这两个地区的人群面对不同的自然环境在生计方式上做出了不同的选择，这些生计方式的区别贯穿整个旧石器晚期到新石器时期。不同的生计方式对应不同的自然环境和不同的文化。例如在黄土高原旧石器晚期常见的细石器在长江中下游地区几乎不见。而陶器的使用在长江中下游地区则要早得多。人群面对不同的环境，其适应方式并不相同，但在此情况下他们各自发明了植物驯化技术，文化的积累与传承在其中起着非常重要的作用。

最迟至距今26000年，在黄土高原地区出现磨盘一类处理植物资源的工具，先进的石器制作技术是为了能够更高效地狩猎和加工坚果等植物种子，获取更多的资源，而陶器在食物加工和保存上有重要意义。当然无论是高效率的狩猎技术（欧洲地区中石器时代的细石器）还是陶器（日本的绳纹文化），都不一定会直接指向驯化技术的发明，但是这两者对土地承载力的提高起到了关键作用。这些新技术的出现显示人群在面临资源压力时所做出的适应性调整。这一时期可能已经开始对禾本植物的野生种有意进行采集和培育，部分人群进入了半定居状态。

尽管在生计方式上有明显区别，两个地区的狩猎采集人群在距今11000—9000年之间分别发明了动植物的驯化技术，在其后的2000—3000年内，这一新的生计方式虽然一直存在，但是并没有成为主要的食物来源。两个地区的人群各自延续了旧石器晚期的传统。长江中下游平原地区的人群非常依赖水生动植物资源，黄土高原地区的人群则大量食用野生动植物资源。同时随着驯化技术的出现，人群进入村落生活，陶器在遗址中普遍出现。在这一阶段，人类的文化生态位构建行为表现得更加明显，对周围的自然和社会环境进行了以下至少四个方面的改造：（1）对周围物种的改造，即对动植物的驯化；（2）居住环境的改造，即建造房屋；（3）与资源分配相关的社会组织方式的改造，即进入村落式的生活方式；（4）对工具的改造。

这一阶段考古遗址点数量开始明显增加，各种考古文化出现扩张的趋势，在黄土高原地区，年代上较早的裴李岗文化仅分布于东南角的伊洛河平原地区，然而在这一文化的影响下，其以西的渭河流域盆地地区在距今7800年左右亦出现了驯化粟类作物的遗存以及定居的生产方式，这一阶段的遗址点绝大部分分布在高原南部的大型河流沿岸的阶地上。自距今6900年左右开始，驯化作物开始逐渐成为高原大部分地区（除西南部与青藏高原交接地区以及西北部的沙漠地区）人群的主要食物来源，并且向北扩展至距离大型河流较远的地区，这一时期可能已经达到了集约化农业生产的阶段。长江中下游地区的彭头山文化的分布仅限于中游洞庭湖平原北部地区，而上山文化的分布则仅限于钱塘江流域地区。在接下来的阶段中，除了驯化稻以外，在下游的跨湖桥文化（距今8000—7000年）和中游的皂市下层文化（距今8000—7300年）中均出现了家养猪。自距今7300—7000年开始，长江中游的汤家岗文化和大溪文化以及长江下游的河姆渡文化和马家浜文化的遗址点中所发现的稻田遗迹（城头山、草鞋山、田螺山遗址）表明稻谷种植已经成为重要的生计方式，这一时期的考古文化分布范围大幅扩张，覆盖了除安徽南部和江西省以外的整个平原地区。这一农耕文化的大范围扩张意味着农业人口数量的大幅增加，显示出人群对自然环境以及自身所创造的文化环境的成功适应。

三、结语

本文对已经发表的相关材料进行分析，初步梳理了中国粟作农业起源中心和稻作农业起源中心在农业起源前后人群的生计方式变迁情况及过程。从旧石器晚期到新石器时代人类由狩猎采集者转变为农业生产者，这一生计策略的变化不仅是一个适应自然的过程，也是一个文化过程。从旧石器晚期开始，两个地区的人群由狩猎大型哺乳动物转向小型动物、水生动物以及鸟类，此外对植物资源的利用也大大增加，这些变化伴随着人群狩猎方式、工具以及对环境认知的改变。因此在面对自然因素或社会因素所带来的资源压力时，部分人类开始倾向于选择对环境进行进一步改造，在这种背景下农业在某些地区产生了。尽管在很长一段时间内，驯化动植物并没有在人群的资源获取中占主要位置，但是人类已经逐渐适应这种经过改造的环境。并且随着文化的传承与积累，人群改造环境的能力逐步加强，能够在这一活动中获取更多的资源，由此开始从自然条件优越的地区向次优越的地区扩张。越来越多的动物考古学、植物考古学、微痕分析、生物人类学等研究使我们对史前考古遗存的理解不再止于石器、陶器和骨器，以及房屋和墓葬等“考古学文化”范畴的研究，而能够进一步了解制造和消费这些物质文化的“人”所处的自然和文化背景，以及与其生存密切相关的食物来源及其相关的生理反应和行为的变化。这为理解史前人类创造“考古学文化”的动机，及其来龙去脉打下基础。我们对于中国农业起源时期生计方式变化过程的认识仍然比较简略，需要更多的新材料和新研究方法来支撑我们更加深入和细致地理解。

辽西地区新石器时代晚期前段聚落研究

熊增珑

（暨南大学历史学系）

摘要：新石器时代晚期是中国史前时期社会大变革的时期，在聚落形态上自然有所反应。这一阶段的考古学文化包括赵宝沟文化、富河文化、红山文化早中期。目前发掘了数十处遗址，为聚落研究奠定了基础。本文通过对这一时期的聚落特征进行总结，在此基础上对当时的社会组织、生业系统、手工业和贸易情况进行初步探讨。

关键词：辽西地区；新石器时代；聚落

辽西地区在中国史前文明发展的历史进程中一直占有举足轻重的地位。苏秉琦先生在提出六大区系考古学理论时，将研究重心放在了西辽河流域，并指出“我国统一多民族国家形成的一连串问题似乎集中地反映在这里”①。辽西地区位于北纬41°～45°、东经117°～124°之间，地处蒙古高原向华北平原、东北平原过渡的地带，包含西辽河流域、辽河流域、大小凌河流域、燕山及其南麓至渤海湾②，地理位置十分重要。本文所研究的辽西地区新石器时代晚期前段的年代距今7000—5500年，包括赵宝沟文化、富河文化以及红山文化早中期。本文将对此阶段聚落形成进行梳理，并就其社会组织、生业系统、手工业和贸易情况进行初步研究。

① 苏秉琦、殷玮璋：《关于考古学文化的区系类型问题》，《文物》，1981年，第5期。

② 刘国祥：《红山文化研究》，北京：科学出版社，2015年。

一、各考古学文化的聚落与社会

新石器时代晚期是中国史前社会大变革的时期，在聚落形态上自然有所反映①。同样，这一阶段也是辽西地区文化繁盛和人口迅速增长的时期，这种情况在新石器时代晚期前一阶段聚落的发展过程中就已充分表现出来了，但前后两个阶段聚落发展的形式和内容有所不同。辽西地区新石器时代晚期前段聚落发展的最突出表现就是流域内各个区域聚落的数量不断增多，规模不断扩大。该阶段包括的考古学文化有赵宝沟文化、富河文化、红山文化早中期。

赵宝沟文化的聚落目前共发现十余处，赵宝沟、小山、南台地，林西县的白音长汗、水泉，翁牛特旗小善德沟，通辽市奈曼旗大沁他拉，河北迁安市安新庄、西寨，滦平县后台子等遗址。富河文化的聚落有富河沟门、金龟山和南杨家营子等。红山文化早中期比较重要的聚落遗址有西水泉、蜘蛛山、魏家窝铺、那斯台、小东山、柳树林等遗址。目前，在辽西地区的各流域都发现了这一时期大小不同的聚落遗址，面积从数千平方米到十几万平方米不等，由于大多数的聚落遗址都受到了后世不同程度的破坏，多数遗址中还往往叠压了多个不同时期的遗存，因此一般只能以遗址的面积作为判定一定时期稳定聚落大小的参考依据。但一些发掘面积较大的遗址，如赵宝沟遗址、魏家窝铺遗址、兴隆沟遗址、西台遗址等却可以大致确定一定时期聚落的占地面积，大多数聚落遗址面积在1～2万平方米左右。内蒙古敖汉旗的基础工作做得较扎实，其几次调查结果大致反映了不同时期聚落的发展状况。第二次全国文物普查时，敖汉旗共发现红山文化遗址509处。此后，中国社会科学院考古研究所内蒙古工作队、敖汉博物馆联合对蚌河和老虎山河流域进行了拉网式调查，在140平方公里的范围内发现红山文化聚落31处，蚌河下游23处，

① 郭大顺：《东北南部地区的史前聚落演变与早期文明》，北京大学中国考古学研究中心编：《聚落演变与早期文明》，北京：文物出版社，2015年。

老虎山河流域8处，其中7处是单有坛或坛冢结合的祭祀遗址[①]，推测应为积石冢墓地。王向根据敖汉旗境内的红山文化聚落GIS（Geographic for mation System，地理信息系统）分析，发现在河流两岸密集分布很多聚落，“适宜人类居住的河流附近已基本被完全占据”[②]。2008年6月8日，中国社会科学院考古研究所内蒙古第一工作队联合敖汉博物馆对教来河上游地区史前遗址开展了系统的考古调查，发现红山文化遗址127处，单纯的红山文化47处[③]。刘国祥先生根据聚落面积大小，将聚落分为大型中心聚落、中型次中心聚落、小型普通聚落。经过数次调查，对敖汉旗境内的红山文化聚落分布情况有了进一步的了解。经过统计发现，聚落的规模相差较大，小型聚落面积在5000平方米左右，中型聚落在3～7万平方米，大型聚落在7～15万平方米之间。在少郎河流域的调查中，发现红山文化聚落24处，同样也存在与教来河流域的聚落等级差异。

这一时期的房址规模与上一阶段相比，面积有明显的减少。赵宝沟文化的大型房址一般在80～100平方米，而且发现的数量极少；中型房屋面积在40～50平方米，小型房屋面积在10～40平方米。到红山文化早中期，房屋面积向小型化发展，大多数的房屋面积在10～30平方米之间，大房址的发现极少，如西水泉遗址F17，面积达到105平方米。房址均为半地穴式，平面形制有长方形、方形、圆角方形、凸字形。绝大部分单间，也有双间房址。房内一般都有灶，有浅坑灶和深坑灶。居住面一般较平，也有阶梯形的，白音长汗遗址中还发现了两层居住面，有的经过踩踏，有的经过火烤，有的抹泥。房址一般有长条形门道前凸，部分居住面上未发现柱洞。赵宝沟文化的房址中出土遗物较多，包括陶

① 中国社科科学院考古研究所内蒙古工作队、内蒙古自治区敖汉旗博物馆：《内蒙古敖汉旗蚌河、老虎山河流域新石器时代遗址调查简报》，《考古》，2005年，第3期。

② 王向：《GIS辅助下的红山文化研究》，吉林大学硕士学位论文，2013年。

③ 刘国祥：《红山文化研究》，北京：科学出版社，2015年。

器、石器、骨器。红山文化早中期房址出土遗物与兴隆洼文化、赵宝沟文化遗址比较有明显减少的趋势，房址中有陶器残片和少量的石器，可复原陶器较少。房址附近窖穴和灰坑数量增多。部分居住址附近有墓葬分布。

这一阶段的聚落整体结构，由于正式发掘的遗址比较少，而且基本都是在赤峰地区，朝阳地区发掘的聚落很少，所以对了解其内部整体结构、功能以及总体特征有局限性。赵宝沟文化的遗址大部分没有环壕，少数有椭圆形的环壕。红山文化早中期阶段，环壕聚落增多。魏家窝铺遗址的发掘，为我们了解红山文化早中期的聚落提供了启示[①]。该遗址出土的器物，一类是辽西地区传统的以筒形罐为代表的器物组合；另一类是以后岗一期典型器物陶釜为代表的器物组合。魏家窝铺遗址发现两种结构的灶址，一类是深坑灶，另一类是浅坑灶。根据灶址及出土器物的不同，可能存在两类人群同时在该遗址中生活。由于该遗址的材料没有发表，这还只是推测。西台遗址是另一处重要的环壕聚落遗址，其结构特殊，平面呈“凸”字形，由两条长方形环壕组成，总面积在3万平方米以上，发掘了5400平方米。根据房址叠压打破，还有早期的兴隆洼文化房址，说明此聚落沿用时间很长。壕最宽在3米，平均宽也在2米左右，深1.5～2米，与兴隆洼文化环壕相比，其作用已由界定范围的功能转向了防御功能。在南侧环壕发现的3个门，有大小之分，并讲究对称，杨虎先生认为西台红山文化的聚落结构“是一种新兴的、进步的形态，是史前聚落形制由史前的圆形或椭圆形向青铜时代初期方形或长方形城堡演变的过渡形态”[②]。

这一阶段，辽西地区聚落中的墓地材料相对少一些，没有发

① 段天璟、成璟瑭、曹建恩：《红山文化聚落遗址研究的重要发现：2010年赤峰魏家窝铺遗址考古发掘的收获与启示》，《吉林大学社会科学学报》，2011年，第4期。

② 杨虎：《敖汉旗西台新石器时代及青铜时代遗址》，《中国考古学年鉴》，北京：文物出版社，1989年。

现大面积的墓地，这对于探讨当时的社会组织结构带来不便。在白音长汗遗址居住区中发现3座墓葬，均为长方形竖穴土坑墓，绝大多数无随葬品。南台子遗址发现13座墓葬，M7、M11、M12周围有积石环绕。M7为长方形石板墓，M10为圆形土坑竖穴，其余为长方形土坑竖穴墓。M1、M13是多人合葬，其余均是单人葬。葬式一般是仰身直肢，少数是侧身屈肢。多数墓葬内未见随葬品。

从赵宝沟遗址的房屋布局中，可以看出至少存在五级社会组织，单体房屋、房屋组、房屋排、房屋排组合及整个聚落[①]。核心房屋的地位更加突出，如F9不仅在聚落中间的核心位置，而且面积大、出土的遗物丰富，表明整个聚落代表的亲族组织一体性和统一性的加强。红山文化聚落基本延续内蒙古东南部自兴隆洼文化开始的“排状”分布特征，又存在中原“内聚式”聚落布局的影子。房屋大体成排分布，同排房屋有聚族现象，整个聚落仍然以亲属关系为社会组织的基础。

二、区域经济之一：生业系统

对这一时期聚落与社会的进一步认识还有赖于聚落经济的研究，这也是我们借以了解聚落之间关系的基本方法之一。尽管目前还缺乏对各个聚落的经济情况进行个案分析的全面案例，不能够深入了解单个聚落的经济体系和结构，但我们仍然可以从区域经济的特色以及聚落之间经济的对比中去审视当时聚落经济的一般情况。下面的分析将主要集中在聚落经济中的取食生业系统和手工业及其产品的贸易两个方面，当然多少也涉及与这两个方面密切相关的气候、环境及区域资源的一些情况。

根据赵宝沟遗址出土石器分析，农业生产比前一阶段有了很大的进步，具体表现在用石铲取代了石锄。石铲为亚腰或带柄的

① 李新伟：《仪式圣地的兴衰：辽西史前社会的独特文明化进程》，上海：上海古籍出版社，2017年。

尖弧刃石器，较为轻薄，在翻耕土地时，挖掘的深度更深，更适合作物种植活动。另外在赵宝沟遗址中还发现了嵌石刃器，并且石刃上有收割栽培谷物的痕迹。到了红山文化早中期，一些遗址中发现了农作物遗存，在蜘蛛山遗址、四分地遗址发现了碳化小米，在兴隆沟遗址发现了大量的碳化粟，而且出现了普遍认为是收割工具的半月形石刀，表明农业生产在红山文化中占据重要地位。现阶段，关于红山文化的农业，学术界还存在一定的争议，有的学者认为红山文化社会是以渔猎为本的社会，也有的学者认为是以农业为主的社会。目前，红山文化聚落址发掘过少，所浮选的植物标本相对较少，上述问题的解决有赖于进一步的考古发掘获取基础资料，进行数据对比。

新石器时代晚期的前一阶段大约是距今7000—5500年的一个时期，这个时期是全新世大暖期最为鼎盛的一个时段[①]。陈全家先生对魏家窝铺遗址中出土动物骨骼进行了鉴定，发现了“22种分别属于哺乳类、鸟类、硬骨鱼类、爬行类和软体动物类骨骼，其中，哺乳动物占大多数，种属包括野猪、马鹿、梅花鹿、狍子、牛、马、家犬、狐狸、獐、熊、草原鼢鼠、米鼠、鼠、兔等”[②]。在赤峰市四分地遗址中发现了家猪、绵羊、牛和狗的骨骼。不同遗址均发现有狍子、马鹿动物骨骼，说明当时的气温比现在略高。这种气候条件为辽西地区提供了丰富的动植物资源，有利于新石器时代生业系统中多种经济活动的开展，同时有利于原始农业的进一步发展。从魏家窝铺遗址里浮选中的农作物籽粒中，炭化粟为33粒，炭化黍为16粒[③]，说明辽西地区在这一时期的聚落生业系统中延续了上一阶段旱作农业。孙永刚先生对魏家窝铺遗址植物遗存分析结果表明，“魏家窝铺先民在距今6000年

① 施雅风：《中国全新世大暖期气候与环境》，北京：海洋出版社，1992年。

② 陈全家、张哲：《赤峰市魏家窝铺遗址2010—2011年出土动物的考古学研究》，《草原文物》，2017年。

③ 孙永刚、赵志军：《魏家窝铺红山文化遗址出土植物遗存综合研究》，《农业考古》，2013年，第3期。

左右已经种植粟和黍等农作物，但是其经济生产活动的主体是延续本地区新石器时代早期的采集渔猎传统，而属于农业的粟和黍为代表的旱作种植在当时仅是辅助性的次要的生产活动”[①]。

这一时期，辽西地区的赵宝沟文化遗址、红山文化早中期遗址中野猪、鹿等一些野生动物仍很常见。魏家窝铺遗址中鱼骨的数量很大，说明渔猎经济在这时仍占很大的比重，特别是河流两岸的丘陵地区不利于开展农业活动的地区更是如此。这一时期很多遗址中都有猪、牛、羊、鸡等家畜的骨骼出土。这与我们看到这一时期辽西地区聚落的数量较以前有了成倍的增长，聚落的规模普遍增大，聚落中的人口有所增多，聚落中的社会组织因此趋于复杂的情况是密切相关的。

三、区域经济之二：手工业和贸易

这一阶段，已经出现了手工业和简单贸易，本节将根据发现的遗迹与遗物，对手工业进行分类，并探讨当时的贸易状况。

这一时期，辽西地区最重要的手工业是制陶业。赵宝沟文化截至目前还没有发现窑址，但在赵宝沟遗址一区的3座房址（F2、F7、F9）中，出土了3件制作陶器的模具，还发现了2件骨质和13件蚌质用于刻划纹饰的制陶工具，以上现象可以推测当时的制陶业应是个体作坊式的。根据一些精致陶器的出土以及陶器上的精美纹饰，李新伟先生认为这些制陶的工匠技术熟练而且专业[②]。红山文化尽管发现的陶窑数量少，但是出土陶器较多，陶器的生产已经步入专业化的阶段。四棱山红山文化窑址，虽然规模不大，但保存基本完好，李恭笃先生将6座陶窑分3式，反映了陶窑从无到有，从简单到复杂的发展变化过程。“根据Y2打破Y4、Y5的情况和六座窑的建筑形式及其结构的不同分析，Y2

① 孙永刚、赵志军：《魏家窝铺红山文化遗址出土植物遗存综合研究》，《农业考古》，2013年，第3期。

② 李新伟：《仪式圣地的兴衰：辽西史前社会的独特文明化进程》，上海：上海古籍出版社，2017年。

与Y4、Y5不可能是同时使用的，同时使用的陶窑也只能有2～4座”[①]。由单室窑发展到连室窑，陶器烧制数量有了量的提升。由于陶窑附近没有发现居住址及其他附属建筑，推测窑址应该是该地区专门烧制陶器的场所。其生产的陶器用于满足不同遗址内人们的需求，按此推理，当时陶器应该是贸易的一部分。

除了制陶业，根据遗址内出土的骨器，说明制骨业也是一项很重要的手工业。赵宝沟遗址F9内出土骨锥2件、带孔骨器1件、骨针1件、刀形骨器1件、残骨器1件、蚌器1件，富河沟门遗址中也发现了骨锥、镞、刀柄、针、鱼钩、鱼鳔等。魏家窝铺遗址中出土了少量的蚌壳制品，经陈全家、张哲先生鉴定后认为，“其中有一些贝类的栖息地是河流的入海口处，可能是古代先民进行地区之间的交换得来的，这些交换来的贝类极有可能是作为加工装饰品的原料而非食用”[②]。

石器制造业是当时较重要和易操作的手工业。各遗址内出土了大量的石器，种类有石斧、石耜、石锄、石铲、石刀、石凿、磨盘、磨棒等，其他如砍砸器等数量也较多，也发现了大量的细石器。在赵宝沟遗址中发现了大量的石耜，反映出农业生产的进一步发展。在富河文化的东山湾遗址地表散布着许多半成品和成品石器，以及大量石片和石渣，此地应该是一处石器制造场。下台子遗址地表散落大量的细石器，在发掘中又出土了大量的细石核和细石叶，分布较集中，基本在灶址周围，由此推测此地应该是一处细石器的加工场所。

玉器的制作工艺是在石器制作技术的不断发展过程中产生的[③]。辽西地区新石器时代早期就已经发现了玉器，杨家洼遗址出土了玉斧、玉球、玉刻刀、玉环等，榆树山遗址的墓葬中出土

① 李恭笃、高美璇：《内蒙古敖汉旗四稜山红山文化窑址》，《史前研究》，1987年，第4期。

② 陈全家、张哲：《赤峰市魏家窝铺遗址2010—2011年出土动物的考古学研究》，《草原文物》，2017年，第1期。

③ 张弛：《长江中下游地区史前聚落研究》，北京：文物出版社，2003年。

了一批加工精细的白石管珠，应该是实用功能和装饰功能。中期阶段的兴隆洼文化遗址中出土了数量较多的玉器，查海遗址44件，种类有玉玦、玉斧、玉管等。刘特特统计兴隆洼遗址出土了18件玉器，“种类有玉玦、长条形弧面玉匕形器、玉斧、牙形玉器、玉锛等”[①]。应该说玉器的制作工艺日趋成熟。新石器时代晚期前段，辽西地区玉器的发现较多，在敖汉旗董家营子遗址中发现了大量带有切割痕的废弃玉石料，推测其应是一处专门的玉器加工场[②]，在敖汉旗也发现了玉斜口筒形器坯及内芯，从一个侧面反映出了玉器的加工工艺等，表明当时玉器加工已成为一门独立的手工业。

四、结语

在新石器时代晚期前段，辽西地区人口迅速增多，大的河流两岸已经出现了十分密集的聚落，多数地区在这一时期的中晚期阶段还有了普通聚落和大型聚落的分化。普通聚落的遗址面积在1～2万平方米左右，各聚落的形态大致相同，居住区比较集中，但是墓地发现的材料较少，各地区普通聚落中的居住方式与房屋布局略有不同，但反映的社会组织形态大同小异，出现了包括稳定的对偶家庭在内的扩大式家庭或小型家族、由扩大家庭或小型家族组成的大家族或氏族公社和由两个以上的大家族或氏族公社组成的社群。这一阶段大型聚落面积在10万平方米左右，有大规模的制陶作坊和专门的祭祀区，手工业生产规模是作坊式的。大型聚落附近往往还聚集着一些中型和小型的普通聚落，社会组织呈现出橄榄式结构和圆形结构[③]。聚落经济在这一时期也得到了充分的发展。赵宝沟文化遗址中出土的石耜等，说明其已进入耜耕农业阶段，各聚落中出土的狍子、鹿等野生动物消费量较大说

① 刘特特：《辽西古文化区史前玉器研究》，辽宁师范大学硕士学位论文，2012年。

② 索秀芬、李少兵：《红山文化研究》，《考古学报》，2011年，第3期。

③ 王向：《GIS辅助下的红山文化研究》，吉林大学硕士学位论文，2013年。

明渔猎采集的取食方式还占很大比例。手工业方面，辽西地区有发达的制陶业、制骨业、制玉业。这些都为辽西地区新石器时代晚期晚段的繁荣和兴盛奠定了坚实的基础。

试论晋冀豫地区北朝石窟寺的地理分布①

王亮　王银田
（广东华侨博物馆；暨南大学历史学系）

摘要： 佛教石窟寺起源于古印度，于两汉之际传入西域，尔后逐渐东专，至北朝时期，广布中国北方大部，且多开凿于佛教中心周边。晋冀豫地区作为北朝不同阶段佛教中心的主要聚集地，石窟密布。本文运用历史地理学的研究方法，结合大量的古籍文献和考古材料，通过分析此地区50余处大中小型石窟寺遗存的分布状况，总结出它们的分布规律：石窟寺多分布在以佛教中心为依托，以连接各佛教中心的交通线为脉络的僻静山林中。这种分布格局是受当地自然环境、交通条件、佛教基础、经济人口状况以及北朝统治者的佛教政策等诸多因素共同影响的结果。

关键词： 晋冀豫；石窟寺；地理分布；影响因素

一、引言

佛教起源于古印度，西汉文景之时，盛行于印度西北地区，后经中天竺传至中亚等国，进而传至西域，于两汉之际经丝绸

① 原文发表于《石窟寺研究（第六辑）》，北京：科学出版社，2016年。本文在原文基础上略有改动。

之路传至中国内地。[①]佛教在其发展过程中，通过各种形式创造了多种风格独特的宗教景观，主要包括寺院、石窟、石刻、造像碑等。伴随佛教于两汉之际传入中国，印度的佛教艺术也开始东布中土。东汉明帝曾专门“遣使天竺，问其道术而图其形象焉”，[②]并在“洛中构白马寺，盛饰佛图，画迹甚妙，为四方式”，[③]这是见于历史文献中最早有关建立佛寺的记载。至于造像立寺最早之记载，在东汉灵帝、献帝时，笮融造大佛及佛寺，礼佛者每次五千余人。[④]随着佛教的进一步发展，中印佛教艺术的交流不断加强。东晋时，高僧法显“持经像”归国。北魏太安元年（455年），有沙门五人“奉佛像三，到京都”。[⑤]宋云、惠生游历西域，惠生曾“减割行资，妙简良匠，以铜摹写雀离浮图仪一躯及释迦四变塔”。[⑥]考古发现表明，在东汉至魏晋的墓室石刻里，已发现真正的佛像。山东沂南地区发现东汉末至魏晋的画像石墓，中室的八角擎天石柱上，南北的顶端各刻有一头带束带，腰间系下垂流苏，头后带项光的立像，有研究者认定其为佛像。[⑦]1940年分别在四川省乐山市麻浩区一号崖墓和柿子湾1区一号崖墓中，发现佛像石刻。佛像刻于前室东壁，通高37厘米。高肉髻，头绕圆形顶光，身着通肩大衣，右手似作“施无畏印”，结跏趺坐。佛像的雕刻技法属于高浮雕，不可能为后人补刻，年代最晚断定为蜀汉时期。[⑧]

---

① 佛教传入中国的时间至今仍有争议，大约有以下几种说法：西周昭王说、西周穆王说、孔子与佛说、秦始皇说、西汉刘向校书说、西汉张骞通西域说、西汉哀帝说、东汉明帝说，详见汤用彤先生《汉魏两晋南北朝佛教史》第一章《佛教入华诸传说》。本文采用严耕望先生认为的西汉哀帝元寿年间说，《魏晋南北朝佛教地理稿》，上海：上海古籍出版社，2007年，第1页。

② 《后汉书》卷七二《楚王英列传》，北京：中华书局，1965年，第1429页。

③ 《魏书》卷一一四《释老志》，北京：中华书局，1974年，第3029页。

④ 《三国志》卷四九《吴书四・刘繇传》，北京：中华书局，1959年，第1185页。

⑤ 《魏书》卷一一四《释老志》，北京：中华书局，1965年，第3036页。

⑥ 杨衒之：《洛阳伽蓝记》卷五《城北》，上海：上海古籍出版社，1978年，第329页。

⑦ 曾昭燏等：《沂南古画像石墓发掘报告》，北京：文化部文物管理局，1956年，第52—57页。

⑧ 唐长寿：《四川乐山麻浩一号崖墓》，《考古》，1990年，第2期。

与其他佛教艺术传入中国的路线相似，[①]开窟造像活动也是首先传至西域，尔后逐渐东传，最后遍布全国。新疆地区的石窟寺是中国绝对年代最早的一批石窟。据碳十四测年测定，位于古龟兹国（今新疆库车县）境内的森木塞姆千佛洞，年代较早的洞窟是第36窟，距今1890±120年，树轮校正年代1845±125年，当在公元2至3世纪。位于古疏勒国（今新疆拜城县）境内的克孜尔石窟年代最早的是第47窟，测年时间距今1785±75年，树轮校正年代为1730±80，当在公元3世纪中。新疆地区的石窟寺形制和内部雕塑风格，具有鲜明的中亚地域风格，最基本的窟形是以中心柱分割前后室的形式出现，这种模仿印度佛教支提窟的石窟形制，与阿富汗兴都什库山麓的巴米扬石窟相似。由此可以推测，印度佛教石窟可能经过巴米扬地区传入西域，[②]进而传入中国内地。

南北朝时期，政治上南北呈对峙状态，佛教开始南北相分。南方偏重玄学义理，承魏晋之风。北方则重禅观实践，开凿窟龛，广建功德。[③]北朝诸帝多信奉佛法，大修功德以求福，鼓励开凿石窟。北魏平凉之后，首都平城（今山西大同）是北方石窟的开凿中心。随着局势的变化，北魏迁都洛阳，洛阳周边开始大量开凿石窟，最著名的当属龙门石窟，众多中小型石窟如雨后春笋般出现。北朝分裂为东魏和西魏后，石窟开凿中心迁徙到邺城（今河北临漳）和长安。尤其是东魏北齐，在统治者的大力提倡下，以邺城为中心的诸石窟分布至邺城以西的太行山东麓一线。

① 20世纪初以来，关于佛教传入中国的路线问题，学术界作了大量研究，主要有三种看法　一是梁任公先生在《佛教之初输入》一书中认为，佛教不是经过陆路传入中国内地　而是由海路入境；二是季羡林先生在《商人与佛教》中认为，佛教初入中国内地，不经过西域各国，而是直接由印度传入；三是汤用彤先生在《汉魏两晋南北朝佛教史》、严耕望先生在《魏晋南北朝佛教地理稿》、任继愈先生在《中国佛教史》中认为的佛教由西域经丝绸之路传入中国内地。本文依西域传入说。

② 吴焯：《从考古遗存看佛教传入西域的时间》，《敦煌学辑刊》，1985年，第2期。

③ 汤用彤：《汉魏两晋南北朝佛教史》，北京：北京大学出版社，2001年，第272页。

北齐高氏皇族定晋阳（今山西太原）为陪都，常往来于两都之间，以晋阳为中心的晋中地区和两都之间的晋东南地区，石窟密布。

本文论述的晋冀豫地区，包括以下四个子地区：一是以平城为中心的晋北地区，北魏司州之地，①今属山西省大同市和朔州市范围；二是以洛阳为中心的豫西地区，北魏洛州、豫州之地，今属洛阳市、焦作市、郑州市以及三门峡市东部的范围；三是以邺城为中心的冀中南地区，北魏相州、定州之地，今属河北省石家庄市、邯郸市以及河南省安阳市范围；四是以晋阳为中心的晋中地区和邺城、晋阳之间的晋东南地区，同属北魏并州之地，今属太原市、晋中市、长治市和阳泉市范围。以上四个地区，地缘相连，以不同时期的政治中心为依托，历史上前后相承，是北朝石窟寺的主要分布区域，可以作为一个整体进行研究。

中国的石窟寺，依地域而言，可分为四大区域：新疆地区、中原北方地区、南方地区和西藏地区。其中，新疆地区又可分为龟兹、焉耆和高昌三个子区。中原北方地区，可分为河西区、甘肃黄河以东区、陕西区、晋豫及其以东区四个子区。南方地区，主要指江浙和川滇两个区域。西藏地区，主要指拉萨和阿里地区的石窟。②本文所讲的晋冀豫地区属于中原北方地区的晋豫及其以东地区。

本文以石窟寺为研究对象，因而不包括摩崖龛像、单体造像及造像碑等材料。由于这一时期、这一地区石窟寺数量众多，不可能将所有石窟寺全部收入，即使只是分析重要石窟，也难免疏漏。但笔者尽量做到全面，不详之处，敬请方家指正。

二、晋冀豫地区北朝石窟寺的遗存状况

石窟寺是重要的佛教遗存，是佛教广为传播的有力见证。北

---

① 这里采用北魏迁洛之前的行政区划，为统一口径，以下三处也用此规制。

② 宿白：《中国石窟寺考古》，《中国石窟寺研究》，北京：文物出版社，1996年，第16—20页。

朝时期，在包括晋冀豫地区在内的中国北方地区，石窟寺遗存众多，而南方地区相对少见。分析形成这种现象的原因：（1）南北朝时期，南北政治呈对立态势，佛教南北相分，南方偏重玄学义理，承魏晋之风；北方则重禅观实践，开凿窟龛，广建功德，北方僧众常聚集在山林幽静处“凿仙窟以居禅”。（2）信佛者认为佛教面临三阶段，即正法、象法和末法，末法最为悲惨，中国历史上“三武一宗”的灭法运动，每次都对佛教有沉重打击。末法思想在北方信众中尤为盛行，而开凿石窟、雕凿龛像不易损毁，被认为是保证佛法永存的有效办法。（3）佛教自西北传入中国，石窟寺首先在新疆、河西地区出现。至北魏拓跋珪平凉州，迁凉州僧众巧匠至平城，晋北地区佛教始盛，石窟开凿活动如火如荼地开展起来。随着政治中心的迁移和佛教山林的广布，石窟寺传播到河南、河北、山东等中国北方大部，且历北朝、隋、唐、五代、宋而不衰。现将北朝时期石窟寺在晋冀豫地区的遗存状况，分为晋北、豫西北、冀中南和晋中及晋东南四个子区进行介绍。

（一）晋北地区[①]

山西石窟寺保存较多，据全省文物普查初步统计，山西全境有石窟寺三百余处，摩崖造像、石刻更是遍布全省各地。[②]山西石窟寺始凿于北魏，至唐代时达到极盛，后历宋、五代、元、明、清均有开凿，形成石窟寺发展的清晰脉络。晋北地区现存北朝石窟寺共有七处：其中大同市区有五处，分别是云冈石窟、鹿野苑石窟、鲁班窑石窟、吴官屯石窟和焦山寺石窟；下属县有两处，分别是阳高县龙泉寺石窟、广灵县圣泉寺石窟。现将七处石窟遗存状况简述如下（见图1）：

① 本文晋北地区是指今山西与内蒙古交界的明长城以南，熊耳山以西，以大同盆地为中心的地域，辖今大同市和朔州市。

② 李裕群：《山西北朝时期小型石窟的考察与研究》，巫鸿主编：《汉唐之间的宗教艺术与考古》，北京：文物出版社，2000年，第27页。

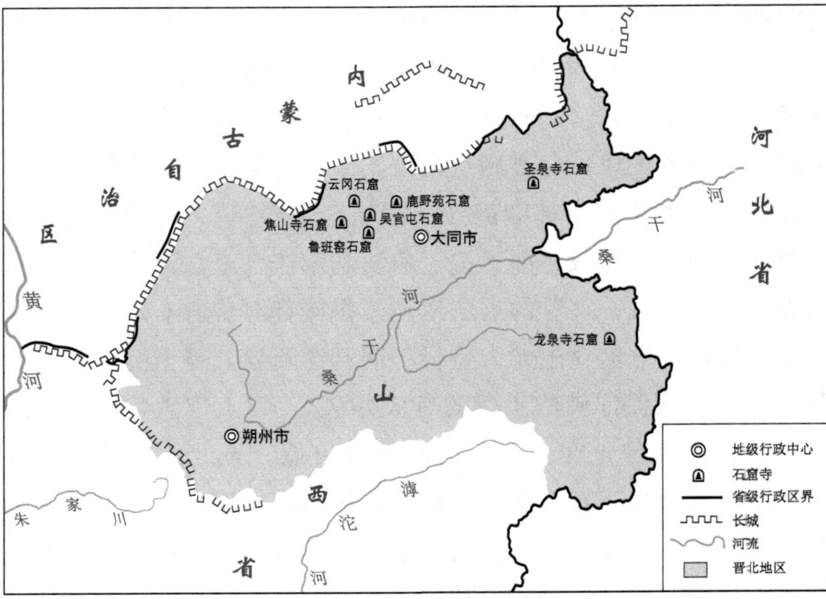

图1 晋北地区北朝石窟寺分布图

1. 云冈石窟①

云冈石窟始凿于和平元年（460年），《魏书·释老志》：“和平初，师贤卒，昙曜代之，更名沙门统，……与京师西武周川塞，开窟五所，镌刻佛像各一、高者七十尺，次六十尺，雕饰奇伟，冠于一世。”据金皇统七年（1147年）所撰《金武周山重修石窟寺碑》记载，云冈石窟所刻纪年最迟者为孝明帝正光五年（524年）。因此，云冈石窟的开凿从开始到结束，共历时六十余年，开凿大小窟龛数百座。

根据石窟形制、造像样式等因素的变化，云冈石窟大致可以分为三期：云冈一期，即和平元年（460年）始凿的昙曜五窟，也就是位于石窟群中西侧的第16～20窟，此期各窟平面呈椭圆形，造像为三世佛和千佛，主像形体高大；云冈二期，开凿时间

① 宿白：《云冈分期试论》，收于云冈石窟文物研究所编：《云冈百年论文选集（一）》，北京：文物出版社，2005年，第148—156页。

大概在文成帝以后，以迄太和十八年（494年）迁都洛阳前的孝文帝时期，即465—494年，洞窟主要位于石窟群的中东侧，有第7、8窟，第9、10窟，第5、6窟和第11、12、13窟，还有开凿在东部的第1、2窟和第3窟，洞窟平面多呈方形，具前后室，佛像服饰多“褒衣博带”式；云冈三期，多中小型石窟，主要集中在20窟以西的地方，中部的第14、15窟和第4窟也属于这一时期，第三期石窟总数不下于200个，窟室样式急剧变化，是最为繁杂的阶段。[①]

2. 鹿野苑石窟

1980年7月进行文物普查时，在大同市西北小石子村附近的山沟石崖里发现了一处石窟寺，从其地理位置、石窟形制、造像特征、雕刻内容等方面来分析，应为北魏平城鹿野苑石窟。[②]它位于大同市西北约10公里的雷公山背沟北山崖面，东南距小石子村1.5公里，南距安家小村的北魏城垣遗迹4公里，石窟前临古河道，河滩上现仍有泉眼。洞窟坐北朝南，高出河滩10多米。

鹿野苑石窟东西长30米，现存洞窟11个，编号为1到11，其中第6窟为造像窟，居于中央，其余为禅窟，居于两侧。石窟为雕刻较少的修禅窟，与“昙曜五窟”的造像风格一致。

3. 鲁班窑石窟[③]

该石窟位于大同市云冈村西约2公里的山丘上，相传开凿云冈石窟的工匠居住于此，故名。开凿在武周川西岸上小崖石上。现存洞窟两座，平面呈椭圆形。坐西朝东，与云冈石窟隔河相

---

① 宿白：《云冈石窟分期试论》，《中国石窟寺研究》，北京：文物出版社，1996年，第76—88页。

② 李治国、刘建军：《北魏平城鹿野苑石窟调查记》，云冈石窟文物保管所：《中国石窟·云冈石窟（一）》，文物出版社和（日）株式会社平凡社联合出版，1991年，第212—215页。

③ 国家文物局主编：《中国文物地图集·山西分册（中）》，北京：中国地图出版社，2006年，第88页。

望，开凿于北魏迁洛之际。

4. 吴官屯石窟[①]

该石窟位于大同市云冈以西约4公里处的武周川北面崖壁上，东西相距200多米，多为小型窟龛。现存洞窟32个，皆为北魏遗存。各窟龛多已残破，风化较甚。没有成组的窟，小型窟龛居多，造像身躯修长，面目清癯，与云冈晚期的造像题材接近，应开凿于北魏迁洛之后。

5. 焦山寺石窟[②]

该石窟位于大同市云冈以西15公里的高山镇，武周川北岸。寺址坐南朝北，依地势辟为五层，共存洞窟11个，编号为1至11，大多开凿于北魏时期，现多已风化。自汉代始，这里即是汉与匈奴的必经之路，《汉书·匈奴传》记："匈奴自单于一下皆亲汉，往来长城下，……乃以十万骑入武周塞。"北魏时，武周塞是旧都盛乐和新都平城之间的往来孔道，焦山和高山镇隔武周川相望，得交通之便利，正是开凿石窟的形胜之地。

6. 龙泉寺石窟[③]

该石窟位于大同市阳高县狮子屯乡苏家窑西北，开凿于北魏时期。寺毁，仅存石窟，分上下两层，上层2窟，下层1窟。窟内有竖井可上下贯通。窟内造像无存，窟外摩崖造像风化严重。

---

① 丁明夷、李治国：《焦山、吴官屯调查记》，云冈石窟文物保管所：《中国石窟·云冈石窟（一）》，文物出版社和（日）株式会社平凡社联合出版，1991年，第216—221页。

② 丁明夷、李治国：《焦山、吴官屯调查记》，云冈石窟文物保管所：《中国石窟·云冈石窟（一）》，文物出版社和（日）株式会社平凡社联合出版，1991年，第216—221页。

③ 国家文物局主编：《中国文物地图集·山西分册（中）》，北京：中国地图出版社，2006年，第100页。

7. 圣泉寺石窟[①]

该石窟位于大同市广灵县宜兴乡村南约7公里处，开凿在距地面1.5米，长约80米的峭壁上。现存4窟，由上下两部分组成，上有3窟，下有1窟，窟内造像均毁。据寺庙碑记载，石窟始凿于北魏太和年间（477—499年），清道光二十年（1840年）重修。

（二）豫西北地区[②]

河南省石窟众多，除著名的洛阳龙门石窟、巩县大力山石窟和安阳灵泉寺石窟外，在豫西、豫北和南阳盆地共发现有38处中小型石窟和摩崖造像。[③]北魏迁都洛阳后，即在都城洛阳周围开凿石窟。豫西地区的石窟群以洛阳龙门石窟为中心，另有众多中小型石窟如众星拱月般分布在其周围，比较著名的有巩县大力山石窟、义马鸿庆寺石窟、宜阳虎头寺石窟、渑池石佛寺石窟、伊川鸦岭石窟、伊川吕寨石窟、嵩县铺满石窟和偃师水泉石窟等。豫北地区则是洛阳通往平城和邺城的必经地，依交通线可分为两组：一组是洛阳向北直至博爱县，分布有谢家庄石窟、吉利万佛山石窟、孟县莲花洞石窟；另一组在洛阳东北，由卫辉市至浚县，折而向西至林县，分布有卫辉市香泉寺石窟、淇县前嘴石窟、青岩石窟、鹤壁五岩寺石窟、林县千佛洞石窟等。现依据记录材料，将豫西北地区主要石窟寺遗存状况简述如下（见图2）：

① 国家文物局主编：《中国文物地图集·山西分册（中）》，北京：中国地图出版社，2006年，第115页。

② 本文所讲豫西地区以北魏迁洛之后的司州地域为主，即今以洛阳为中心，东至巩义，西至三门峡，南至南阳盆地北缘，北至黄河以北的王屋山。

③ 陈平：《河南中小型石窟调查的主要收获》，巫鸿主编：《汉唐之间的宗教艺术与考古》，北京：文物出版社，2000年，第3页。

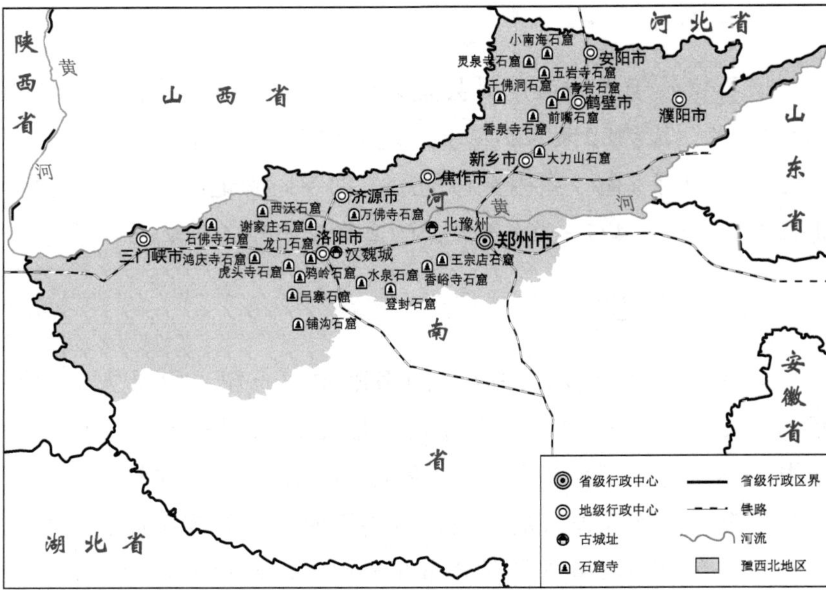

图2　豫西北地区北朝石窟寺分布图

1. 巩县大力山石窟

该石窟位于芒山东端大力山南麓，面临洛水，西距洛阳故城44公里的寺湾村。北魏迁洛之后，曾在这里建“希玄寺”，据唐龙朔年间《后魏孝文帝故洗选死至碑》云：“昔魏孝文帝发迹金山，途遥玉塞，……电转伊缠，云飞巩洛，爰止斯地，创建伽蓝。”现存北朝洞窟5座，其中第1至4窟为深5米左右的中大型窟；第5窟为深3米左右的中型佛殿窟。5座窟皆为中心柱窟，但均无纪年铭记。从洞窟形制、造像题材和装饰纹样等方面分析，它们的雕凿时间比较接近，应在河阴之变（528年）之前，至北魏裂为东西（534年）之后不久。

2. 登封石窟

该石窟位于登封市城关镇少林办事处大王沟村东，现存石窟

1座，小龛5个。石窟窟门面西，开凿于北齐时代。

3.荥阳王宗店石窟[①]

该石窟位于荥阳市崔庙乡王宗庙村入口处，凿有石窟1所，开凿年代为北齐天统四年（568年）。

4.吉利万佛山石窟

该石窟位于今洛阳市吉利区（原孟县吉利乡）与济源市交界处的柴河村，东南距北魏洛阳故城40公里。石窟分两区，即上寺区和下寺区，现存神游洞、锣鼓洞、大佛龛、莲花洞和变窟等洞窟。石窟皆赋彩，窟形多样，既有中心柱窟，也有殿堂窟。从窟外分布甚广的礼佛图和浮雕画来看，该石窟开凿于北魏。

5.孟津谢家庄石窟

该石窟位于孟津县煤窑乡谢家庄东南约200米的索罗沟的石壁上，前临小溪，东南距汉魏洛阳城约25公里。据1986年调查材料，当时存敞口梯形小型殿堂窟1座，正壁和北壁各置一佛二菩萨。开凿年代为北魏末。

6.新安西沃石窟

该石窟新安县西沃乡，黄河南岸青要山的峭壁上，前临黄河，东南距汉魏洛阳故城约90公里。据1986年调查材料，当时存小型方形殿堂窟两座。第1窟为穹隆顶，三壁设坛。窟口右侧有刻铭，曰“建功孝昌之始，就建义初”，知其年代在孝昌初年。第2窟为敞口横长方形小窟，碑记此窟为民间邑社集资建于北魏普泰元年（531年）。

---

① 杨超杰：《洛阳周围小石窟全录（一）》，北京：外文出版社，2010年，第9页。

7. 义马鸿庆寺石窟

该石窟位于今义马市东16公里石佛村（原属渑池县），东距汉魏洛阳城约60公里。石窟南临石涧河，北依白鹿山。现存北朝洞窟6座，其中第1窟为中心柱窟，第6窟为禅窟，其余4窟为殿堂窟。6座石窟均无纪年铭文，又多剥蚀崩塌。各窟均为方形平面，三壁三龛的布局流行于北魏晚期。从石窟的造像风格开看，6座石窟的开凿时间应极为接近，大抵开凿于河阴之变前后。

8. 宜阳虎头寺石窟

该石窟位于今宜阳县城东13公里的苗村，东北距汉魏洛阳城约40公里。傍虎伏山开凿，北眺洛河。现存北朝小型洞窟2座，摩崖千佛龛1处。造像风格受洛阳龙门石窟影响较重。窟内千佛龛下尚能看出“正光元年”字样，据此推测为北魏洞窟。

9. 渑池石佛寺石窟

该石窟位于渑池县西北坡头乡西4公里的庙下村。背靠红砂岩崖壁，面对山涧水，现存洞窟4个，经考证开凿于北周。[①]

10. 伊川鸦岭石窟

该石窟位于伊川县鸦岭乡西北石佛寺村，东北距汉魏洛阳城约45公里。前临甘水河，北依村北山崖。现存两洞窟，均为北魏开凿。

11. 伊川吕寨石窟

该石窟位于今伊川县酒后乡吕寨村东北半山腰之上，远眺伊河，东北距汉魏洛阳城约50公里。现存洞窟有3座，均开凿于北朝。

---

① 杨超杰：《洛阳周围小石窟全录（一）》，北京：外文出版社，2010年，第9页。

12 嵩县铺沟石窟

该石窟位于嵩县铺沟村南小丘上，东北距汉魏洛阳过程约60公里。现存洞窟6座，分布在环形山凹中，前临伊水。现存中型殿堂窟1座，小型殿堂窟5座，均利用天然洞穴修建而成。洞窟无纪年，但从造像风格可看出，与龙门正光、孝昌间窟龛相似。

13. 偃师水泉石窟

该石窟位于今偃师县寇店乡水泉村南万安山断崖上，前临沙河，北距汉魏洛阳城20公里。有长方形平顶殿堂窟1座，系天然溶洞修凿，窟内有龛，龛上有铭文纪年为熙平二年（517年），窟外右侧有小型禅窟，无雕饰。

14. 洛阳龙门石窟[①]

龙门石窟位于今洛阳市南郊龙门山麓，前临伊水，其地东北距汉魏洛阳故城20公里，是北魏迁都洛阳后开凿的最重要的石窟群。据文物部门统计，龙门石窟现存北朝洞窟共23座，均是殿堂窟。其中深10米以上的大型窟有6座，即古阳洞、宾阳中洞、宾阳南洞、宾阳北洞、莲花洞和火烧洞。深5米左右的中型石窟有5座，分别是魏字洞、皇甫公窟、药方洞、唐字洞和路洞。深2.5米的小型洞窟有5座，分别是慈香洞、普泰洞、弥勒洞、赵客师洞和天统洞。深2.5米以下的小型洞窟有7座，分别是龙骧将军洞、地花洞、六狮洞、弥勒洞北一洞、弥勒洞北二洞、来思九洞和汴州洞。

现根据洞窟纪年铭刻记载和洞窟形制等推测，北朝洞窟的开凿时间大概可分为三个时期。第一个时期即孝文帝、宣武帝时期，这一时期开凿的石窟按始凿的时间先后，为古阳洞、宾阳中洞、莲花洞、宾阳南洞和宾阳北洞。其中古阳洞和莲花洞平面为

---

① 宿白：《洛阳地区北朝洞窟的初步考察》，《中国石窟寺研究》，北京：文物出版社，1996年，第153—158页。

纵长方形，宾阳三洞平面为椭圆形。按《魏书·释老志》记载，此三洞是为高祖、文昭皇太后和世宗营造的洞窟。第二个时期为胡太后时期，这一时期又可分为胡太后被幽前和胡太后复政后两个阶段。胡太后被幽前开凿的石窟按始凿时间先后，为火烧洞（神龟元年，即518年）、慈香洞（神龟三年，即520年）、魏字洞、普泰洞和弥勒洞；胡太后复政（正光元年，也即520年）至孝昌元年期间，开凿的洞窟有皇甫公窟、龙骧将军洞、地花洞、弥勒洞北一洞、弥勒洞北二洞、六狮洞、来思九洞等，另外两个未完工的大型洞窟——唐字洞和药方洞也开凿于此时期。第三个时期为孝昌以后的北魏末期，开凿的中大型窟是路洞，中型窟有两座，即较大的赵客师洞和较小的天统洞，小型窟即汴州洞。

15. 密县香峪寺石窟

该石窟位于密县西北19公里处的尖山乡香峪村北，现有石窟1座，上有纪年，开凿于东魏天平二年（535年）。

16. 卫辉市霖洛山香泉寺石窟

该石窟位于卫辉城西北约20公里处，现存1窟，石窟的造像和题材与《华严经》有密切联系。

17. 淇县青岩石窟

该石窟位于淇县城西北20公里处的贺村之西，太行山东麓，前临淇水。石窟平面近方形，正壁雕释迦牟尼佛，其余壁面布满小佛龛，计有600余身，应开凿于北魏后期。

18. 鹤壁五岩寺石窟

该石窟位于鹤壁西北8公里的西小庄以西的五岩山上，自东向西有五区，分布在长达200米的崖壁上，开凿窟龛41个，造像154身。据造像题记，最早的石窟开凿于东魏兴和四年（542年），最晚开凿于武定七年（549年）。

19. 林县千佛洞石窟

该石窟位于县城南15公里处的南庵沟村以北。现存石窟1座，坐北朝南。正壁雕一坐佛二弟子二菩萨。石窟开凿与北齐高僧僧达有关，据此推测，石窟应开凿于北齐时期。

20. 安阳小南海石窟[①]

该石窟位于安阳市装货村东，邺城西南40里，背倚鳖盖山，前临洹水。现存石窟3座，自西向东分布，可分为西、中、东三窟。中窟上方刻有《方法师镂石班经记》："大齐天保年间……刊此岩窟。至六年中，国师大德稠僧重莹修好，……遂镂石班经，传之不朽。"由此可知，中窟开凿于天保元年（550年），完工于天保六年（555年），窟内三壁共造像九身。东窟位于中窟以东500米处，破坏严重，窟内造像大体同中窟之制。

21. 安阳宝山灵泉寺石窟

该石窟开凿于灵泉寺东西两侧的山峰上，东山有窟龛64个，西峰有窟龛212个，历北齐、隋、唐、五代、宋均有开凿。较大的窟有大住圣窟和大留圣窟，其中大留圣窟外有"魏武定四年岁在丙寅道凭法师造"字样，据此可知此窟系道凭法师于东魏武定四年（546年）所造。

（三）冀中南地区

河北省现存石窟40余处，上自北魏下至明清，历代均有雕凿。主要分布在冀西的太行山东麓和冀北的燕山南麓。公元534

① 温玉成：《中国石窟与艺术文化》，上海：人民美术出版社，1993年，第30页。

年，北魏分为东魏、西魏。东魏北齐移都邺城，统治者崇奉佛教，大肆兴建寺院，开凿石窟，邺城俨然成为当时北方的石窟开凿中心。大量的石窟寺集聚于以邺城为中心的司州地区，如南北响堂山石窟、水浴寺石窟、涉县林旺石窟、娲皇宫石窟、艾叶峧石窟以及元氏县封龙山石窟等。现将冀中南地区主要北朝石窟寺的遗存状况简述如下（见图3）：

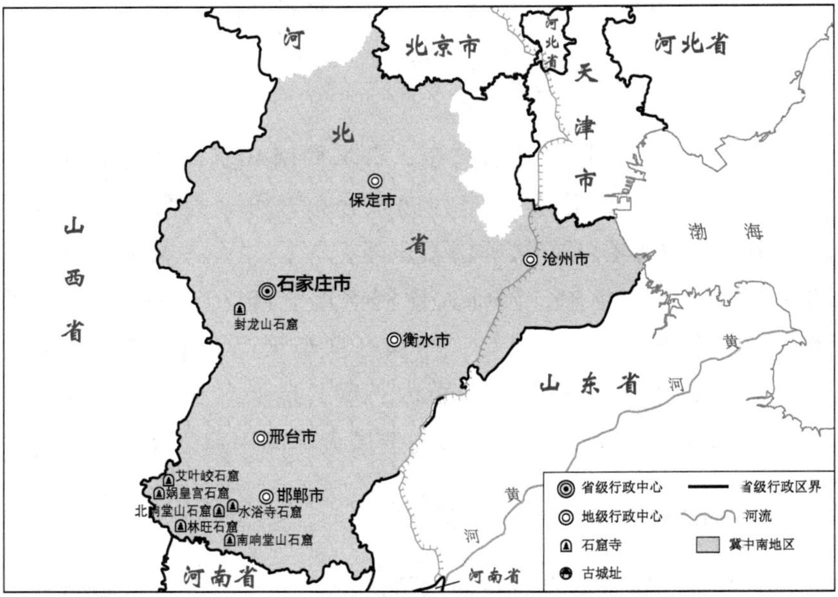

图3 冀中南地区北朝石窟寺分布图

1. 南北响堂山石窟[①]

包括北响堂和南响堂两处，均位于邺城西北30里，滏口陉附近。共有石窟16座，摩崖佛龛300余个，造像4300余尊。北响堂有北齐石窟4座，其中以北齐文宣帝高洋所营建的大佛洞、释迦洞、刻经洞三窟最负盛名，开凿于北齐天保年间（550—559年），隋、唐、明均有续凿。南响堂石窟位于鼓山南端，有北齐

① 国家文物局主编：《中国文物地图集·河北分册（下）》，北京：文物出版社，2013年，第757页。

窟7座，分上下两层，下层为第1、2窟，上层为第3—7窟，为北齐勋贵高阿那肱于天统元年（565年）出资建造。响堂山石窟毁坏严重，大量造像、浮雕流落海外。

2. 邯郸鼓山水浴寺石窟①

该石窟位于邯郸峰峰矿区鼓山东麓寺后坡村南，与北响堂石窟隔山相对，也称寺后坡石窟。有东、西两窟及摩崖佛龛20余个，分布于水浴寺遗址西侧的一处面南的山崖上。其中西窟开凿于北齐武平年间（570—576年），外观作覆钵塔形，窟内中央置方柱。西窟前壁有“昭玄大统定禅师铭”，是北齐石窟中罕见的纪铭。据《隋书·百官志》记载：北齐天保元年（550年），文宣帝诏置“昭玄十统”，以沙门法上为“大统”。可见“昭玄大统”应为北齐最高僧官，这也可反映水浴寺的重要性。②

3. 涉县林旺石窟③

该石窟位于固新镇林旺村东南1.5公里处，窟面向南，前临清漳河。始凿于北齐末年，完成于隋开皇七年（587年）。窟内平面方形，三壁设坛。窟外两侧各依岩凿高2米，宽1.2米的摩崖大碑，上记石窟开凿始末。

4. 涉县艾叶峧石窟

该石窟位于涉县偏城乡艾叶峧村东500米，现存石窟1座。窟门向西，呈圆角长方形，窟内平面呈方形，穹窿顶。窟内造像形体胖壮，衣纹简疏，具有鲜明的北齐特征。

---

① 国家文物局主编：《中国文物地图集·河北分册（下）》，北京：文物出版社，2013年，第759页。

② 刘东光、陈光唐：《邯郸鼓山水浴寺石窟调查报告》，《考古》，1987年，第4期。

③ 国家文物局主编：《中国文物地图集·河北分册（下）》，北京：文物出版社，2013年，第803页。

5. 涉县娲皇宫石窟[①]

该石窟位于索堡镇凤凰山南麓崖壁上，现存南北石窟两座。窟内有大量刻经，是我国现存早期刻经字数最多、面积最大的一处石窟。无明确纪年碑，但北窟北侧有赵妃母所刻《观世音菩萨普门品》。赵妃，即唐邕妃赵氏，约卒于武平六年（575年）。据此推测，娲皇宫石窟开凿于北齐时期。

6. 元氏封龙山石窟

该石窟位于元氏县南佐镇北龙池村北500米的封龙山上，有西石堂院和东石堂寺2处。西石堂院位于封龙山南麓西坡，有东西排列西南的石窟3座，其中第3窟第1个洞窟开凿于北朝晚期，[②]平面方形，三壁中央各凿拱形龛，龛内各雕坐佛1尊。东石堂寺位于封龙山东麓南坡，有北宋石窟1座。

（四）晋中及晋东南地区

北魏孝文帝自平城迁都洛阳，常往来于两京地区，太行山西麓一带交通异常繁忙，处于这一交通线上的建州（今高平）、怀州（今沁阳）等地，开凿了众多石窟寺，比较著名的高平羊头山石窟、高庙山石窟、石堂会石窟等。东魏、北齐时期，邺城佛教发展盛况空前，晋阳作为陪都，深受其影响。众多僧侣从邺城来到晋阳，传播佛法，建立寺院，开凿石窟及造像，如天龙山石窟、瓦窑村石窟、姑姑洞石窟、龙山的童子寺和蒙山的西山大佛等。地处两都之间的晋东南地区，交通作用尤为显著，沿途设立众多驿站，同时也开凿了大量石窟寺，如武乡良侯店石窟、左权石佛寺石窟、高欢云洞、榆社响堂寺石窟、园子山石窟等。现将晋中及晋东南地区主要北朝石窟寺遗存状况简述如下（见图4）：

---

① 李裕群：《北朝晚期石窟寺研究》，北京：文物出版社，2003年，第45页。

② 《中国文物地图集·河北分册（中）》认为此窟开凿于隋朝，李裕群在《北朝晚期石窟寺研究》中认为应是北朝晚期洞窟，本文取后一种说法。

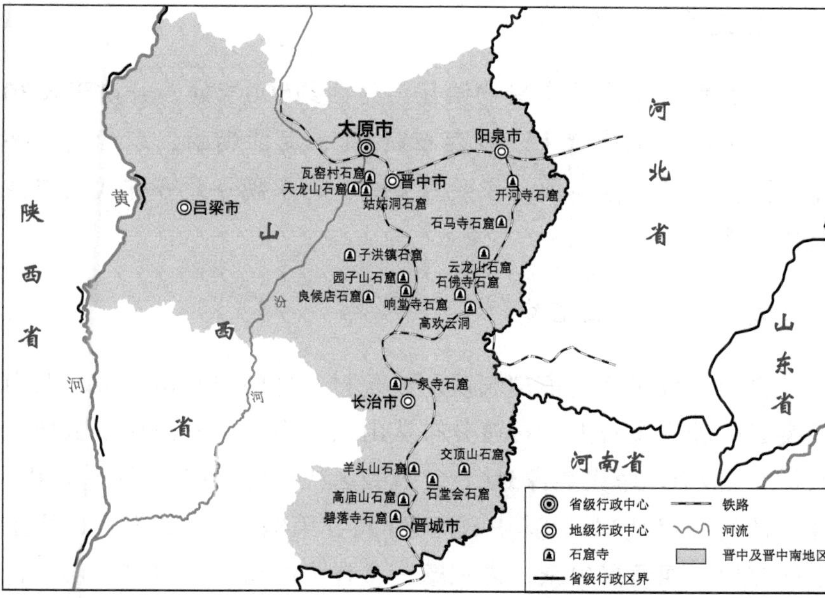

图4 晋中及晋东南地区石窟寺分布图

1. 天龙山石窟[①]

该石窟位于太原西南40公里处的天龙山，山前有天龙寺。石窟开凿于东、西二峰的山腰，东峰有8窟，西峰有13窟。石窟开凿起于东魏末，止于唐代。东峰2号、8号窟为东魏末年开凿，1号窟及西峰10号窟，则为北齐所作。

2. 姑姑洞石窟[②]

该石窟位于太原市晋源区晋祠镇西北3.5公里的明仙村对面的龙山南坡。岩石属于黄色砂岩，结构松散，崩毁严重。现存3座石窟，呈上下分布。从洞窟形制、造像特征等方面分析，洞窟应开凿于北齐时期。

① 温玉成：《中国石窟与文化艺术》，上海：上海人民美术出版社，1993年，第328—329页。
② 李裕群：《太原姑姑洞与瓦窑村石窟调查报告》，《文物季刊》，1995年，第3期。

3. 瓦窑村石窟①

该石窟位于太原市晋祠镇瓦窑村西约500米处，开凿于长30米，宽6～8米的崖壁上。现存石窟3座，窟面朝南，东西向一字窟平面呈方形，覆斗顶，三壁三龛式，为东魏—北齐样式。造像风化严重。

4. 高平羊头山石窟②

该石窟位于高平市神农镇西沙院村北部的羊头山，散布在山间突起的砂质崖石上。石窟分布从山顶至山腰可分为10个区域，共计洞窟9个，摩崖龛像3处，北魏到唐代石塔6处，北魏造像碑1处及清化寺遗址1处。其中石窟第6窟和第8窟为北魏石窟，均呈平面方形，四角攒尖顶，内三壁三龛皆为圆拱龛，内雕一佛二菩萨，着褒衣博带式袈裟，结跏趺坐于方座之上。

5. 石堂会石窟③

该石窟位于高平市东偏北15公里的石堂会村，开凿于裸露的黄沙岩质崖面上。现存洞窟6座，其中3座北朝佛教洞窟，编号为1—3。洞窟平面呈方形，覆斗顶，三壁三龛式，门外雕二力士，与云冈三期一致。窟内佛像面相清瘦，身穿褒衣博带式袈裟，属北魏晚期典型的“瘦骨清像”样式，开凿年限应在公元516—534年。

6. 高庙山石窟④

该石窟坐落在高平市南城街道南陈村西南750米的高庙山北

① 国家文物局主编：《中国文物地图集·山西分册（下）》，北京：中国地图出版社，2006年，第30页。
② 国家文物局主编：《中国文物地图集·山西分册（中）》，北京：中国地图出版社，2006年，第457页。
③ 李裕群，衣丽都：《山西高平石堂会石窟》，《文物》，2009年，第5期。
④ 李裕群、张庆捷：《山西高平高庙山石窟的调查与研究》，《考古》，1999年，第1期。

麓，开凿于质地细腻的石灰岩体上。现存1窟6龛，保存尚好。石窟平面呈方形，穹窿顶，窟内三壁三龛式，正壁雕一佛二弟子二菩萨，造像特点保留北魏余风。与羊头山、石堂会石窟同属北魏晚期。

7. 开河寺石窟①

该石窟位于阳泉市平定县岩会乡乱柳村西1公里，桃河北岸南麓的断崖上。现存3座石窟及附龛8个，摩崖造像1处。3窟皆坐北朝南，平面呈方形，四角攒尖顶，三壁三龛式。其中一窟内镌“大齐河清二年（563年）”发愿文；另两窟据题记载，开凿于东魏武定五年（547年）和北齐黄建二年（561年）。造像特点受邺城石窟影响较大，可视为北魏向北齐过渡的中间样式。

8. 左权石佛寺石窟②

该石窟位于晋中市左权县城西3.5公里的井沟村以南500米的山坡上，清漳河西源河谷南岸。石质为黄色砂岩，极易风化。现存洞窟2座，南北毗邻。洞窟为平面方形，覆斗顶，窟内三壁三龛式，三壁前设低坛基，为北朝晚期常见窟形；佛像均面相清瘦中向丰圆变化，身着褒衣博带式袈裟。呈现北魏末年向东魏过渡时期的特点。

9. 高欢云洞③

该石窟位于晋中市左权县梧屿镇申家峧村北约3公里处的山崖上。现存1主窟和2附窟。主窟为佛殿窟形制，平面长方形，平顶。洞窟开凿于北朝晚期，未完成即废弃。

---

① 李裕群：《山西平定开河寺石窟》，《考古》，1997年，第1期。

② 李裕群：《山西左权石佛寺石窟与“高欢云洞”石窟》，《文物》，1995年，第9期。

③ 国家文物局主编：《中国文物地图集·山西分册（下）》，北京：中国地图出版社，2006年，第725页

10. 云龙山石窟[①]

该石窟位于晋中市和顺县义兴镇北关村西2公里的云龙山上。现存2窟，皆坐北朝南。主窟为东窟，覆斗顶，窟内三壁三龛，内雕一佛二弟子。为北朝晚期样式。

11. 石马寺石窟[②]

该石窟位于晋中市昔阳县大寨镇石马村北约100米处，开凿于3块巨石组成的崖面上。现存洞窟3座，坐东朝西，另有佛龛178处，造像1300余尊。石窟开凿于北魏永熙三年（534年），隋、唐续凿。北魏石造像多面相清癯，身着褒衣博带式袈裟，内置僧祇支，为北朝晚期风格。

12. 园子山石窟[③]

该石窟坐落在晋中市榆社县城西北15公里的山丘上，西为武源河，武源河东南流，汇入浊漳河。现存1个洞窟和6个摩崖小龛。洞窟形制为方形，覆斗顶，三壁前设坛，这种北魏末期出现的窟形，至北齐和隋唐时十分流行。造像多具有明显的瘦骨清像的特点，身着褒衣博带式袈裟，与云冈三期造像明显一致。石窟开凿年代应不早于北魏末期。

13. 响堂寺石窟[④]

该石窟位于晋中市榆社县西南5公里的庙岭山南坡，前有冲沟汇入浊漳河。现存石窟2座和摩崖石刻1处。洞窟形制为平面方形，四角攒尖顶，这种形制最早见于北魏晚期的羊头山石窟、开

---

① 国家文物局主编：《中国文物地图集·山西分册（下）》，北京：中国地图出版社，2006年，第735页。
② 国家文物局主编：《中国文物地图集·山西分册（下）》，北京：中国地图出版社，2006年，第742页。
③ 李裕群：《山西榆社石窟寺调查》，《文物》，1997年，第2期。
④ 李裕群：《山西榆社石窟寺调查》，《文物》，1997年，第2期。

河寺石窟。窟内造像身穿褒衣博带式袈裟，裙摆宽博，呈八字形斜向展开，是东魏、北齐流行样式。由此推断，石窟应开凿于北魏末年至东魏时期。

14. 子洪镇石窟①

该石窟位于晋中市祁县子洪镇洪村东南崖壁上，前临昌源河。现存石窟8座，皆坐西面东，保存较好的有第1、2、8窟，其余皆风化严重。洞窟平面方形，平顶。第1、2窟三壁三龛式，第8窟窟前设低坛基。三窟内造像皆为三壁三佛。推测为北魏晚期石窟。

15. 良侯店石窟②

该石窟位于长治市武乡县良侯店村南1公里，太原至洛阳公路东侧。现存石窟1座，另有9处窟龛。洞窟平面长方形，覆斗顶，三壁三龛式，造像具有北魏晚期特点。

16. 交顶山石窟③

该石窟位于长治市长治县西火镇大掌村西北500米的交顶山上。现存洞窟1座，窟平面方形，覆斗顶，三壁三龛式，内雕一佛二菩萨，正壁佛内着僧祇支，外着通肩袈裟，结跏趺坐，风格属于北魏晚期。

17. 广泉寺石窟

该石窟位于长治市屯留县渔泽镇寺底村广泉寺遗址后。现存

① 李裕群：《山西北朝时期小型石窟的考察与研究》，巫鸿主编《汉唐之间的宗教艺术与考古》，北京：文物出版社，2000年，第37页。
② 李裕群：《山西北朝时期小型石窟的考察与研究》，巫鸿主编《汉唐之间的宗教艺术与考古》，北京：文物出版社，2000年，第28页。
③ 国家文物局主编：《中国文物地图集·山西分册（中）》，北京：中国地图出版社，2006年，第269页。

石窟1座，坐东朝西，平面近方形，窟内主像一铺5尊，释迦牟尼居中，窟内墙壁满雕千佛龛。据碑文记载，石窟开凿于北魏。

18. 碧落寺石窟

该石窟位于晋城市泽州县巴公镇南连市村东山崖上。现存洞窟3座，自东向西分布。西窟平面长方形，窟门圆拱形，三壁三龛式，正壁雕一佛二弟子。中窟为平面长方形，窟门圆拱形，三壁三龛式，穹窿顶。东窟为平面方形，三壁三龛式，窟门尖拱形，平顶，正壁雕一佛二弟子。根据造像题记，西窟开凿于北齐武平七年（576年）前后，中窟和东窟均为唐高宗武则天时期的造像，其中东窟年代较中窟略晚。西窟内北齐造像在题材与风格上呈现出与邺城、晋阳石窟相同的特点，但同时具有浓重的民间特色。①

三、晋冀豫地区北朝石窟寺的分布特点

石窟寺是重要的佛教遗存，凡石窟寺密布处，多为佛教传播盛地。石窟寺自新疆、河西传入中原北方后，开凿活动日盛。全国四大石窟寺，晋冀豫地区的云冈石窟和龙门石窟居其半，另外还有如天龙山石窟、响堂山石窟、巩县大力山石窟等众多著名的石窟寺也分布在这一地区。晋冀豫地区的石窟寺自北朝始，历隋、唐、五代、宋而不衰，形成了清晰的发展脉络。本章拟将晋冀豫地区分为晋北、豫西北、冀中南和晋中及晋东南四个子区，分析其各自区内石窟寺的分布特点，以期总结出这一地区石窟寺分布的总体特征。

（一）晋北地区

晋北地区古属冀州之地，春秋时为北狄所居，战国属赵，

① 王中旭等：《山西晋城碧落寺石窟调查记》，《文物》，2005年，第7期。

秦为云中、雁门、代郡地，汉因之。[①]后魏拓跋珪迁都盛乐于平城，置司州牧，至孝文帝迁洛前，为中国北方的政治中心。拓跋珪平凉，迁凉州僧侣巧匠于平城，平城佛教始盛，石窟开凿活动也逐渐展开。

晋北地区北朝石窟寺，现存7处，除2处位于今大同市辖县境内，其余5处均位于大同旧城西北武周山一带，且以云冈石窟为分布中心。鲁班窑石窟位于云冈石窟以南，武周川南岸；吴官屯石窟位于云冈石窟以西，上溯四里，武周川北岸；焦山寺石窟位于云冈石窟以西约7.5公里的山尽处，武周川北岸；鹿野苑石窟位于云冈石窟西北处，前临古河道，河滩现仍有泉眼。从修习环境来看，此五处石窟均背山面河而凿，处于山水环抱中，是僧人“修习禅定”的理想之所。《魏书·释老志》载：“昙曜白帝，于京城西武周塞，凿山石壁，开窟五所，镌建佛像各一。”“武周塞”已经表明了这一地区的交通形势。《魏书·礼志一》载：“太宗永兴三年，帝祷于武周、车轮二山。”“车轮山”的含义似乎也表明这里与交通有密切关系。[②]

位于大同市属县的两处石窟——龙泉寺石窟和圣泉寺石窟，离大同旧城距离颇远，且窟形较小，均开凿于北魏迁洛之后，应与北魏皇室兴凿的云冈石窟等关系不大，可能是佛教在晋北地区广播后，民众信仰增强，由民间自行组织开凿的石窟，反映了北朝佛教具有很强的民众性，是与南朝佛教的迥异之处。

（二）豫西北地区

豫西古属豫州之域，秦置三川郡，汉置河南郡，俱治洛阳。东汉始都于此，并置司隶。至北魏时改洛州，太和十七年（493年），孝文帝迁都洛阳，亦曰司州。东魏、北齐定都邺城，豫西

① 顾祖禹：《读史方舆纪要》卷四四《山西六》，北京：中华书局，2005年3月，第1992页。

② 王子今：《北朝石窟分布的交通地理学考察》，殷宪主编：《北朝史研究中国魏晋南北朝史国际学术研讨会论文集》，北京：商务印书馆，2004，第491—499页。

之地复改洛州。[①]

豫西地区石窟寺多开凿于山林间，这和当地的地形有很大关系。豫西地区山峦密布，秦岭自陕西进入河南后，向东南和东北方向呈扇形展开，自北向南有小秦岭、崤山、熊耳山、外方山、伏牛山等，连成一片。其中崤山以险峻著称，在崤山开凿的石窟寺有义马鸿庆寺石窟、渑池云门寺石窟、新安西沃石窟等。崤山北支余脉邙山上开凿的石窟寺有巩义市巩县石窟、孟津市谢庄石窟等。除此之外，豫西地区中间支脉熊耳山和外方山上开凿的石窟寺有偃师水泉石窟、嵩县铺满石窟、宜阳虎头寺石窟、伊川吕寨石窟、鸦岭石窟、密县香峪寺石窟、荥阳王宗店石窟等。[②]可见，开凿于山岭间的石窟寺占据豫西石窟群的大部分。

豫西石窟的分布与军事、交通有很大关系。豫西地区的中心——洛阳，自东周迁都于此，共计13朝在此建都，其地理位置在军事上的意义显得尤为重要。东汉中平元年（184年），为防止黄巾军的侵入，置八关都尉拱卫洛阳，分别是函谷关、伊阙关、广城关、大谷关、轩辕关、旋门关、孟津关、小平津关等。自此之后，这些隘口成为进出洛阳的必经之处。北朝时期，这些关隘附近一般都开凿有石窟寺，如龙门石窟之于伊阙关，水泉石窟之于大谷关、巩县石窟之于小平津关、登封石窟之于轩辕关、万佛山石窟之于孟津关等。[③]另外，豫西地区陆路交通发达．自洛阳向东，可通往江淮及山东之地，向北可穿太行到达三晋之地，向西则穿崤山、经灵宝、越华山北麓直达关中，向南则可直达荆楚。[④]如此交通便利之地，引来众多官民商贾穿梭来往，其中不乏佛教信徒，为就食和信仰方便，在交通要道处开凿石窟。自洛阳向西，在两京古道旁开凿有渑池坡头石窟、义马鸿庆寺石

① 顾祖禹：《读史方舆纪要》卷四八《河南三》，北京：中华书局，2005年3月，第2213页。

② 陈平：《河南中小型石窟调查的主要收获》，巫鸿主编：《汉唐之间的宗教艺术与考古》，北京文物出版社，2000年，第3页。

③ 杨超杰：《洛阳周围小石窟艺术》，北京：外文出版社，2010年，第7页。

④ 杨超杰：《洛阳周围小石窟艺术》，北京：外文出版社，2010年，第8页。

窟、宜阳虎头寺石窟等，城北沿黄河南岸，自西向东则有新安西沃石窟、孟津谢庄石窟、巩县石窟等，城南通往荆楚之地，则有伊川鸦岭石窟、伊川吕寨石窟、嵩县铺沟石窟等。

豫北地区的石窟寺分布特点与豫西地区有诸多相似之处。这一地区的石窟群主要分布在太行山东麓一线，是北朝时期连接洛阳与邺城的交通要道。分布在这一交通要道旁的北朝石窟寺有：安阳小南海石窟、安阳宝山灵泉寺石窟、孟州莲花洞石窟、沁阳玄谷山石窟、卫辉霖落山香泉寺石窟、淇县前嘴石窟、浚县千佛洞石窟、鹤壁五岩山石窟、黄龙洞石窟、林县林虑山千佛洞石窟等。

（三）冀中南地区

河北省的北朝石窟寺主要分布在以邺城为中心、以晋阳通往邺城的主干道为主线的冀西南地区，以及以定州为中心、以晋阳通往定州的主干道为主线的冀中地区。

冀西南地区的北朝石窟多分布在当时的佛教中心——邺城周边。十六国时期，石赵建国，遵礼佛图澄，河北佛教始兴。后东魏迁都邺城，邺城遂取代洛阳成为北方另一佛教中心。邺城周边存有大量北朝佛教遗存，如南北响堂山石窟、鼓山水峪寺石窟、苍龙山石窟、林旺石窟、堂沟石窟、艾叶峧石窟、千佛洞石窟。这些佛教遗存均分布在邺城周边，与邺城佛教中心的辐射有很大关系。另外，邺城所在地为太行山东麓的中段，西北有连接晋阳和邺城的重要关隘——滏口关，滏口关为连接太行山东西麓的重要孔道。自邺城出西北30公里入滏口，西起太行山，出壶口关，西至上党和河东，再北可达晋阳，是邺城通往晋阳最为便捷的路线。[①]北朝皇室往来于晋阳、邺城两都会间多经此路。冀西南地区众多北朝石窟寺的开凿与此交通路线也有很大关系。

---

① 严耕望：《唐代交通图考（第五卷）》，上海：上海古籍出版社，2007年，第1421—1423页。

冀中定州为北朝佛教的又一昌隆之地，现定州地区雕凿于北朝时期的佛教遗存有抱犊山石窟及造像、封龙山石窟、东良厢造像、尖岭石造像、白佛村石造像等。定州地区众多佛家遗迹的雕凿与当地良好的佛教基础有很大关系。《高僧传·僧稠传》记有高僧僧稠，居定州，为文宣帝所景仰，后移居邺城，因勸“今以国储分为三分，谓供国、自用及三宝”。《高僧传·灵裕传》记有高僧灵裕，“二十有二方进具戒，还从明、宝二德求为本师。乃辞曰：‘吾为汝缘，吾非汝师。可往胜上所也。’遂赴定州而受大戒”。可见，北朝时期定州已为众高僧欣往之地。另外，近年来在定州进行的考古发掘，发现有大量北朝时期的石佛像，分布在以定州为中心的华北平原北部和太行山东麓地区。[①]通过考古类型学断代分析表明，雕凿时间多在北朝晚期，这一时期正是中原北方地区佛教发展的关键时期，且此时期战事频仍，国家动荡不安，加重了人民的苦难，造像供养成为人们的精神寄托。良好的佛教基础是定州地区成为佛教遗存密布的重要原因。

另外，冀中地区石窟寺的分布与交通路线有关。由山西太原经井陉关至定州的交通要道，自昔为太原通往河北最主要干道，唐时置驿，至今为石太铁路线。正定县西北的井陉先秦时已知名，《述征记》始见有太行八陉之说，井陉关为第五陉。[②]井陉关东北35公里有井陉县，井陉县东南40公里有井陉山，又有抱犊山和封龙山，三山相连，同属一山脉。抱犊山石窟及石刻、封龙山石窟、东良厢石造像等北朝佛教遗存等都分布在这一交通要道两侧。

（四）晋中及晋东南地区

山西境内的石窟寺，特别是中小型石窟，多分布在以太原为

① 李静杰、田军：《定州系白石佛像研究》，《故宫博物院院刊》，1999年，第3期。

② 严耕望：《唐代交通图考（第五卷）》，上海：上海古籍出版社，2007年，第1441页。

中心的晋中地区和以长治为中心的晋东南地区。太原附近诸石窟主要分布在晋阳古城以西，吕梁山脉南缘的天龙山、悬瓮山、龙山一带，主要包括天龙山石窟、瓦窑村石窟、姑姑洞石窟、龙山的童子寺和蒙山的西山大佛等。太原地区之所以出现如此多的北朝晚期石窟寺，与太原当时的特殊地位有很大关系。东魏、北齐时期，邺城为上都，晋阳为下都，晋阳成为“王命所基，霸业所在”的宣政之所。此时的邺城已经取代洛阳成为北方的又一佛教中心，皇室贵族常往来于两都之间。在此背景下，晋阳地区佛教发展迅速，为石窟寺的开凿创造了有利条件。另外，从石窟寺的洞窟形制和造像特点分析，晋阳周边的石窟寺受邺城因素的影响很深。

晋东南地区的石窟寺大多位于交通干道附近，如高平羊头山石窟、高庙山石窟、石堂会石窟、武乡良侯店石窟、左权石佛寺石窟、榆社园子山石窟、平定开河寺石窟等，这些石窟或在太行山西麓、平城至洛阳的交通线上，或在晋阳至邺城的交通线上。北朝时期，沟通平城和洛阳的交通线主要有太行山东西两条路线，东线较为平坦，西线较为便捷。《魏书·高祖纪》记太和十七年“车驾发京师，南伐，步骑百余万……诏洛、怀、并、肆所过四州之民”。[①]并、肆两州的区域所在即为今天晋东南地区所在。另外，北魏自平城迁都洛阳后，部分皇室贵族夏居平城，冬居洛阳，常往来于两京之间，所走路线多为太行山西麓一线。这种情况也反映在石窟造像上，如羊头山石窟的洞窟形制和造像特点既保留了云冈因素，也受到龙门因素的影响，从侧面反映出交通因素在佛教艺术传播上的重要性。至于邺城与晋阳的交通干线的上石窟寺，前已叙及，不再赘述。

四、影响晋冀豫地区北朝石窟寺分布的因素

梁僧祐在《出三藏记集序》中记载：“道由人弘，法待缘

① 魏收：《魏书》卷七《高祖纪（下）》，北京：中华书局，1965年，第172页。

显。有道无人，虽人存而莫悟；有法无缘，虽并世而弗闻。闻法资乎时来。悟道藉于机至，机至然后理感，时来然后化遁矣。”可见，佛教的传播有赖于诸多因素的共同影响。自然环境、交通条件、佛教政策、佛教基础、经济人口等因素对佛教的传播和发展有很大的影响，进而能够影响到石窟寺的分布。

（一）自然环境

僧人习禅，要进行禅思，需要安静的环境，《坐禅三昧经》卷上云：“闲静修寂志，结跏坐林间。”说明僧人习禅，应在郊外山林处，汤用彤先生在《汉魏两晋南北朝佛教》中也有叙及：

> 《观佛三昧海经》卷七《观四威仪品之余》：“摩诃迦叶，徒众五百，化作琉璃山，山上有流泉浴池，七宝行树。树下皆有金床银光，光化为窟。摩诃迦叶，坐此窟中，常坐不卧，教诸子弟，行十二头陀。”《付法藏姻缘传》卷一云：“于是迦叶即辞如来，往耆阇崛宾钵罗窟。其山多有流泉浴池，树林蓊郁，华果茂盛，百兽游集，吉鸟翔鸣……迦叶在斯，经行禅思，宣畅妙法，度诸众生。”这种环境，正和北魏开凿石窟选择环境清幽处的地点相同。“夫坐禅者，宜山栖穴处，则凿窟以为禅居，亦意中事。”①

经文不仅说明坐禅要山居，还明确指明应在石窟中坐禅。

《付法藏姻缘传》卷二云：“山岩空谷间，坐禅而龛定，风寒诸勤苦，悉能忍受之。”卷四又云：“有一比丘名达摩蜜多……南天竺国有二比丘，心意柔和，深乐善法。素闻尊者坐禅第一，即共相将往诣其所。于其住处有三重窟……尔时二人进至

① 汤用彤：《汉魏两晋南北朝佛教》，北京：北京大学出版社，2001年，第559页。

上窟，见向比丘已于中坐。”①

史书中对此也有多处记载，《魏书·释老志》：“高祖践位，显祖移御北苑崇光宫……建鹿野浮图于苑中之西山，去崇光右十里，岩房禅堂，禅僧具其中焉。”《高僧传·宋伪魏平城释玄高传》：“高乃杖策西秦，隐居麦积山……高徒众三百，位居山舍。”②《续高僧传·魏嵩岳少林寺天竺僧佛陀传》《齐邺西龙山云门寺释僧稠传》以及《名僧传抄·伪魏敦煌释道韶传》均有与此相关的记述。

因此，北朝时期，石窟寺作为僧众进行禅思的主要场所，大多选在郊外依山傍水环境僻静处。如莫高窟，在敦煌东南12.5公里处，大泉西岸鸣沙山麓；云冈石窟，开凿在平城西10余公里处的武周山麓，前临十里河；龙门石窟，开凿在北魏洛阳城西南12.5公里处的伊阙山，伊水从窟前流过。这种环境正与北朝开凿石窟选择环境清幽处的特点相符。晋冀豫地区主要石窟寺所在地的自然环境列表见表1。

表1　晋冀豫地区北朝石窟寺位置所在地的地理环境一览表

序号	石窟寺	所在子区	地理环境
1	云冈石窟	晋北地区	古平城西郊十余公里处的武周山麓，前临武周川
2	鹿野苑石窟	晋北地区	古平城西北小石村
3	鲁班窑石窟	晋北地区	云冈西约2公里山丘上
4	吴官屯石窟	晋北地区	云冈西约4公里处武周山北麓
5	焦山寺石窟	晋北地区	云冈西15公里的高山镇，武周川北岸
6	龙泉寺石窟	晋北地区	今大同市阳高县狮子屯乡苏家窑西北
7	圣泉寺石窟	晋北地区	今大同市广灵县宜兴村南约7公里峭壁上
8	巩县大力山石窟	豫西北地区	芒山东端大力山南麓，面临洛水
9	登封石窟	豫西北地区	今登封市城关镇少林办事处大王沟村东
10	荥阳王宗店石窟	豫西北地区	今荥阳市崔庙乡王宗店村入口处

① 刘慧达：《北魏石窟与禅》，《考古学报》，1978年，第3期。

② 释慧皎：《高僧传》，北京：中华书局，1992年，第40页。

续表

序号	石窟寺	所在子区	地理环境
11	吉利万佛山石窟	豫西北地区	今孟州市吉利乡柴河村
12	孟津谢家庄石窟	豫西北地区	今孟津县谢家庄东南索罗河沟的石壁上，前临小溪
13	新安西沃石窟	豫西北地区	今新安县西沃乡青要山的崖壁上，前临黄河
14	义马鸿庆寺石窟	豫西北地区	今义马市东石佛村，北依白鹿山，南临石涧河
15	宜阳虎头寺石窟	豫西北地区	今宜阳县城东13公里的苗村，傍虎伏山，北眺洛河
16	渑池石窟寺石窟	豫西北地区	今渑池县西北庙下村，背靠红砂岩崖壁，前临山涧水
17	伊川鸦岭石窟	豫西北地区	今伊川县石佛寺村，北依山崖，前临甘水河
18	伊川吕寨石窟	豫西北地区	今伊川县东北半山腰上，远眺伊河
19	嵩县浦沟石窟	豫西北地区	今嵩县铺沟村南小丘上，分布在环形山凹中，前临伊水
20	偃师水泉石窟	豫西北地区	今偃师水泉村南万安山断崖上，前临沙河
21	洛阳龙门石窟	豫西北地区	汉魏洛阳城南郊龙门山麓，前临伊水
22	淇县前嘴石窟	豫西北地区	今淇县县城西北前嘴村东
23	密县香峪寺石窟	豫西北地区	今密县西北19公里香峪村北
24	卫辉霖落山香泉寺石窟	豫西北地区	今卫辉市西北20公里处太公镇的霖落山上
25	淇县青岩石窟	豫西北地区	今淇县县城西北20公里贺村之西，太行山东麓，前临淇水
26	鹤壁五岩寺石窟	豫西北地区	今鹤壁西北8公里的西小庄西边的五岩山上
27	林县千佛洞石窟	豫西北地区	今林县县城南15公里南庵沟村北
28	安阳小南海石窟	豫西北地区	古邺城西南20公里，背依鳌盖山，前临洹水
29	安阳宝山灵泉寺石窟	豫西北地区	今安阳市区西南25公里的宝山之麓
30	南北响堂山石窟	冀西南地区	邯郸城西南35公里处峰峰矿区响堂山（鼓山）上，有南北两处，南石窟在鼓山南麓，北石窟在鼓山西腰

续表

序号	石窟寺	所在子区	地理环境
31	鼓山水峪寺石窟	冀西南地区	邯郸峰峰矿区鼓山东麓寺后坡村南，与北响堂石窟相对
32	涉县林旺石窟	冀西南地区	今涉县固新镇林旺村东南约500米，凿于清漳河南岸的岩壁上
33	涉县艾叶峧石窟	冀西南地区	今涉县偏城镇艾叶峧村东南的象山山腰上
34	涉县娲皇宫石窟	冀西南地区	今涉县索堡镇凤凰山南麓崖壁上
35	元氏封龙山石窟	冀中地区	今元氏县南佐镇北龙池村北500米封龙山南麓西坡
36	天龙山石窟	晋中及晋东南地区	古晋阳城西南20公里天龙山腰
37	姑姑洞石窟	晋中及晋东南地区	今太原市晋源区晋祠镇西北3.5公里明仙村对面的龙山南坡
38	瓦窑村石窟	晋中及晋东南地区	今太原市晋祠镇瓦窑村西约500米处的崖壁上
39	高平羊头山石窟	晋中及晋东南地区	石窟位于今高平市神农镇西沙院村北部的羊头山，散布在山间突起的砂质崖石上
40	石堂会石窟	晋中及晋东南地区	今高平市东偏北15公里石堂会村，开凿于裸露的黄沙岩质崖面上
41	高庙山石窟	晋中及晋东南地区	今高平市南城街道南陈村西南750米的高庙山北麓，开凿于质地细腻的石灰岩体上
42	开河寺石窟	晋中及晋东南地区	今阳泉市平定县岩会乡乱柳村西1公里，桃河北岸南麓的断崖上
43	左权石佛寺石窟	晋中及晋东南地区	今晋中市左权县城西3.5公里井沟村南500米山坡上，清漳河西源河谷南岸
44	高欢云洞石窟	晋中及晋东南地区	今晋中市左权县梧屿镇申家峧村北约3公里处的山崖上
45	云龙山石窟	晋中及晋东南地区	今晋中市和顺县义兴镇北关村西2公里的云龙山上
46	石马寺石窟	晋中及晋东南地区	今晋中市昔阳县大寨镇石马村北约100米处，开凿于三块巨石组成的崖面上
47	园子山石窟	晋中及晋东南地区	石窟坐落在今晋中市榆社县城西北15公里的山丘上，西为武源河，武源河东南流，汇入浊漳河

续表

序号	石窟寺	所在子区	地理环境
48	响堂寺石窟	晋中及晋东南地区	今晋中市榆社县西南5公里的庙岭山南坡，前有冲沟汇入浊漳河
49	子洪镇石窟	晋中及晋东南地区	今晋中市祁县子洪镇洪村东南崖壁上，前临昌源河
50	良侯店石窟	晋中及晋东南地区	今长治市武乡县良侯店村南1公里，太原至洛阳公路东侧
51	交顶山石窟	晋中及晋东南地区	今长治市长治县西火镇大掌村西北500米的交顶山上
52	光泉寺石窟	晋中及晋东南地区	今长治市屯留县渔泽镇寺底村广泉寺遗址
53	碧落寺石窟	晋中及晋东南地区	今晋城市泽州县巴公镇南连市村东山崖上

从上表可以看出，在统计的晋冀豫地区53处北朝石窟寺中，至少有41处开凿于依山傍水的环境中。①这种清幽僻静的山林，是僧众进行禅思的理想场所。除此之外，晋冀豫地区山峦纵横的自然条件，也为这种分布方式提供了便利条件。②

（二）交通路线

交通为空间发展的重要条件，交通畅通直接关系到政令推行、军事进退、经济发展和文化交流。古人对交通甚为重视．秦灭六国，始皇颁布“驰道于天下，东穷燕齐，南极吴楚”，又北开直道至九原。至汉武帝时派张骞出使西域，恃河西走廊为孔道，“列四郡，据两关”，“自敦煌西至盐泽，往往起亭”。自此，交通畅通为佛教艺术的传入和传播创造了条件。

① 中山大学姚崇新教授在《巴蜀佛教造像初步研究：以川北地区为中心》一书中认为：我国古代石窟寺开凿地点的选择与河流关系密切，这样规划的目的，除便于生活用水外，还有宗教方面的考虑，即出于僧人禅观的考虑，禅观有多种需要，水是其中之一，所以《观无量寿佛经》中的“十六观”中有“水想观”和“八功水德观”。

② 此地区山脉主要分布在山西高原的东部，有太行山、五台山、恒山、中条山等山系，另外还包括秦岭山脉的东段，自北向南有小秦岭、崤山、熊耳山、外方山、伏牛山等。

北朝时期，石窟寺的分布与当地的交通条件有密切的关系，这种现象存在于全国各主要石窟寺分布地。新疆地区的石窟主要分布在南疆，其中又以古龟兹国境内为最，[①]是新疆地区现存佛教遗址、遗物最为丰富的地区。据目前调查结果，古龟兹国境内共有大中小型石窟寺15处，如库木吐喇石窟、克孜尕哈石窟、苏巴什石窟、森木塞姆石窟、克孜尔石窟、亦侠克沟石窟、台台尔石窟、阿克塔什石窟、玉开都维石窟、喀拉苏石窟等，这些石窟大多沿境内的主要河流和四通古道依山傍水修建开凿。[②]河陇地区的石窟寺也依循此特点，据王子今在《北朝石窟分布的交通地理学考察》中考证，河西区的敦煌莫高窟、玉门昌马石窟、酒泉文殊山石窟、武威天梯山石窟，以及甘宁黄河以东的永靖炳灵寺石窟、天水麦积山石窟、固原须弥山石窟、庆阳南北石窟寺等，都位于当时的交通要道左近。陕西境内的北朝石窟寺多集中在陕北地区，陕西北部的榆林市横山区接引寺摩崖造像，延安市安塞区云山品寺、界华寺，吴起县石空寺等分布在古凉州通往平城的古道附近，陕北南部的石窟寺主要分布在由洛阳、长安通往陕北和甘肃的古道附近。[③]

晋北地区的北朝石窟寺主要分布在以云冈石窟为中心的武周山一带，武周塞在北魏时期已然是重要的交通孔道。据李凭考证，北魏平城时期，由平城通往畿外的交通干线主要有七条，其中向北到达旧都盛乐的交通线，即是由平城跋涉于武周山间，再往北到达盛乐。[④]另据1993年云冈石窟遗址考古发掘，在今云冈石窟第3窟东45米的岩石地面上，遗存有铁轱辘遗迹，证明此车道沿武周川水北岸而建，可能与北朝驿站参合径遗址有关。[⑤]可见，晋北地区的石窟寺分布与当时的交通干道密切相关。

---

① 范围包括今天拜城、新和、沙雅、阿克苏和库尔勒的部分地区。

② 李麓：《新疆龟兹地区中小型石窟调查》，巫鸿主编：《汉唐之间的宗教艺术与考古》，北京：文物出版社，2000，第163页。

③ 勒之林：《陕北发现一批北朝石窟和摩崖造像》，《文物》，1989年，第4期。

④ 李凭：《北魏平城时代》，上海：上海古籍出版社，2011年，第357页。

⑤ 崔晓霞：《武周川与云冈石窟》，《文物研究》，2004年，第5期。

北魏太和十九年（495年），孝文帝自平城迁都至洛阳。迁都后，北魏皇室贵族，东居洛阳，夏居平城，频繁往来于两都之间。南北朝时，中原沟通塞北的交通干道主要有两条，一条在太行山西麓，即由洛阳北通太原、雁、代之道；另一条在太行山东麓，由洛阳、汴州北通邯郸、燕、蓟道。[①]两道相较，东道坦，西道险。北魏迁都之后，主要通过西道往来于两都。就西道而言，自南向北，首先出洛阳折北行至黄河北岸的河阳城（今孟州市），自河阳东北行至怀州治所河内县（今沁阳），自怀州北入太行陉后至晋城县（今晋城市），晋城东北行至高平县（今高平市），又折北行至潞州治所上党县（今长治），又北偏西225公里至太原府。[②]由太原北至平城的道路，《太平寰宇记》载："引入塞三道……其中道正北发太原，经雁门、马邑、云中（即北魏平城），出五原塞，直向龙城……"[③]再结合前文关于晋东南地区石窟寺的遗存状况的叙述，大概可知高平羊头山石窟、石堂会石窟、高庙山石窟、晋城碧落寺石窟、长治良侯店石窟、交顶山石窟、光泉寺石窟以及吉利万佛山石窟、孟州市谢庄石窟等均位于此交通线上。从这些石窟寺的洞窟形制和造像特点分析，多兼具云冈和龙门两种风格，且开凿时间均在迁都洛阳后，充分说明太行山西麓交通线对晋东南地区石窟寺分布的重要影响。[④]

南北朝交通形势至唐朝无太大变化，[⑤]据严耕望先生《唐代交通图考》考证，唐朝时从长安经洛阳至汴州（今开封）的交通路线非常重要，"为唐代全国交通之总枢纽"。此交通干道可分

① 严耕望：《唐代交通图考（第一卷）》，上海：上海古籍出版社，2007年，第129页。南北朝交通形势与唐朝没有显著变化，为方便起见，如无特别说明，本节地名多依此书。

② 严耕望：《唐代交通图考（第一卷）》，上海：上海古籍出版社，2007年，第129—144页。

③ 乐史：《太平寰宇记》卷四九《河东道十》，北京：中华书局，2007年，第1036页。

④ 张庆捷等：《山西高平羊头山石窟调查报告》，《考古学报》，2000年，第1期。

⑤ 王子今：《北朝石窟分布的交通地理学考察》，殷宪主编：《北朝史研究中国魏晋南北朝史国际学术研讨会论文集》，北京：商务印书馆，2004。

东西两段，西段为长安至洛阳，东段为洛阳至汴州。“隋唐两代都长安，而建洛阳为东都，两都间交通至繁。天宝以前车驾常往来于长安、洛阳间，益增交通之频率”。“至于两都行程……盖各沿渭水、黄河南岸，经华州，潼关，至陕州，由陕而东，离开黄河，偏南行至洛阳……大抵承用汉代旧道，亦略如今陇海铁路所经”。[①]“今洛阳至开封，中经偃师、巩县、汜水、荥阳、郑州、中牟六县市，此盖自古皆然，无大差异”。[②]可见当时由长安至汴州，今天的陕县、渑池县、义马市、新安县、偃师县、巩义市、荥阳市等为必经之地。结合前文关于豫西地区北朝石窟寺的遗存情况的叙述可知，渑池石佛寺石窟、义马鸿庆寺石窟、新安西沃石窟、偃师水泉石窟、荥阳王宗店石窟、巩县大力山石窟等豫西地区主要石窟寺应在此交通线上。

南北朝时期，由洛阳、汴州北渡黄河，沿太行山东麓走廊北行至幽州，为中原通往东北的最主要道路，中山、襄国、邺城皆建都于此交通线上，可见其在交通上的重要性。其详细路线经考证如下：即洛阳东北渡河至怀州（今沁阳），又北微东至卫州（今卫辉市），又东北五十里有淇门镇（今淇县东），又北微东至相州治所安阳县（今安阳市），北渡洹水至邺县（今临漳县西北），邺县东北行至邯郸县（今邯郸市），又东北行经洺州、定州至幽州，全长约1510公里。[③]北魏永熙三年（534年），北魏分为东魏和西魏，《魏书》记孝静皇帝“改永熙三年为天平元年……北迁邺城，改司州为洛州”。旧都洛阳和邺城之间的交通线即是太行山东麓走廊的一部分。豫北地区的淇县前嘴石窟、密县香峪寺石窟、卫辉霖落山香泉寺石窟、淇县青岩石窟、鹤壁五岩寺石窟等，均分布于这一交通路线两侧，开凿时间多处于北魏末年至东魏初年，且保留着龙门石窟的造像风格。

① 严耕望：《唐代交通图考（第一卷）》，上海：上海古籍出版社，2007年。

② 严耕望：《唐代交通图考（第六卷）》，上海：上海古籍出版社，2007年，第1794页。

③ 严耕望：《唐代交通图考（第五卷）》，上海：上海古籍出版社，2007年，第1513—1550页。

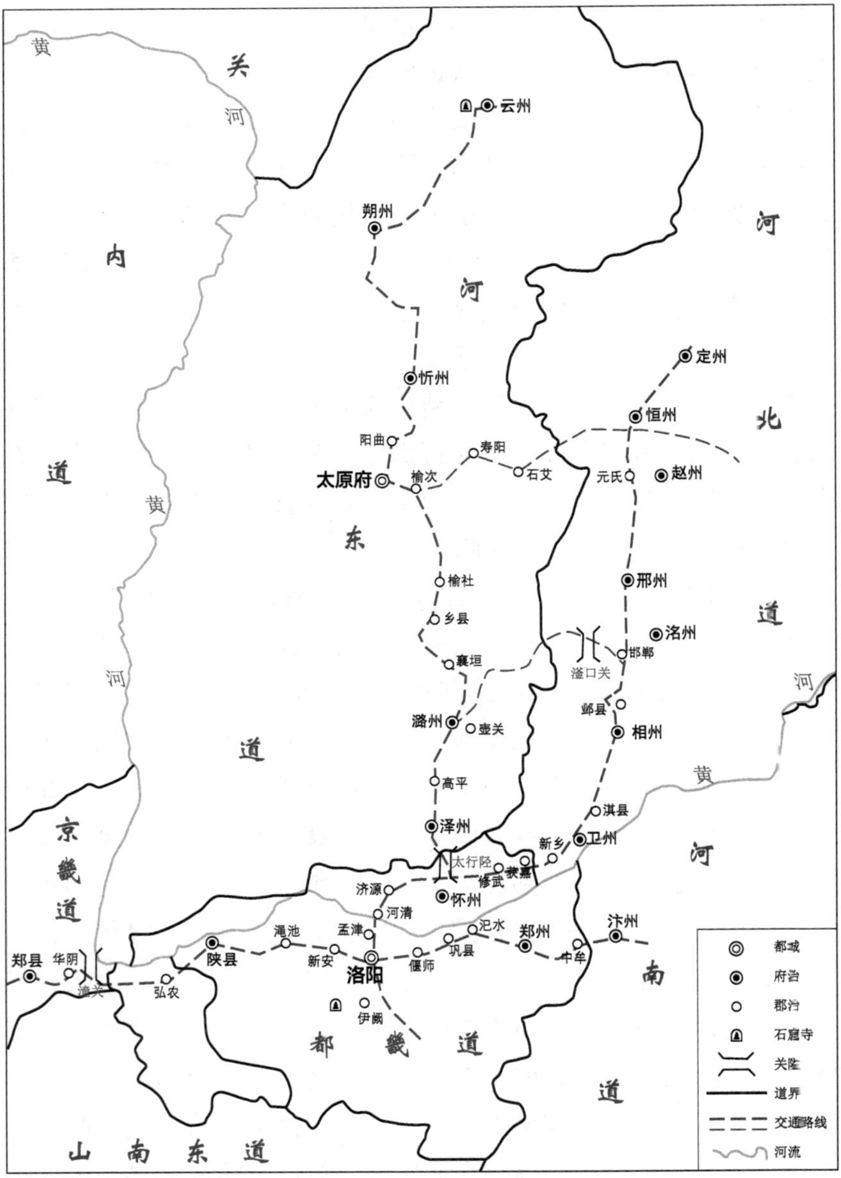

图5 唐代河东诸道交通形式图

中古时期，连接今山西、河北东西通道皆越太行山脉为陉道。东晋十六国及北朝时期，邺城往往为偏霸国都，其西北不远处即有滏口关，为邺城通往晋阳的必经关口。“滏口陉道在中古时代为太行东西重要通道，尤以北齐为盛。盖东魏、北齐都邺城，而以晋阳为军政中心，诸帝往来两宫，或一年数次，大抵皆取此陉也”。[①]自邺城至晋阳的详细路线，《唐代交通图考》记“由邺城西北行六十里入滏口，西越太行山，出壶关，西至上党（今长治）达河东；又出壶关西北经襄垣（今县）达太原；又由滏口西北西越太行黄泽关（今武安西八九十里）至辽州（今左权县[②]），亦达太原”。[③]由此路线可知，山西境内的榆社园子山石窟、响堂寺石窟、左权石佛寺石窟、高欢云洞，河北境内的邯郸南北响堂寺石窟、涉县林旺石窟、艾叶峧石窟、娲皇宫石窟等都在此交通线附近。在太行山东麓中段，井陉关是山西通往河北的另一个重要隘口。由太原东行，出井陉关（今平定县东）至恒（今正定县）、赵（今赵县），与今石太铁路路线略同。平定开河寺石窟、寿阳石佛寺石窟、元氏县封龙山石窟等分布在此交通线附近。

由以上分析可知，晋冀豫地区北朝石窟寺多分布于交通线附近，此特点与全国其他各主要石窟寺分布地相同，因此，交通路线成为影响石窟寺分布的至关重要的因素。

（三）佛教政策

中国历史上曾出现过四次著名的灭佛运动，分别发生于北魏太武帝时期、北周武帝时期、唐武宗时期以及后周世宗时期，合称“三武一宗灭佛”。四次灭佛运动皆由最高统治者发起，尽管每次灭佛的起因不尽相同，但无疑都对当时佛教的发展有沉重打击。以发生在北朝的两次灭佛运动为例，《魏书·释老志》记太武帝诏令灭佛后“土木宝塔，声教所及，莫不毕毁矣”。[④]《周

① 严耕望：《唐代交通图考（第五卷）》，上海：上海古籍出版社，2007年，第1423页。

② 笔者注，原文为“今县”。

③ 严耕望：《唐代交通图考（第五卷）》，上海：上海古籍出版社，2007年，第1421页。

④ 魏收：《魏书》卷一四《释老志》，北京：中华书局，1965年，第3035页。

书·武帝纪》记建德三年（574年），周武帝诏令灭佛，“断佛道二教，经像悉毁，罢沙门道士并令还民，并禁淫祠礼典，所不载者，尽除之”。可见，当政者的佛教态度和政策，对佛教的发展影响很大。

北魏平凉之前，中国北方的佛教中心在凉州，灭凉之后佛教中心东迁平城，孝文帝迁都洛阳后，佛教中心随之迁洛，北魏分东魏、西魏后，佛教中心移往邺城和长安。可见，北朝政治中心往往是佛教中心。分析形成这种现象的具体原因，李映辉在《唐代佛教地理研究》中认为：首先，统治阶级运用佛教作为工具维护其统治，以各级政治中心为宣扬佛法的据点。其次，政治中心集中了大大小小的官僚贵族，他们经济条件优越，但害怕仕途风险，忧患人生无常，纷纷信奉佛教，热心于功德，建寺凿窟，蔚然成风，促进了佛教的发展。再次，佛教界为了争取政治势力的支持，争取王公贵族的信徒，尽力在政治中心开展活动。[①]其思路无疑是正确的。综观北朝，皇室贵族对待佛教的态度往往能够影响佛教的发展走向，特别是建寺凿窟这种需要长期进行的功德活动，统治者的支持为其提供了良好的政治庇护环境，使其能够顺利进行。

拓跋鲜卑早期活动于大兴安岭北段、嫩江西北、额尔古纳河一带，[②]为佛教势力未及之地。后与中国交通，始知佛法。道武帝攻略黄河北岸，“平中山，经略燕赵，所迳郡国佛寺见诸沙门、道士皆致精敬……好黄老，颇览佛经”。[③]至北魏明元帝皇始年间设立僧官制，“皇始中，赵郡有沙门法果，诫行精至，开演法藉，太祖闻其名，诏以礼，征赴京师，后以为道人统，绾摄僧徒”。[④]这是正史记载佛教设官之始。文成帝和平初年，改道

① 李映辉：《唐代佛教地理研究》，长沙：湖南大学出版社，2004年，第304—306页。

② 马长寿：《乌桓与鲜卑》，桂林：广西师范大学出版社，2006年，第223页。

③ 魏收：《魏书》卷一四《释老志》，北京：中华书局，1965年，第3030页。

④ 魏收：《魏书》卷一四《释老志》，北京：中华书局，1965年，第3030页。

人统为沙门统，由于当时京师僧侣既多，又设都维那，作为沙门都统之副贰。在朝廷设立监福曹，管理全国佛教事务；在州镇、都畿设立僧统、维那，管辖属地僧尼。孝文帝时，一方面加强僧籍管理，限制僧人游方，禁止私度僧尼；另一方面改监福曹为昭玄，备有属官，以断僧务，太和十七年（493年），诏立《僧制》四十七条，这是我国第一部国家颁行的僧尼法典，从法律上宣告中国僧尼制度的诞生。①世宗继位，永平元年（508年）秋，诏曰："缁素既殊，法律亦异。……自今以后，众僧犯杀人以上罪者，仍依俗断，余犯悉付昭玄，以内律、《僧制》治之。"②可见，北魏僧尼外尊国典，内奉戒律、僧制，享有一定的独立权。北齐承袭魏制，设"昭玄寺，掌诸佛教……亦置功曹、主簿员，以管诸州郡县沙门曹"。③除此之外，北齐还设立"甄官署，又别领石窟丞"，作为掌管石窟开凿事务的专门机构。这种僧官、僧制，作为隋唐渊源没有疑义。④

北魏和平初"昙曜白帝于京城西武周川塞凿山石壁，开窟五所，镌建佛像各一，高者七十尺，次六十尺，雕饰奇伟，冠于一世"；宣武帝景明初"诏大长秋卿白整准代京灵岩寺石窟，于洛南伊阙山为高祖，文昭皇太后营石窟二所"。即是北朝最为著名的云冈、龙门两座石窟开凿的写照。此外，还有北齐诸帝于邺城西北鼓山开凿的南北响堂寺石窟，在晋阳西山开凿的天龙山石窟，均规模宏大，非统治者佛教政策的强力保障而不能为。这也是石窟寺广布于北方，而少见于南方的重要原因。

总之，虽出现过短期的灭佛运动，但北朝统治者总体上对佛教持扶持态度。北魏和平初年建立起的僧官制度，经过后期的不

① 张焯：《东方佛教的第一圣地》，《中国皇家雕刻艺术——云冈石窟》，北京：中国旅游出版社，2013年，第18页。

② 魏收：《魏书》卷一四《释老志》北京：中华书局，1965年。

③ 魏徵等：《隋书》卷二七《百官志（中）》，北京：中华书局，1973年8月，第758页。

④ 张焯：《东方佛教的第一圣地》，《中国皇家雕刻艺术——云冈石窟》，北京：中国旅游出版社，2013年，第20页。

断完善，不仅为北朝石窟寺的开凿活动提供了制度保障，极大地促进了北朝佛教的传播和发展，还作为一项有效的佛教事务的管理制度影响了后世。

（四）佛教基础

魏晋南北朝时期，佛教的传播往往有赖于高僧的弘扬。汤用彤先生认为："高僧者特立独行，释迦精神之所寄，每每能使教泽继被于来世。至若高僧之特出者，则其德行学识独步一世，而又能为释教开辟一新世纪。"[①]根据《高僧传》《续高僧传》等史料记载可以看出，高僧驻锡地往往会成为佛教基础比较深厚的地方。比如佛图澄"西域人也，清真务学，诵经数百万言，善解文义。……考其声教所及，河北中州之外，江南名僧，亦相钦敬。……佛稠、须菩提等数十名僧，远自天竺、康居来受学。……二石崇佛甚至，朝臣亦事佛起大塔，邺中佛寺可考者，亦有多所"。[②]《晋书·姚兴传》记鸠摩罗什云："罗什通辩夏言，寻览旧经，多有乖谬，不与胡本相应。……兴即托意于佛道，公卿以下莫不钦附，沙门自远而至者五千余人，……沙门坐禅者恒有千数，州郡化之，时佛者十室而九矣。"南北朝时期，北方僧众主要集中在长安、洛阳、邺城与太行山东麓走廊，以及泰山迤南地区。洛阳佛教自西晋末年荒落，仅北魏孝文都洛后四十年为盛。邺城僧众以东魏、北齐为多。长安僧众，南北朝时期以西魏、北周为多[③]。

据《魏书·释老志》记，"太延中，凉州平，徙其国人于京邑，沙门佛事具向东"。按太武帝"徙凉州三万余家于京

---

① 汤用彤：《汉魏两晋南北朝佛教史》，北京：北京大学出版社，2001年，第133页。
② 汤用彤：《汉魏两晋南北朝佛教史》，北京：北京大学出版社，2001年，第137—138页。
③ 严耕望：《魏晋南北朝佛教地理稿》，上海：上海古籍出版社，2007年，第57页。

师”，[1]其中不乏高僧，除玄高外，师贤、昙曜等皆为凉人，[2]平城佛教由此而兴。后昙曜继为沙门统，和平初“于京城西武周塞，凿山石壁，开窟五所，镌建佛像各一，高者七十尺，次六十尺，雕饰奇伟，冠于一世”。揭开了北朝开凿石窟寺的序幕。

《洛阳伽蓝记》记载，西晋时代，洛阳已有四十二寺。晋室倾颓，洛阳残荒，故在东晋时代洛阳无一僧载僧传。但孝文迁都，洛阳复兴，孝文帝及其后诸帝多崇佛法，故洛阳佛寺渐立。北迁邺城前夕，《洛阳伽蓝记》卷五云：“寺有一千三百六十七所。”[3]而郭外之寺仍不在此数。根据严耕望先生估计，北魏都洛末期，洛阳僧徒应超十万。[4]而信奉佛教的民众数量应更多，张伟然通过梳理《广弘明集》《北山录》等言及北朝僧侣寺院的史料后得出，北魏正光年间（520—525年），僧尼大众二百万，其寺三万有余。[5]正是在这种上下崇佛的热烈气氛中，洛阳周边开始了如火如荼的石窟开凿活动。《魏书·释老志》载：景明初，世宗“诏大长秋卿白整准代京灵岩寺石窟，于洛南伊阙山为高祖、文昭皇太后营石窟二所。……永平中，中尹刘腾奏为世宗复造石窟一，凡为三所。从景明元年至正光四年六月以前，用功八十万两千三百六十六”。[6]是为龙门石窟开凿的真实写照。龙门石窟周边分布着的诸多中小型石窟寺，如巩县大力山石窟、新安石沃石窟、义马鸿庆寺石窟、偃师水泉石窟等，根据造像风格和洞窟形制特点分析，也大多开凿于同期或稍后时期。

邺城长期为太行山东麓走廊的都会，前赵于此建都，尊礼佛图澄，邺城佛教由此大盛，“民多奉佛，皆营造寺庙，相竞出

① 魏收：《魏书》卷一四《释老志》，北京：中华书局，1965年，第90页。
② 严耕望：《魏晋南北朝佛教地理稿》，上海：上海古籍出版社，2007年，第107页。
③ 杨衒之：《洛阳伽蓝记》卷5《城北》，北京：中华书局，2012年，第398页。
④ 严耕望：《魏晋南北朝佛教地理稿》，上海：上海古籍出版社，2007年，第112页。
⑤ 张伟然：《南北朝佛教地理的初步研究（上）》，《中国历史地理论丛》，1991年第4期。
⑥ 魏收：《魏书》卷一四《释老志》，北京：中华书局，1965年，第3043页。

家”。及东魏、北齐迁都至邺，洛阳僧寺多随政府迁徙。《续高僧传·隋彭城崇智道场释靖嵩传》记：“属高齐之盛，佛都中兴，都下大寺略记四千，见住僧尼仅将八万，讲席相距，二百有余，在众长听，出过一万，故宇内英杰，咸归厥邦。”[①]自此，邺城取代洛阳，成为北方佛教中心。在此情况下，朝野上下于邺城西北的鼓山，建寺凿窟，“自神武迁邺之后，因山上下并建伽蓝”。又《续高僧传·齐邺西龙山云门寺释僧稠传》记载：齐文宣帝天保三年（552年）“敕于邺城西南八十里龙山之阳为构精舍，名云门寺，请以居之，兼为石窟大寺主”。[②]此石窟大寺应为坐落在鼓山山麓的水浴寺石窟。另外，邺城周边的其他石窟寺，如南北响堂山石窟、安阳宝山灵泉寺石窟、安阳小南海石窟、涉县艾叶娇石窟、涉县娲皇宫石窟等，或为皇室开凿，或为民间开凿，通过洞窟形制和造像特点分析，均始凿于邺城佛教最为兴盛的东魏、北齐时期。

晋阳佛教少见于记载，据严耕望先生统计，南北朝时期，将晋阳作为游锡地的高僧共3人次，作为标目地的仅1人次，这一数据远远少于洛阳的15和4人次、邺城的27和18人次。但据张伟然统计，见于《大藏经》中存在的北朝佛寺、精舍、浮屠的名称，河南洛阳有51个，魏郡邺城有37个，京兆长安有30个，并州太原有12个。可见，晋阳虽不是高僧十分向往的弘教驻锡之地，但仍有一定的佛教基础，它的佛教应兴于高欢将其定为陪都之后。《北齐书·幼主本纪》记高恒令“凿晋阳西山，为大佛像，一夜燃油万盆，光照宫内”，是为建凿西山大佛的记载。晋阳周边的其他石窟寺，如天龙山石窟、姑姑洞石窟、瓦窑村石窟等，它们的主要洞窟均开凿于北齐晚期，与当时晋阳佛教快速发展不无关系。

北朝佛教具有很强的民众性，“其时人民立塔造像，风尚普

① 道宣：《续高僧传（上）》，北京：中华书局，2014年，第337页。
② 道宣：《续高僧传（中）》，北京：中华书局，2014年，第576页。

遍”[①]。《洛阳伽蓝记》所记洛阳城内寺院，除皇亲国戚、达官贵人之外，还有众多寺院为平民所建，如归觉寺、开善寺等。[②]前文记载的诸多中小型石窟寺中，如晋北地区的圣泉寺石窟、灵泉寺石窟，晋东南地区的子洪镇石窟、良侯店石窟等，均窟形较小，造像雕凿粗陋，应是当地的信徒组织义邑开凿，而非政府行为。按平顶开河寺石窟第2窟内佛像之左纪年题记云：“大魏武定五年岁次丁卯二月丙，申朔十八日癸丑，并州乐平郡石艾县安鹿村邑仪王法现合廿四人等，既发洪愿造石室一堰，纵广五尺，中造三佛、六菩萨、阿难、迦叶……”[③]在当时条件下，民间开凿的洞窟，虽规模较小，但花费仍是巨大的，常须多家拼凑资金，如龙门石窟《廿余人造石像记》说：“于此迭相奖劝，异心影附，法仪之众，遂至廿余人。各竭已家珍……”[④]在选择开凿地点时，也会有意选择施工难度小的砂石岩，或者利用天然溶洞进行凿窟。[⑤]

除此之外，据张伟然统计，北魏时期石刻（窟）的分布还不广泛，东西魏时石刻（窟）的分布已略有扩大，而北齐、北周时的分布更广泛，总体呈现越来越广的趋势。[⑥]这说明，随着佛教在北朝的快速传播，佛教影响力已逐渐扩大，上至皇室下至民间，以北朝特有的佛教信仰形式呈现出来，即是石窟寺的分布范围愈来愈广。

---

① 汤用彤：《汉魏两晋南北朝佛教史》，北京：北京大学出版社，2001年，第367页。

② 业露华：《论北朝佛教的几个特点》，《中原文物》，1985年特刊。

③ 李裕群等：《山西平定开河寺石窟》，《文物》，1997年，第1期。

④ 贺玉萍：《北魏洛阳石窟文化研究》，开封：河南大学出版社，2003年，第33页。

⑤ 贺玉萍：《北魏洛阳石窟文化研究》，开封：河南大学出版社，2003年，第32页。

⑥ 张伟然：《南北朝佛教地理的初步研究（上）》，《中国历史地理论丛》，1991年，第4期。

（五）经济人口

宿白先生认为，云冈石窟能够在武周山麓得以顺利开凿，与拓跋鲜卑东征西讨，着眼于虏获财物、人口后，集聚至平城有关。[①]可见经济和人口是石窟寺开凿的基础。《魏书·释老志》记龙门石窟“从景明元年至正光四年六月以前，用功八十万两千三百六十六”，开凿石窟必须有国家整体的经济实力作为保障，才能得以顺利进行。《魏书·释老志》记北魏太和八年（484年），孝文帝下诏：“户增帛三匹，粟二十九斗，以为官司之禄。后增调外帛满二匹。所调各随其土所出。”[②]太和九年（485年），又下诏曰：“均给天下民田：诸男夫十五以上，受露田四十亩，妇人二十亩，奴婢依良。”[③]均田制的实施，租调的减轻，虽不可能彻底改变北魏社会“富强者并兼山泽，贫弱者望绝一廛”的状况，但对促进经济繁荣的确起到了很大作用。《洛阳伽蓝记》记载当时“百姓殷阜，年登俗乐，鳏寡不闻犬豕之食，茕独不见牛羊之衣”。[④]另外，北魏和平初“昙曜奏：平齐户及诸民，有能岁输谷六十斛入僧槽者，即为‘僧祇户’，粟为‘僧祇粟’，至于俭岁，赈给饥民。又请民犯重罪及官奴以为‘佛图户’，以供诸寺扫洒，岁兼营田输粟。高宗并许之。于是僧祇户粟及寺户编于州镇矣”。[⑤]佛图户以及僧祇户、粟的出现，是中国寺院经济形成和独立的标志，保障了北魏沙门佛事之需的同时，也有助于建寺凿窟等功德活动的进行。

佛教的发展结果最终要看信众的多寡，佛教争取信徒，壮大势力，必向人口稠密的地区发展。石窟寺开凿用功颇巨，也需要大量的人力作为保障，因此石窟寺地理分布与人口分布有正相关

---

① 宿白：《平城实力的集聚和“云冈模式”的形成与发展》，《中国石窟寺研究》，北京：文物出版社，1996年，第114页。

② 魏收：《魏书》卷一四《释老志》，北京：中华书局，1965年，第3032页

③ 魏收：《魏书》卷一四《释老志》，北京：中华书局，1965年，第3033页

④ 杨衒之：《洛阳伽蓝记》卷四《城西》，北京：中华书局，2012年，第303页。

⑤ 魏收：《魏书》卷一四《释老志》，北京：中华书局，1965年，第3037页。

性。据葛剑雄推定，北魏正光年间（520—525年）的户口数约为五百万户，多于南朝。[①]均田制在北魏实施以后，虽然不久即被破坏，但是继承北魏而兴起的东西魏、北齐、北周又加以推行，必将有利于人口的增加。据《通典·食货七·历代盛衰户口》记北齐“大象中，有户三百五十九万，口九百万九千六十四”，使得北朝的石窟寺开凿活动得以延续。

总之，北朝政府实行均田制，经济得到一定程度的恢复，人口增加较快，加以寺院经济保障了僧徒佛事所需，为石窟寺这项需要耗费巨大的功德活动提供了财力和人力保障，使得石窟寺能够在晋冀豫地区得以广泛开凿。

五、结语

综上所述，通过分析晋冀豫地区现存50余处具有代表性的石窟寺的遗存状况，发现它们共同遵循的分布规律：石窟寺多分布在以佛教中心为依托，以连接各佛教中心的交通干道为主线两侧的僻静山林中。分析形成这种分布格局的原因：南北朝时期的动乱形势，加剧了人民疾苦，人民迫切需要宗教信仰作为精神寄托。此时正值佛教传入中国内地的时期，不少高僧来到中国北方传播佛法，极大地促进了佛教在北朝的发展。与南朝佛教崇尚义理不同，北朝佛教重佛事功德，建寺凿窟成为传播佛教的主要方式。北朝统治者出于利于统治的目的，大多崇佛，大肆宣扬佛教，朝野上下崇佛氛围热烈，为石窟开凿活动建立了坚实的信众基础。但开凿石窟寺这项耗费颇巨的活动，需要人力、财力以及制度上的保障方能顺利进行。北朝中后期，政府实行均田制，使得凋敝的经济得到了很大程度的恢复，人口也迅速增加，信众数量达到了前所未有的峰值，又加以北朝政府设置专门管理佛教事务的僧官制，实行供给佛事活动所需的寺院经济制度，使得石窟

---

① 葛剑雄：《中国人口史（第一卷）》，上海：复旦大学出版社，2002年，第474—475页。

开凿活动能够稳定有序的进行。北朝的政治中心一般是佛教中心，是开凿石窟的便利之地。皇室贵族、普罗大众常往来于佛教中心间，为了信仰和生活所需，会选择在它们之间的交通线附近开凿石窟寺。另外，晋冀豫地区山峦密布的自然条件，也为石窟寺的开凿提供了天然场地。以上影响石窟寺分布的各类因素，都不是单独发生作用的，而是相互交织、相互依托，共同塑造了晋冀豫地区北朝石窟寺的分布格局。

与北朝佛教重功业不同，南朝佛教偏重义理，讲经论文成为时尚，因而江南佛教主要以兴建规模宏大、便于讲经的寺塔为主。至于以石为像，则不见于文献记载，开窟造像更是寥寥无几。目前所知，南朝石窟仅建康摄山（南京栖霞山）、剡溪石城山（浙江新昌）两处。[①]栖霞山位于南京城东北约22公里处，西北临近长江，是南朝著名佛寺栖霞精舍所在地。其地遍布大小龛像，规模较大造像尚可窥识形制者，仅大龛和次龛各一。浙江新昌宝相寺龛像即剡溪石城山遗迹，位于新昌县西南南明山，依山而建，内有五层木构高阁连接山崖龛像，平面略作横椭圆形，敞前壁，龛像正面凿佛座，上雕刻大型佛像一躯，作结跏趺坐。以上两处南朝石窟寺均分布在离当时的佛教中心不远处的山林中，且造像风格呈现出与北朝中晚期较多的相似性，正是南北朝佛教艺术互相交汇、互相影响的结果。开凿地点的选择，与北朝石窟寺有很多类同之处。

印度现存的石窟寺主要集中在西印度的德干高原上，特别是今天的马哈拉施特拉邦，这主要得益于当地的自然环境。因为这一地区特有的暗色岩为水平层理，质地松软，易于雕凿。加之西印度地区降雨量极大，通过开凿岩体凿窟，可以为僧人提供安全牢靠的居留场所。此外，当时（前200年左右）西印度地区

---

① 四川广元地区的皇泽寺和千佛崖摩崖造像，虽然始凿于南朝时期，但造像风格明显与陕甘宁地区和河西地区的石窟寺更为相近。且广元地区在南北朝时多次易主，并非一直由南朝统辖，故此处不以南朝石窟记。

与外族的贸易活动，也对石窟寺的开凿起到促进作用。因此，客观的自然条件与外贸活动是影响西印度地区石窟寺开凿的主要因素。[①]这种分布格局和影响分布的因素，与中国石窟寺迥然不同。

总之，南北朝时期，具有浓重中国色彩的佛教石窟寺，以它特有的方式，分布于中国的大江南北，在分布特点上，南北呈现出一定的相似性。这种分布方式与印度石窟寺迥然不同，这正是外来文化融合本地文化后，以一种具有本民族特征的新风格出现的有力证明。

---

① 李崇峰：《中印佛教石窟寺比较研究——以塔庙窟为中心》，北京：北京大学出版社，2003年，第4页。

临安青柯吴越国童瑜夫妇墓考论①

崔世平

（暨南大学历史学系）

摘要： 根据墓志记载，位于临安市（今临安区）青柯村的两座吴越国墓葬分别为童瑜和其夫人骆氏之墓。童瑜先后追随曹圭、曹仲达父子和钱元璙，一生主要的军事和政治活动都在苏州地区，是守卫和治理吴越国北部边疆的功臣。童瑜是吴越国王钱镠的同乡，因而与钱氏、骆氏等杭州地区的地方豪族保持了婚姻关系。这种婚姻网络巩固了吴越国的统治基础。

关键词： 吴越国；童瑜夫妇墓；苏州；婚姻网络

2008年7月，浙江省考古研究所等单位联合发掘了两座五代时期的墓葬。两墓位于临安市（今临安区）锦城街道青柯村喻家头自然村村北的山坡上，坐北朝南，东西并列，相距3.7米。两墓均为砖室墓，结构基本相同，从前到后由斜坡墓道、墓门、甬道、前室、过道、后室等部分组成，为近似船形带有多耳室的砖砌券顶前后双室墓。两墓保存完整，清理出土了包括青瓷器在内的一批文物，其中M1出土了童府君墓志，M2出土了骆氏夫人墓志，据志文可知两墓主是夫妻②。发掘报告附有墓志拓片和录文，墓志保存状况不佳，多处漫漶，录文也有错漏之处。本文对

① 原载苏州博物馆编：《苏州文博论丛》第十一辑，北京：文物出版社，2021年。

② 浙江省文物考古研究所、杭州市文物考古研究所、临安市文物馆：《临安青柯五代墓葬发掘报告》，收入浙江省文物考古研究所等《晚唐钱宽夫妇墓》，北京：文物出版社，2012年，第118页。

照拓片，进一步完善墓志录文，在此基础上对墓主生平进行考证，并对吴越国早期对北部边疆的经营状况和童氏与钱氏、骆氏等家族之间的婚姬网络略作论述。

一、墓志录文

因墓志漫漶严重，发掘报告所附录的墓志文将无法辨识的文字以“□”表示，本文照录；凡本文新辨识出的字，径以之替换相应的“□”，原录文误录之字也径改，不另说明；凡字体缺损但可辨识推定的字，在字外加边框。本文用“/”表示换行符号。

（一）童府君墓志

吴越国故随使左押衙东南面巡检都知兵马使金紫光禄大夫检校尚书左□□□□/守尚书吏部[1]河南童府君墓志铭/

昔汉楚争雄，良辅咸兴于丰邑；洎吴越称霸，贤臣尽出于锦乡。寻□□□□□□□□/府君其人也。府君讳瑜，字莹之。曾祖讳□国，唐婺州功曹，人□□□□□□□/度衙推、守金昌县令。府君之生也，修身立德，灭私向公，直□□□□□□□□□/人之言，有君子之行。敬事而信，出门如见大宾；行己也恭，到处不欺□□□□□□□□/军前马上，不顾危亡。既用之则行，乃得之自是。昔中和、文德之后，景福、乾宁□□□□□/前衙既以不存，此难备录。寻受节度正兵马使、银青光禄大夫、检校大□□□□□□/大定全吴，选旧功臣，出提郡印，乃用良佐，共赞贤侯。于是府君□□□□□□□/云城厢虞候兼御史大夫。是时五马初临，百城未肃，乃有裨将直□□□□□□□□□/府君奋威拒敌，视死如归，戈舂逆竖之喉，剑断狂童之颈。果擒□□□□□□□□□□/府君之勇之功亦可尚矣。至光化二年夏五月，转左押衙权知子城使，□□□□□□□/开平二

[1] “守尚书吏部”五字位于墓志第二行末尾，应为插入第一行之后的内容，也可能是为了使“河南童府君墓志铭”八字位于行首故意为之。

年春三月，再转南城巡检使。黾勉从事，启塞顺时，不敢告□□□□□□□□□/国子祭酒。其年复领海门防遏使，无往不利，允当则归。至于开平五岁□□□□□□□/迁，及乎良牧云亡，嗣子继位。府君又辛勤戮力，缱绻一心，公平可称，风□□□□□□/屈平，慕膻合亲于帝舜，遂则脱身虎口，归□龙颜。国王乃□□□□□□□□/哉。与众弃之，彼何人也。衔愤既雪，荷宠若惊。即乾化二年，授节度押衙□□□□□□□/常侍。既显貂冠之贵，又专雉堞之权。道之将行，事无不济。其五年，加□□□□□□□/实谓当仁。至贞明四年，复转刑部尚书。落落良林，宜资广厦；堂堂□□□□□□□□□/两耀。大建雄国，克壮丕图，莫不内姓选于亲，外姓选于旧。即□□□□□□□□□/再媾国姻，别加天睠。龙德二年首夏，迁随使押衙、金紫光禄大夫□□□□□□□/□恩，又转左押衙兼左仆射，联偏雨露，重沓丝纶。自祖亲□□□□□□□□□□/□荣。又自其年，恰当中夏，别承圣旨，出镇华亭，分国之忧□□□□□之□□□□□/□□纠绥得所，人怀畏爱，境绝逋逃，遂有政声，潜达□听。母归□□□□□□□□□/□□授苏州别驾，□归镇务，大洽人心。事既到头，荣亦知足，遂抗章□□□□□□□□/□□遇尧洪大涨，禹力不支，因副急征，得去本任。已还□开门□□□□□□□□□/□□呜呼，风灯易灭，年命如斯，朝露难停，人生若此，□□□□□□□□□□□□□□/□官舍，享年六十有三。我圣上恩加勤奋，念及亲姻，有□□□□□□□□□□□□/□□□□□□□□令公台泽侍中钧慈，各有送沾，莫□□□□□□□□□/于人间生亦荣矣。其年九月十有八日归灵于安国县唐□□□□□□□□/渤海骆氏夫人，前台牧骆圆太傅女弟也，先一年即世。府君□□□□□□□□□□/生益彰先见，松罗有讬，果谐同穴之期，琴瑟相和□负书□□□□□□□□□□□□/以久矣。次曰彦怡，节度正十将充亲从军将兼监察御史，娶妇罗氏，有女□□□□□□/节度散十将。其次曰彦升，懿父慈子孝，续莫大焉，兄友弟恭，咸和□□□□□□□□□□□/保家之主。有女三人：长妻周氏，早年殂落；次适陈舍，近岁孀□□□□□□□□□□□□□/宅使左右上直都指挥使金紫光禄大夫检校尚书左仆射兼□□□□□□□□□□□□□/帝子金柯，糅德温恭，常重于妇。公及期幽显相殊，感伤□□□□□□□□□□□□□□□/昔莫问周旋。府君昆仲三人：兄曰瑜，弟曰琪，次曰建辉。雁序联荣□□□□□□□□□□□/府君相熟，睹胤子来情，既堕[泪]以请铭，为濡毫而述□□□□□□□□□□□□□□□□□/

天产哲人，时推伟德，生自帝乡，荣承国戚，洞晓风云，备谙□□。/狂童作孽，列士挟辀，以德报德，虽休勿休，成功遂事，嫉恶如□。/雉堞是司，貂冠擅宠，力功匡扶，术精擒□，八座双转，二揆重□。/自离厥任，已涉暮年，女尽从人，男皆及事，举族之荣，平生之□。/命如朝露何几几，身似浮云今已已，翠琰弓传当代名。

（二）骆氏夫人墓志

大吴越国渤海郡县君骆氏夫人□□/

县君夫人曾祖讳深，祖讳[昌]，前杭州□□□□。/县君夫人惠蕴和风，玉标清德，显母□□□□/彰，崔氏之芳猷益振，如以族传□□□□□□/价，分符千里，位列百城，显刘瑎□□□□□□/崇□向以德风，遂求秦晋之□□□□□□/金紫光禄大夫检校尚书左仆射□州□□□/国之深谋□□君之大节□节□□□/帝王之乡国□祖祢之□□□□□□□□/渥恩，累超官秩□□□□□□□□□□□□/骆氏县君诞生贤女□□□□□□□□□□/圣上择姻，皇情选懿，连翩□□□□□□/王亲显庆而家山荣盛比谓□□□□□□□□□/司空宠践郡符别迎□□□□□□□□□□□/征启佛永补而不佑。遂窆之□□□□□□/钱唐县钱唐乡之官舍，享年六十□□□□□□/次曰彦怡，节度正十将，系列朝

□□□□/虽未在朝，尽沾官爵。幼曰彦□□□□□/文学周氏，前四载早亡。次适都虞候□□□□/皇子、大明宫使、金紫光禄大夫检□□□□□□/妇。有女孙伴姐，男孙宁儿、兴儿□□□□□□□/安厝于安国县唐兴乡之旧地□□□□□□/□夜山无依□初忝□□□□□□□□□□□□□/□命余述其铭，文拙词幽，难□□□□□□□□□/□□乡□嘉猷□□□□□□□□□□/铭曰/道□□柔，义同生死。/贞姿玉□，积德□□。/门族□高，□□□□。/凋落而□，一□□□。

二、童瑜的生平与吴越国北部边疆

发掘报告指出M1的墓主姓童，字莹之，名已磨损不存。细看拓片，墓主名虽已磨损，但仍存有左半边斜玉旁之“王”和右半边上部之“人”，仅缺损右半边下部，推测当为瑜、玠、珍、玲、玢等字中的一个。而墓志又云“府君昆仲三人：兄曰瑜，弟曰琪，次曰建辉”，则可以确定墓主名瑜，是兄弟三人中的兄长。“瑜”意为美玉，与墓主的字“莹之”之意正相符。

墓主童瑜与其妻骆夫人，史书均未载。由志文“洎吴越称霸，贤臣尽出于锦乡……府君其人也”，可推知童瑜出自临安县（今临安区）衣锦乡，与吴越国王钱镠同乡。从其祖辈、父辈做过州县地方官吏来看，童氏应属于有实力的地方家族。童瑜曾任节度正兵马使、银青光禄大夫等职。钱镠“大定全吴”后，选旧功臣“出提郡印”，童瑜作为这位功臣的“良佐”，任“城厢虞候兼御史大夫”。

“大定全吴”，即平定苏州地区。按墓志叙述，钱镠“大定全吴”的时间在唐昭宗光化二年（899年）之前。乾宁二年（895年）二月辛卯，董昌在越州称帝，钱镠奉旨攻打越州，董昌求救于淮南杨行密，杨行密趁机派台濛夺取苏州，俘虏了吴越国的苏州守将成及。钱镠平定越州之后，命顾全武率领武勇都夺回苏州及其所属城邑。“（光化元年九月）顾全武攻苏州，城中及援兵食皆尽，甲申，淮南所署苏州刺史台濛弃城走，援兵亦遁。全武克苏州，追败周本等于望亭。独秦裴守昆山不下，全武帅万余人攻之……益兵攻城，引水灌之，城坏，食尽，裴乃降”。[①]

当淮南兵围嘉兴时，嘉兴都将曹圭率兵环城固守二十个月，最终等到解围。在顾全武攻下苏州后，“（乾宁五年）冬闰十月，王以嘉兴都将曹圭权苏州制置使，寻命为本州刺史”。[②]《资治通鉴》卷二百六十一也载：“闰月，钱镠以其将曹圭为苏州制置使。”[③]而据《十国春秋》卷八十四《曹圭传》：“天宝初（吴越国纪年，908年），淮南兵复围姑苏，会正月望夜，圭及师鲁等盛陈烧灯之席，凡贼俘颂系者悉纵观之，以示从容。”[④]说明当时苏州刺史仍是曹圭。可知“大定全吴”之后，钱镠就一直以曹圭担任苏州制置使、苏州刺史，童瑜应当就是跟随曹圭来到苏州，先任城厢虞候兼御史大夫，后因“奋威拒敌”之功，于光化二年（899年）五月转任左押衙权知子城使，开平二年（908年）三月又转任南城巡检使，先后负责子城、南城（即子城之外的大城，又称郭城，因位于子城之南，故称南城）的防卫、巡检事务。开平二年九月吴国周本、吕师造攻打苏州时，童瑜任南城巡检使刚半年，他应当也参与了守城抵抗。曹圭以善于守城著称，取得了嘉兴守卫战和苏州守卫战的胜利，童瑜在其麾下负责守城和巡检，也是守城的军事专家。

开平五年（911年）后，“及乎良牧云亡，嗣子继位”。前揭《十国春秋·曹圭传》载曹圭“以浙西营田副使、检校太傅终于苏州”，但未详其去世年月，由童瑜墓志可知曹圭死于开平五年之后。曹圭之子曹仲达，“累授台、处二州刺史。文穆王立，命仲达权知政事，及建国，拜丞相，与沈崧、皮光业同秉国钧。

① 《资治通鉴》卷二百六十一，北京：中华书局，1956年，第8517—8518页。

② 吴任臣撰，徐敏霞、周莹点校：《十国春秋》卷七十七《吴越世家》，北京：中华书局，1983年，第1063页。

③ 《资治通鉴》卷二百六十一，北京：中华书局，1956年，第8519页。

④ 吴任臣撰，徐敏霞、周莹点校：《十国春秋》卷八十四《曹圭传》，北京：中华书局，1983年，第1230页。

忠献王即王位，仲达复摄行军府事”。[①]《十国春秋·曹仲达传》中提到他曾任台、处二州刺史，但未提及他继任苏州刺史。《吴越备史》卷一载：（乾化三年，即913年）“十二月，王命子传璙权苏州刺史。”[②]从曹圭死后到乾化三年钱元璙权苏州刺史之间的这段时期，为保持苏州稳定，苏州刺史应是由曹仲达继任的。可能曹仲达任苏州刺史的时间较短，随即转迁他州，故不见载，墓志可补史书之阙。

开平二年之后童瑜经过一次转迁，具体职务不明，仅知兼国子祭酒。同年，复领海门防遏使。既然童瑜直到开平五年仍在曹圭麾下效力，则可知他所领的海门防遏使也应归苏州刺史管辖。

《资治通鉴》卷二百七十载：“（后梁贞明五年）秋，七月，吴越王镠遣钱传瓘将兵三万攻吴常州，徐温帅诸将拒之，右雄武统军陈璋以水军下海门出其后。壬申，战于无锡。”胡注曰：“海门在今通州东海门县界，大江至此入海，遵海东南则太湖入海之口，舟行由此入太湖，可以达常州之东洲。”[③]贞明五年（919年）三月，“（钱）镠以节度副大使传瓘为诸军都指挥使，帅战舰五百艘，自东洲击吴”[④]，走的也是这条水路，即由常州东洲出海，然后由海门溯江而上。长江入海口有沙洲曰东布洲，又名东洲（与常州之东洲不同），后周显德中在此置海门县。《太平寰宇记》卷一百三十《淮南道八》载：“本东洲镇，因洲升为海门县。”[⑤]《舆地广记》卷二十：“海门县，本海陵之东境，周显德中置。”[⑥]东洲控遏长江入海口，是名副其实的“海门”，吴越国的海门防遏使应即驻扎在此。开平五年前，吴

① 吴任臣撰，徐敏霞、周莹点校：《十国春秋》卷八十六《曹仲达传》，北京：中华书局，1983年，第1247页。

② 钱俨：《吴越备史》卷一《武肃王》，《五代史书汇编》第十册，杭州：杭州出版社，2004年，第6208页。

③ 《资治通鉴》卷二百七十，北京：中华书局，1956年，第8846页。

④ 《资治通鉴》卷二百七十，北京：中华书局，1956年，第8843页。

⑤ 《太平寰宇记》卷一百三十，北京：中华书局，2007年，第2568页。

⑥ 《舆地广记》卷二十《淮南东路》，成都：四川大学出版社，2003年，第591页。

越国已设海门防遏使，而贞明五年（919年）杨吴水军仍能下海门绕道入太湖，海门防遏使并没有发挥应有的作用。

志云“脱身虎口，归□龙颜”，又云“衔愤既雪，荷宠若惊”，似乎暗示童瑜可能受到某种挫折，但最终回到杭州，面见钱镠。次年即乾化二年（912年），童瑜依然被授予节度押衙等职务，“又专雉堞之权”。从他此前和此后均任职苏州地区的情况看，这次任职之所可能仍是苏州或者隶属于苏州的某城。

乾化三年（913年）钱元璙权苏州刺史。同光二年（924年），“十一月，升苏州为中吴军，制授镇东军节度、检校太保兼中书令、大彭郡侯王子传璙充中吴军节度使”[①]。似乎钱元璙是同光二年才成为中吴军节度使。但朱玉龙《五代十国方镇年表》“苏州”条载：“中吴军节度使、苏州刺史，后梁贞明初置。”又引《永乐大典》卷二三六九《苏州府志·牧守题名》曰：“贞明三年三月，加官勋阶，以镇东节度副大使、江南管内都招讨、建武军节度、岭南道观察处置等使、检校太傅、守侍中、知苏州中吴军军州事、行邕州刺史系衔。”[②]表明后梁贞明三年（917年）时已经有了中吴军，后唐同光二年之授可能是新朝重新确认。钱元璙从乾化三年（913年）担任苏州刺史，贞明初升为中吴军节度使，任职至天福七年去世；其子钱文奉继任，直到宋开宝二年（969年）去世[③]。

龙德二年（922年），童瑜迁随使押衙、金紫光禄大夫，又转左押衙兼左仆射，随后于某年中夏出镇华亭县，“遂有政声”，后又授苏州别驾，逐渐从军职转为地方官员。随使，一般指跟随使者或节度使、观察使的官员。从童瑜出镇华亭和任苏州别驾的经历来看，他仕途后期依然没有离开苏州地区，因此，他

① 钱俨：《吴越备史》卷一《武肃王》，同光二年十一月条，《五代史书汇编》第十册，杭州：杭州出版社，2004年，第6213页。
② 朱玉龙编著：《五代十国方镇年表》，北京：中华书局，1997年，第517页。
③ 吴任臣撰，徐敏霞、周莹点校：《十国春秋》卷八十三《钱元璙传附文奉传》，北京：中华书局，1983年，第1197页。

任随使押衙和左押衙也应是在中吴军节度使钱元璙的使府中。

至此，我们对墓主童瑜的仕宦经历已经有了比较清晰的了解。童瑜先后追随曹圭、曹仲达父子和钱元璙，一生主要的军事政治活动都在苏州地区，是守卫和治理吴越国北部边疆的功臣。

《读史方舆纪要》卷二十四《苏州府》形容苏州之军事地理曰："唐末吴越与淮南争苏州，累战而后定，盖得苏州则三江、五湖可以为限，不然钱塘其能一日安乎？《防险说》：'吴郡越江而北可以并有淮南，涉海而南可以兼取明、越，泝江而上可以包举昇、润，渡湖而前可以捷出苕、浙。夫浙西为赋财渊薮，而吴郡又为浙西都会，天下大计，安可不以吴郡为先务哉？'"[①]对吴和吴越两国来说，苏州地区都是边疆，是防卫核心地区或进一步扩张领土的前沿阵地，所以杨行密和钱镠曾经反复争夺苏州[②]。作为吴越国的北部边疆，苏州对吴越国有特殊意义。首先，占有苏州，能防止淮南军队由北向南进攻吴越腹地；其次，控制苏州和海门，可保障吴越国向中原朝贡海道的安全。贞明四年（918年）十一月，徐温派刘信攻下虔州。"先是，吴越王镠常自虔州入贡，至是道绝，始自海道出登、莱，抵大梁"。[③]当然，苏州地区经济繁荣，对吴越国的财赋收入也非常重要。吴越国镇守苏州的大臣，前有曹圭、曹仲达父子，后有钱元璙、钱文奉父子。父子相继，应该是为了以人事的稳定保证军事政治的稳定。童瑜长期任职于苏州，也是这一政策的反映。

三、童氏家族的婚姻网络

据童瑜墓志，骆夫人为"前台牧骆圆太傅女弟"。《新唐书》《资治通鉴》《吴越备史》《十国春秋》诸书皆载有骆团事

---

① 《读史方舆纪要》，北京：中华书局，2005年，第1156页。

② 关于杨吴与吴越对苏州的争夺，何勇强《钱氏吴越国史论稿》（杭州：浙江大学出版社，2002年）、胡耀飞《唐宋之际苏州军政史研究》（《苏州文博论丛》第4辑，北京：文物出版社，2013年）等有较多论述。

③ 《资治通鉴》卷二百七十，北京：中华书局，1956年，第8836页。

迹，大致相同。骆团与钱镠一样，原来是董昌部下，属于杭州地区民间团练武装八都兵的军事首领。在平定刘汉宏之役中，骆团担任遏后使。《十国春秋》卷七十七载：“（光启）二年春正月，镠谓董昌曰：‘除恶务去根本，不尔当为后患。愿以全师讨汉宏。’即日，以诸都兵马使阮结守梅市，监阵使钱爽守双童，遏后使骆团守平水，降将使章可周、唐晟、王公备等守兰头，江海游奕使崔则守羊石。”①

乾宁二年（895年）二月，董昌在越州称帝，钱镠率诸州兵围攻越州，董昌致犒师钱二百万和首谋者吴瑶及巫觋数人送于钱镠，钱镠引兵还。“时越州都指挥使马绰、指挥使骆团出降”。②六月，钱镠奉诏再次讨伐董昌，克越州郭城，董昌退保牙城。钱镠派骆团诱降董昌，已而杀之。《资治通鉴》卷二百六十“昭宗乾宁三年”载：“戊戌，镠遣昌故将骆团绐昌云：‘奉诏，令大王致仕归临安。’昌乃送牌印，出居清道坊。己亥，全武遣武勇都监使吴璋以舟载昌如杭州，至小江南，斩之，并其家三百余人，宰相李邈、蒋瑰以下百余人。”③

宋人陈耆卿所撰台州地方志《赤城志》卷四十《辨误门》载：“今《壁记》载杜雄中和三年到任，至乾宁四年方称骆团继之。”④即《壁记》称乾宁四年骆团继台州刺史杜雄之任。而《十国春秋》卷七十七《吴越世家》载：“（乾宁五年）春正月，王以越州指挥使骆团为台州制置使。”⑤可能骆团在钱镠平定董昌后，继续任越州指挥使，两年后被调任台州，也像曹圭一样，先任制置使，然后升任刺史。虽然两种记载的时间相差一

① 吴任臣撰，徐敏霞、周莹点校：《十国春秋》卷七十七《吴越世家》，北京：中华书局，1983年，第1049页。

② 钱俨：《吴越备史》卷一，杭州：杭州出版社，2004年，第6183页。

③ 《资治通鉴》卷二百六十，北京：中华书局，1956年，第8488页。

④ 陈耆卿：《赤城志》，文津阁《四库全书》，北京：商务印书馆，2005年，第165册，第729页。

⑤ 吴任臣撰，徐敏霞、周莹点校：《十国春秋》卷七十七《吴越世家》，北京：中华书局，1983年，第1063页。

年，但骆团官职与骆夫人墓志所称“前台牧骆圆太傅”相符，可见骆夫人之兄骆圆就是史籍中的骆团，团、圆形意皆近而混。

综合两方墓志，可知童瑜夫妇应有三子三女。长子可能早亡，次子名彦怡，任节度正十将充亲从军将，另一子名彦升。有女三人，长妻周氏，次适陈舍，第三女嫁给了某钱氏王子，即所谓“再媾国姻，别加天睠”，“圣上择姻，皇情选懿”。因童瑜墓志将此婚事系于龙德二年（922年）之后，可知该王子是钱镠之子，骆夫人墓志称其为“皇子、大明宫使”。这并非童氏第一次与钱氏联姻。《吴越备史》卷一：武肃王钱镠“曾祖妣童氏，追封齐国太夫人”[①]。《吴越备史》卷一：（同光二年）“二月癸卯，金吾卫大将军置同正员、检校司空、明州刺史王子传瓘卒。瓘，王第八子也，母济南郡夫人童氏。”[②]钱镠之曾祖母为齐国太夫人童氏，钱镠本人娶济南郡夫人童氏，又为一子娶童瑜之女，可见童氏与钱氏同出一乡，三代联姻，渊源深厚。最初钱氏的婚姻圈应该是临安、杭州附近地方的豪族。如与骆团同时从越州归降钱镠的马绰，“余杭人也……初与武肃王俱事董昌……徐、许之乱，绰有发悬门功，武肃王遂命文穆王纳绰女，是为恭穆夫人”[③]。钱氏建国后子嗣众多，婚姻圈跨出乡里，扩大到需要拉拢的功勋人物，乃至为了政治目的与杨吴和中原王朝联姻。如曹圭之子曹仲达，本为歙州人，生于临平，与曹圭在苏州居住，“已而道过钱塘，武肃王奇其貌，遂以王妹俪焉”[④]。

童瑜墓志曰：“昔汉楚争雄，良辅咸兴于丰邑；洎吴越称霸，贤臣尽出于锦乡。”其将吴越国的锦乡贤臣比作汉高祖的丰沛故臣，应当是当时吴越国流行的一种观念，所以墓志撰者信手引来。童氏与钱氏、骆氏的联姻关系，实际上是吴越国地方豪族

① 钱俨：《吴越备史》卷一，杭州：杭州出版社，2004年，第6171页。
② 钱俨：《吴越备史》卷一，杭州：杭州出版社，2004年，第6213页。
③ 吴任臣撰，徐敏霞、周莹点校：《十国春秋》卷八十四《马绰传》，北京：中华书局，1983年，第1226页。
④ 吴任臣撰，徐敏霞、周莹点校：《十国春秋》卷八十六《曹仲达传》，北京：中华书局，1983年，第1247页。

婚姻网络的一个缩影。这种错综复杂的乡里婚姻网络，对维护吴越国统治集团内部的团结和稳定有重要意义。乡里关系加上复杂的联姻网络，增强了吴越国核心统治集团的凝聚力。

综合两墓志，童瑜生卒年不明，骆夫人先童瑜一年即世，“遂窆之□□□□□钱唐县钱唐乡之官舍”，后“安厝于安国县唐兴乡之旧地”。因墓志文字残损，骆夫人如何窆之官舍难以理解，推测她卒于钱唐县之官舍后，临时停丧或权厝，一年后丈夫童瑜去世，遂与之合葬于安国县唐兴乡旧茔，即今临安区锦城街道青柯村之墓地。五代吴越国时，钱唐县与钱江县同为杭州治所，骆氏晚年应与子孙居住在杭州。据考古报告，两墓的墓砖上都有“丙戌”字样，五代吴越国时期“丙戌”年为后唐天成元年（926年）。墓砖可能是建墓时才临时烧造，故墓葬的建造年代应为926年，而童瑜可能也是这一年去世的。

童瑜墓与骆夫人墓结构基本相同，均为前后双室带多耳室的船形砖室墓，前室西侧的浅龛中放置墓志。这种船形墓在五代吴越国地区特别流行，是具有地域特色和地方传统的墓葬形制。目前发现的船形墓基本都与吴越国王室或功臣有关①。童瑜夫妇墓的发现，为这一葬俗又增添了一个例证。

① 相关研究有张玉兰《晚唐五代钱氏家族墓葬初步研究》，《东南文化》，2005年，第5期；郑以墨《五代吴越国墓葬制度研究》，《东南文化》，2010年，第4期；陈元甫《五代吴越王室贵族墓葬形制等级制度探析》，《东南文化》，2013年，第4期。

后　记

暨南大学有悠久的历史地理研究传统。中华人民共和国成立前，著名历史地理学家谭其骧教授曾在暨南大学文学院工作，讲授中国沿革地理。中华人民共和国成立后，又有李长傅、陈代光、汤开建教授等继承不绝。20世纪末以来，暨南大学又陆续引进一批历史地理专家、博士，初步形成一支年富力强的科研教学队伍，于2005年5月成立暨南大学历史地理研究中心。2014年11月，本中心与中山大学历史地理研究中心、广东省社科院海洋史研究中心等单位共同发起成立了广东历史地理研究会，并在本中心举行了挂牌仪式。中心现有科研人员12人，已拥有中国史学科历史地理学专业博士点、硕士点和博士后工作站，设有历史地理信息实验室。中心根据自身学术传统与优势，构建了岭南港澳区域历史地理、历史边疆与民族地理、历史城市与旅游地理、历史社会与文化地理4个稳定的、可为地方建设与人才培养服务的研究方向，成为岭南地区历史地理研究的重镇之一。

近年来，本中心在课题申报与研究成果上皆取得了重大进展。吴宏岐教授作为首席专家，领衔历史海防地理研究团队成功申报国家社科基金冷门绝学学术团队项目“明清广东海防地理史料的整理与研究”，实现了中心课题申报与研究的又一大突破。郭声波教授继主持完成国家社科基金重大项目“环南海历史地理研究”之后，再次成功申报国家社科基金重点项目“唐宋羁縻府州制度史料辑证注释”，其参与撰写的《中国行政区划通史》曾获教育部第八届高等学校科学研究一等奖。中心其他中青年学者也在课题申报、科学研究、在线课程建设和教学成果奖等诸多方面取得了较大收获。

《中国历史地理研究》是暨南大学历史地理研究中心不定期出版的论文集，主要集录中心同人的最新研究成果。自2005年出版第1辑以来，至今已公开出版了8辑，本辑为第9辑。在暨南大学作为双一流大学与建设高水平大学的支持下，本中心继续推进相关学术领域的深入研究。本辑收录的即为中心同人新近在历史政区地理与社会地理研究方面的11篇论文。其中郭声波的一篇论文考察了唐代大渡河南部族分布与黎属羁縻州的关系，确立了黎属羁縻州的境域范围；在另一文中，则复原了北宋茂属十七羁縻州的演变情况。吴宏岐的两篇论文则分别对明清时期香山县、番禺县的河泊所位置进行了详细考证，并深入探讨了其位置发生迁移的原因。黄忠鑫的一篇论文考析了徽州富溪程氏家族宋元明文书，揭示了寄庄户的成立与长期延续的原因、运行机制；另一文则利用徽州《祁门修改城垣簿》，详解了清代图甲户籍的运作机制。罗诚的论文利用浙江瑞安的氏族资料，结合其他民间史料，分析了明代浙江瑞安的移民与开发历程；李俊的论文探讨了中国农业起源时期人群的生计方式变迁过程中的人类生计行为的演化模式；熊增珑的论文研究了辽西地区新石器时代晚期前段聚落地理状况，初步探讨了当时的社会组织、生业系统、手工业和贸易情况；王亮、王银田的论文基于对北朝时期晋冀豫地区石窟寺史料的分析，对其地理分布规律予以了总结；崔世平的论文重点研究了临安青柯吴越国童瑜夫妇墓志，对墓主生平进行了考证，并对吴越国早期在北部边疆的经营以及童氏与钱氏、骆氏等家族之间的婚姻网络作了较为细致的论述。

因限于篇幅，本集对中心同人其他相关论文多有割爱。本辑内容如有不妥之处，欢迎学界同人批评指正。在本辑的编辑出版过程中，本中心的研究生王玉璐、朱丽、陈祺楠等同学付出了辛勤劳动，在此一并感谢！

编者

2023年5月